U0960811

2015

国民核算研究报告

邱　东　主　编
徐滇庆　宋旭光　副主编

中国财政经济出版社

图书在版编目（CIP）数据

2015国民核算研究报告／邱东著. —北京：中国财政经济出版社，2016.2
ISBN 978-7-5095-6610-7

Ⅰ.①2… Ⅱ.①邱… Ⅲ.①国民经济核算-研究报告-中国-2015 Ⅳ.①F222.33

中国版本图书馆CIP数据核字（2016）第000777号

责任编辑：陈志伟　　　　责任校对：黄亚青
封面设计：陈　瑶

中国财政经济出版社 出版
URL：http：//ckfz.cfeph.cn
E-mail：ckfz@cfeph.cn

社址：北京市海淀区阜成路甲28号　邮政编码：100142
营销中心电话：88190406　北京财经书店电话：64033436　84041336
北京中兴印刷有限公司印刷　各地新华书店经销
889×1194毫米　16开　21.75印张　579 000字
2016年3月第1版　2016年3月北京第1次印刷
定价：75.00元
ISBN 978-7-5095-6610-7/F·5318
（图书出现印装问题，本社负责调换）
本社质量投诉电话：010-88190744
打击盗版举报热线：010-88190492、QQ：634579818

《2015国民核算研究报告》

专家委员会

（以姓氏拼音为序）

《2015 国民核算研究报告》

编 委 会

前 言

数据是研究经济政策的基础。数据失误往往导致宏观经济政策的扭曲。

近年来，应当充分肯定统计部门的努力和贡献，宏观统计数据越来越仔细，分类更加合理，准确程度逐年提高。可是，人们也发现在统计数据和经济实践出现一些悖论。例如，从统计数据来看，钢铁、水泥、平板玻璃、原铝和造船等五大行业长期存在着严重的产能过剩。可是，在 2008 年以前这些行业的产出突飞猛进。治理产能过剩事与愿违，好像越治理越严重。这到底是怎么回事？

对待经济数据有可能出现两个极端，或者怀疑一切，全盘否定；或者不分青红皂白，拿来就用。显然，这两种极端都不可取。只要坚持“不唯上，不唯书”，并不难发现产能过剩背后的更深层原因。这需要我们通过国民核算仔细研究宏观统计数据的定义，以及各类数据之间的相互联系。核算、验证统计数据的准确性、合理性、连续性、可检验性和内在的逻辑性，由此及彼，去伪存真。

如果套用传统的产能过剩定义，很可能造成严重误解。按照中国的国情，在计算产能过剩的时候最好采用下一期的而不是当期的市场需求。此外，不能把那些被淘汰的高污染、高能耗的产能包括在下一期的统计中。采用创新的定义之后，在 2008 年以前钢材、水泥、平板玻璃、原铝和造船等行业基本上不存在产能过剩。恰恰相反，而许多年份产能不足，这是推动投资居高不下，产出高速增长的最根本的原因。在 2008 年推行了 4 万亿元大投资，在许多领域中投资速度超过了市场需求。2012 年推行了“历史上最严厉的房地产调控政策”，限购、限贷、限价，压抑了房地产需求，误导了居民的理性预期，造成房地产大滑坡。政府干预破坏了经济系统的内部联系，导致系统功能的紊乱。这很可能是当前产能过剩的最重要的原因，只有找到原因才能对症下药，采取正确的对策，引导宏观经济走出困境。例如，只要加大廉租房的建设，当前钢材、水泥、平板玻璃等行业的产能过剩必能迎刃而解。

北京师范大学国民核算研究院已经发布了《2013 国民核算研究报告》和《2014 国民核算研究报告》。在此基础上经过又一年的努力，推出了《2015 国民核算研究报告》。按照专家们提出的建议，在这份研究报告中集中讨论了产能过剩的问题。同时，也涉猎到从出口产品的结构看产业升级的规律和对恩格尔系数的修正。

《2015 国民核算研究报告》的主要内容：

专题二十一　钢铁产能核算

专题二十二　水泥产能核算

专题二十三　平板玻璃产能过剩

专题二十四　原铝产能过剩

专题二十五　造船产能过剩

专题二十六　出口产品结构变化和各地区产业升级

专题二十七　恩格尔系数修订核算

为了便于读者阅读和理解，我们在每次核算之后都写几句核算点评，解释为什么要做这些核算以及我们对核算结果的理解。当然，我们的理解未必准确、全面，读者完全可以从核算数据中得出自己的解释。

我们的核算工作还缺乏经验，许多地方不能尽如人意，很可能出现失误，敬请大家多多批评指教。

编委会

2015 年 10 月 22 日

目 录

专题二十一　钢材产能核算 …………………………………………………………………（1）

专题二十二　水泥产能核算 …………………………………………………………………（72）

专题二十三　平板玻璃产能过剩 ……………………………………………………………（140）

专题二十四　原铝产能过剩 …………………………………………………………………（153）

专题二十五　造船产能过剩 …………………………………………………………………（181）

专题二十六　出口产品结构变化和各地区产业升级 ………………………………………（194）

专题二十七　恩格尔系数修订核算 …………………………………………………………（306）

表 21－23　各地区钢铁行业产能利用率 ……………………………………………… (64)
表 21－24　新定义下的粗钢产能过剩 …………………………………………………… (68)
表 21－25　新定义下的钢材产能过剩 …………………………………………………… (69)

图 21－1　中国钢铁总产量的赶超过程 …………………………………………………… (14)
图 21－2　美国人均钢铁生产量（1867—2013 年） ……………………………………… (33)
图 21－3　英国人均钢铁生产量（1871—2013 年） ……………………………………… (34)
图 21－4　全球（不含中国）人均钢材产量 ……………………………………………… (36)
图 21－5　中国人均钢材总量与人均 GDP ……………………………………………… (37)
图 21－6　中国钢材总产量 ………………………………………………………………… (37)
图 21－7　世界平均钢铁产能利用率 ……………………………………………………… (64)
图 21－8　钢铁行业的销售利润率 ………………………………………………………… (65)
图 21－9　钢材价格指数 …………………………………………………………………… (67)
图 21－10　产能过剩状况动态示意图 …………………………………………………… (70)

专题二十一　钢材产能核算[①]

子　目　录

表 21 - 1　全国钢材产量、增长速度、人均钢材产量 …………………………（3）
表 21 - 2　世界主要工业国粗钢产量 …………………………………………（7）
表 21 - 3　排名前 10 名的粗钢生产国 ………………………………………（14）
表 21 - 4　中国粗钢产量占世界份额 …………………………………………（17）
表 21 - 5　中国粗钢增量在世界的占比 ………………………………………（19）
表 21 - 6　世界主要工业国人均钢材产量 ……………………………………（20）
表 21 - 7　人均钢材产量增速（以 1998 年为基年） ………………………（26）
表 21 - 8　世界各国（地区）人均钢材产量排名 ……………………………（28）
表 21 - 9　中国钢材进口出口量 ………………………………………………（32）
表 21 - 10　世界主要钢材生产国人均钢材消费出现拐点的时间
和人均 GDP ……………………………………………………………（35）
表 21 - 11　各国城镇化率和人均钢材消费量 ………………………………（38）
表 21 - 12　各国人均钢铁产量和人均 GDP …………………………………（44）
表 21 - 13　各国人均钢材消费量峰值时间和该年人均 GDP ………………（48）
表 21 - 14　钢材产量和固定资产投资的关系 ………………………………（49）
表 21 - 15　每月平均新建住宅套数 …………………………………………（50）
表 21 - 16　中国人均住房面积的预测 ………………………………………（53）
表 21 - 17　分用途钢材消费量（2013 年） …………………………………（55）
表 21 - 18　轻工业钢材消费量（2005 年） …………………………………（56）
表 21 - 19　钢材需求的增长指数 ……………………………………………（58）
表 21 - 20　钢材产量预测 ……………………………………………………（60）
表 21 - 21　粗钢产能利用率 …………………………………………………（61）
表 21 - 22　钢材产能利用率 …………………………………………………（62）

① 本专题核算徐滇庆、贾帅帅，审核宋旭光。

表 21－1　　全国钢材产量、增长速度、人均钢材产量

年份	成品钢材（万吨）	钢材净增量（万吨）	年度增长速度（%）	人均钢材产量（公斤）
1949	13	—	—	0.24
1950	37	24	184.6	0.68
1951	67	30	81.1	1.20
1952	106	39	58.2	1.86
1953	147	41	38.7	2.53
1954	172	25	17.0	2.89
1955	216	44	25.6	3.55
1956	314	98	45.4	5.05
1957	415	101	32.2	6.51
1958	591	176	42.4	9.06
1959	897	306	51.8	13.61
1960	1111	214	23.9	16.81
1961	613	-498	-44.8	9.19
1962	455	-158	-25.8	6.77
1963	533	78	17.1	7.81
1964	688	155	29.1	9.85
1965	881	193	28.1	12.32
1966	1035	154	17.5	14.07
1967	718	-317	-30.6	9.52
1968	666	-52	-7.2	8.60
1969	926	260	39.0	11.63
1970	1188	262	28.3	14.52

续表

年份	成品钢材（万吨）	钢材净增量（万吨）	年度增长速度（%）	人均钢材产量（公斤）
1971	1389	201	16.9	16.51
1972	1561	172	12.4	18.11
1973	1684	123	7.9	19.09
1974	1466	-218	-12.9	16.28
1975	1622	156	10.6	17.70
1976	1466	-156	-9.6	15.75
1977	1633	167	11.4	17.31
1978	2208	575	35.2	23.09
1979	2497	289	13.1	25.77
1980	2716	219	8.8	27.68
1981	2670	-46	-1.7	26.86
1982	2902	232	8.7	28.77
1983	3072	170	5.9	30.02
1984	3372	300	9.8	32.52
1985	3693	321	9.5	35.14
1986	4058	365	9.9	38.04
1987	4386	328	8.1	40.46
1988	4689	303	6.9	42.56
1989	4859	170	3.6	43.44
1990	5153	294	6.1	45.39
1991	5638	485	9.4	48.99
1992	6697	1059	18.8	57.49

续表

年份	成品钢材（万吨）	钢材净增量（万吨）	年度增长速度（%）	人均钢材产量（公斤）
1993	7716	1019	15.2	65.48
1994	8428	712	9.2	70.71
1995	8980	552	6.5	74.53
1996	9338	358	4.0	76.70
1997	9979	641	6.9	81.13
1998	10737	758	7.6	86.45
1999	12110	1373	12.8	96.67
2000	13146	1036	8.6	104.11
2001	16068	2922	22.2	126.33
2002	19252	3184	19.8	150.36
2003	24108	4856	25.2	187.12
2004	31976	7868	32.6	246.71
2005	37771	5795	18.1	289.72
2006	46893	9122	24.2	357.69
2007	56561	9668	20.6	429.18
2008	60460	3899	6.9	456.42
2009	69405	8945	14.8	521.35
2010	80277	10871	15.7	600.11
2011	88620	8343	10.4	659.31
2012	95578	6958	7.9	707.62
2013	106762	11184	11.7	786.53
2014	112557	5795	5.4	822.89

资料来源：1949—2007年数据来自《新中国六十年统计资料汇编》，2008—2014年数据来自《中国统计摘要（2015）》，第114页。

核 算 点 评

1998 年，全国钢材产量突破 1 亿吨；2002 年，突破 2 亿吨；2004 年，突破 3 亿吨；2006 年，突破 4 亿吨；2007 年，突破 5 亿吨；2008 年，突破 6 亿吨；2009 年，将近 7 亿吨；2010 年，突破 8 亿吨；2011 年，将近 9 亿吨；2013 年，突破 10 亿吨；2014 年达到 11. 25 亿吨。中国钢材产量从改革开放初始 1979 年的 2497 万吨，到 2014 年的 11. 25 亿吨，增加 45 倍。人均钢材产量从 1979 年的 25. 6 公斤上升为 2014 年的 822. 9 公斤，增加 32. 2 倍。

表 21－2 **世界主要工业国粗钢产量** 单位：千吨

排名	1	2	3	4	5	6	7	8
年份	中国	日本	俄罗斯	美国	印度	韩国	德国	巴西
1949	158	3111	23291	70740	1374	8	9156	615
1950	610	4839	27329	87848	1461	4	12121	789
1951	900	6502	31350	95435	1524	1	13506	843
1952	1349	6988	34492	84520	1603	1	15806	893
1953	1774	7662	38128	101250	1531	1	15420	1016
1954	2225	7750	41434	80115	1712	1	17434	1148
1955	2853	9408	45272	106173	1732	11	21336	1162
1956	4465	11106	48698	104522	1766	12	23189	1375
1957	5350	12570	51176	102253	1742	17	24507	1299
1958	8000	12118	54920	77342	1842	20	22785	1362
1959	3870	16629	59971	84773	2473	38	29435	1608
1960	8660	22138	65294	90067	3286	50	34100	2260
1961	8700	28268	70756	88917	4084	66	33458	2443
1962	6670	27546	78307	89202	5149	149	32563	2396
1963	7620	31501	80231	99120	5885	160	31597	2737
1964	9640	39799	85038	115281	6033	129	37339	2938
1965	12230	41161	91021	119260	6470	185	36821	2983
1966	15320	47784	96907	121654	6660	224	35316	3782
1967	10290	62154	102224	115406	6440	300	36744	3734
1968	9040	66893	106537	119260	6495	372	41159	4453
1969	13330	82166	110330	128151	6514	374	45316	4925

续表

排名 年份	1 中国	2 日本	3 俄罗斯	4 美国	5 印度	6 韩国	7 德国	8 巴西
1970	17790	93322	116000	119309	6286	481	45040	5390
1971	21320	88557	121000	109265	6376	472	40314	6011
1972	23380	96901	126000	120875	6907	585	43706	6518
1973	25220	119322	131000	136804	7354	1157	49521	7149
1974	21120	117131	136000	132196	6740	1935	53232	7507
1975	23900	102313	141000	105897	7925	2030	40414	8308
1976	20460	107399	145000	116121	9313	2725	42415	9169
1977	23740	102405	147000	113701	9895	2764	38985	11164
1978	31780	102005	151000	124314	10024	3180	41253	12107
1979	34480	111748	149000	123688	10004	5256	46040	13891
1980	37121	111395	147931	101456	9514	8558	43838	15337
1981	35604	101676	148517	109614	10765	10753	41610	13226
1982	37160	99548	147153	67656	10997	11758	35880	12995
1983	40021	97179	152511	76762	10237	11915	35729	14671
1984	43475	105586	154238	83940	10549	13034	39389	18386
1985	46794	105279	154668	80067	11936	13539	40497	20455
1986	52208	98275	160550	74031	12197	14555	37134	21233
1987	56280	98513	161887	80876	13121	16782	36248	22228
1988	59430	105681	163037	90650	14309	19118	41023	24657
1989	61587	107908	160096	88852	14608	21873	41073	25055
1990	66349	110339	154436	89726	14936	23125	38434	20567

续表

排名 年份	1 中国	2 日本	3 俄罗斯	4 美国	5 印度	6 韩国	7 德国	8 巴西
1991	71000	109649	136084	79738	17100	26001	42169	22617
1992	80935	98132	117731	84322	18117	28055	39711	23934
1993	89539	99623	97809	88793	18155	33026	37625	25207
1994	92613	98295	77921	91244	19282	33745	40837	25747
1995	95360	101640	78804	95191	22003	36772	42051	25076
1996	101237	98801	76880	95535	23753	38903	39793	25237
1997	108911	104545	80558	98485	24415	42554	45007	26153
1998	114588	93548	73950	98658	23480	39896	44046	25760
1999	123954	94192	85657	97427	24296	41042	42062	24996
2000	127236	106444	98489	101803	26924	43107	46376	27865
2001	150906	102866	99619	90104	27291	43852	44803	26717
2002	182249	107745	101089	91587	28814	45390	45015	29604
2003	222413	110511	106220	93677	31779	46310	44809	31147
2004	280486	112718	113112	99681	32626	47521	46374	32909
2005	355790	112471	112876	94897	45780	47820	44524	31610
2006	422660	116226	119766	98557	49450	48455	47224	30901
2007	489712	120203	124169	98102	53468	51517	48550	33782
2008	512339	118739	114345	91350	57791	53625	45833	33716
2009	577070	87534	97645	58196	63527	48572	32670	26506
2010	638743	109599	108200	80495	68976	58914	43830	32948
2011	701968	107601	112663	86398	73471	68519	44284	35220
2012	716542	107232	110956	88695	77264	69073	42661	34524
2013	779040	110570	108741	86955	81299	66061	42641	34163

注：排名次序是按照2013年粗钢产量排序。

表 21－2

排名	9	10	11	12	13	14	15	16
年份	意大利	墨西哥	法国	西班牙	加拿大	英国	南非	比利时
1949	2055	373	9152	720	2892	15003	636	3849
1950	2362	390	8652	815	3070	16554	816	3777
1951	3063	467	9835	818	3237	15890	1007	5054
1952	3535	537	10867	904	3359	16681	1258	5067
1953	3500	462	9997	897	3734	17891	1298	4497
1954	4207	454	10627	1100	2898	18817	1431	4973
1955	5395	510	12592	1213	4114	20108	1580	5852
1956	5908	591	13398	1243	4809	20990	1605	6312
1957	6787	687	14096	1346	4598	22047	1737	6233
1958	6271	988	14616	1560	3955	19880	1832	5980
1959	6762	1213	15219	1823	5354	20510	1895	6410
1960	8229	1500	17281	1919	5270	24695	2113	7141
1961	9124	1725	17570	2340	5886	22440	2475	6960
1962	9490	1851	17240	2311	6507	20820	2634	7297
1963	10157	1974	17556	2492	7436	22882	2834	7279
1964	9793	2284	19780	3150	8282	26651	3107	8796
1965	12660	2394	19604	3516	9132	27439	3293	9229
1966	13639	2780	19585	3847	9093	24705	3302	8917
1967	15890	3059	19655	4521	8797	24278	3750	9716
1968	16963	3270	20410	4971	10161	26277	4060	11573
1969	16428	3470	22511	5981	9350	26846	4543	12837

续表

排名 年份	9 意大利	10 墨西哥	11 法国	12 西班牙	13 加拿大	14 英国	15 南非	16 比利时
1970	17277	3846	23773	7394	11198	28291	4674	12609
1971	17452	3784	22859	7794	11040	24153	4920	12444
1972	19815	4396	24054	9564	11859	25293	5343	14532
1973	20995	4652	25264	10809	13386	26594	5630	15523
1974	23803	5046	27023	11646	13623	22323	5834	16224
1975	21836	5196	21530	11115	13025	20098	6570	11584
1976	23446	5243	23221	11085	13290	22274	7137	12145
1977	23334	5529	22094	11270	13581	20411	7379	11256
1978	24283	6712	22841	11469	14898	20311	7903	12624
1979	24300	7023	23360	12254	16078	21464	8781	13464
1980	26501	7156	23176	12553	15901	11277	9067	12344
1981	24778	7663	21258	13020	14811	15573	9005	12299
1982	24009	7056	18402	13449	11871	13704	8280	10182
1983	21810	6978	17582	13262	12832	14986	7180	10266
1984	24110	7560	19000	13379	14699	15121	7732	11414
1985	23898	7399	19008	14679	13459	15722	8507	10781
1986	22882	7225	17865	11905	14081	14725	8895	9803
1987	22859	7642	17693	11691	14737	17414	8991	9844
1988	23760	7779	19122	11886	15193	18950	8837	11240
1989	25176	7852	16800	12397	15458	18740	9337	10956
1990	25452	8734	19020	12658	12281	17841	8619	11424
1991	25032	7964	18432	12700	12987	16474	9358	11340

续表

排名 年份	9 意大利	10 墨西哥	11 法国	12 西班牙	13 加拿大	14 英国	15 南非	16 比利时
1992	24744	8459	18024	12161	13924	16212	9061	10332
1993	25848	9199	17112	12858	14387	16625	8726	10176
1994	26151	10260	18031	13445	13897	17286	8525	11331
1995	27766	12147	18100	13802	14415	17604	8741	11606
1996	23910	13196	17633	12154	14735	17992	7999	10818
1997	25842	14246	19767	13683	15553	18501	8311	10739
1998	25714	14218	20126	14827	15930	17315	7956	11425
1999	24878	15274	20200	14882	16235	16298	7857	10931
2000	26759	15631	20954	15874	16594	15155	8481	11636
2001	26545	13300	19343	16504	15276	13543	8821	10762
2002	26066	14010	20258	16408	16002	11667	9095	11343
2003	27058	15159	19758	16286	15929	13268	9481	11100
2004	28604	16737	20770	17621	16305	13766	9500	11698
2005	29350	16195	19481	17826	15327	13239	9494	10420
2006	31624	16447	19852	18391	15493	13871	9718	11631
2007	31553	17573	19250	18999	15572	14317	9098	10692
2008	30590	17209	17879	18640	14945	13521	8246	10673
2009	19848	14132	12840	14358	9292	10079	7484	5635
2010	25750	16870	15414	16343	13009	9709	7617	7973
2011	28735	18110	15780	15504	12891	9478	7546	8026
2012	27252	18073	15609	13639	13507	9579	6938	7301
2013	24080	18208	15685	14252	12415	11855	7254	7093

数据来源：《帕尔格雷夫世界经济统计 1750—1993》。

核 算 点 评

中国的钢产量的起点非常低，但改革开放以来，中国钢铁行业突飞猛进，迅速赶上并超过了一个又一个工业强国。

1975 年，中国粗钢产量 2390 万吨，超过了英国的 2010 万吨。

1982 年，中国粗钢产量 3716 万吨，超过了德国的 3588 万吨。

1993 年，中国粗钢产量 8954 万吨，超过了美国的 8879 万吨。

1994 年，中国粗钢产量 9261 万吨，超过了从顶峰跌落的俄罗斯的 7792 万吨。

1996 年，中国粗钢产量 10123 万吨，超过了钢产量不断下滑的日本的 9880 万吨。

在 2013 年，中国的钢产量达到 8.2 亿吨，是美国的 9.5 倍、英国的 69.3 倍、日本的 7.4 倍、德国的 18.1 倍、俄罗斯的 7.2 倍。

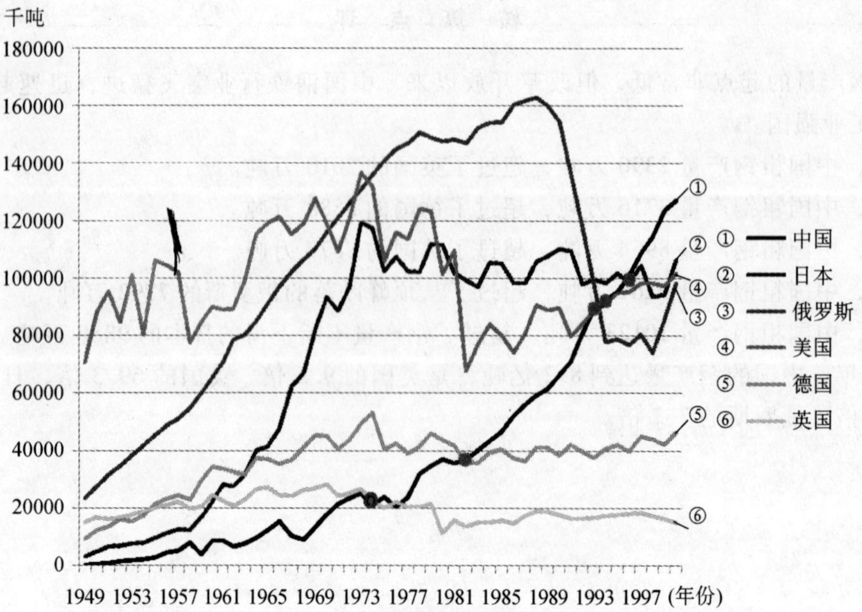

图 21－1　中国钢铁总产量的赶超过程

表 21－3　排名前 10 名的粗钢生产国　　单位：千吨

名次	1998 年		1999 年		2000 年		2001 年	
	国别	产量	国别	产量	国别	产量	国别	产量
	全球	770000	全球	784000	全球	850000	全球	853000
1	中国	115590	中国	124260	中国	128500	中国	151630
2	美国	98600	美国	97400	日本	106444	日本	102866
3	日本	93548	日本	94192	美国	102000	美国	90100
4	德国	44046	俄罗斯	51524	俄罗斯	59098	俄罗斯	59030
5	俄罗斯	43822	德国	42056	德国	46376	德国	44775
6	韩国	39896	韩国	41042	韩国	43107	韩国	43852
7	巴西	25800	乌克兰	27390	乌克兰	31780	乌克兰	33110
8	意大利	25798	巴西	24996	巴西	27865	印度	27291
9	印度	23480	意大利	24964	印度	26924	巴西	26718
10	乌克兰	23461	印度	24269	意大利	26544	意大利	26483

数据来源：http：//www. worldsteel. org/。

表 21－3　　　　　　　　　　　　　续表 1

名次	2002 年		2003 年		2004 年		2005 年	
	国别	产量	国别	产量	国别	产量	国别	产量
	全球	906000	全球	972000	全球	1060000	全球	1140000
1	中国	182370	中国	222340	中国	272450	中国	353240
2	日本	107745	日本	110511	日本	112718	日本	112471
3	美国	91600	美国	93700	美国	99700	美国	94900
4	俄罗斯	59777	俄罗斯	62710	俄罗斯	65646	俄罗斯	66186
5	韩国	45390	韩国	46310	韩国	47521	韩国	47820
6	德国	4[illegible]099	德国	44809	德国	46374	印度	45800
7	乌克兰	34538	乌克兰	36900	乌克兰	38740	德国	44524
8	巴西	29605	印度	31779	巴西	32918	乌克兰	38636
9	印度	28814	巴西	31200	印度	32600	巴西	31631
10	意大利	25930	意大利	26832	意大利	28317	意大利	29061

表 21－3　　　　　　　　　　　　　续表 2

名次	2006 年		2007 年		2008 年		2009 年	
	国别	产量	国别	产量	国别	产量	国别	产量
	全球	1250000	全球	1350000	全球	1330000	全球	1230000
1	中国	419150	中国	489290	中国	500490	中国	572180
2	日本	116266	日本	120203	日本	118739	日本	87534
3	美国	98200	美国	98100	美国	91900	印度	63500
4	俄罗斯	70816	俄罗斯	72389	俄罗斯	68700	俄罗斯	59800
5	印度	49500	印度	53100	印度	57800	美国	59400
6	韩国	48455	韩国	51517	韩国	53322	韩国	48752
7	德国	47224	德国	48550	德国	45833	德国	32671
8	乌克兰	40899	乌克兰	42830	乌克兰	37279	乌克兰	29855
9	意大利	31550	巴西	33782	巴西	33726	巴西	26506
10	巴西	30901	意大利	31990	意大利	30477	土耳其	25304

表 21－3　　续表 3

名次	2010 年		2011 年		2012 年	
	国别	产量	国别	产量	国别	产量
	全球	1430000	全球	1520000	全球	1550000
1	中国	637230	中国	685280	中国	716540
2	日本	109599	日本	107601	日本	107232
3	美国	80500	美国	86400	美国	88700
4	印度	68300	印度	73500	印度	77600
5	俄罗斯	66800	韩国	68519	韩国	70000
6	韩国	58914	俄罗斯	68100	俄罗斯	68500
7	德国	43830	德国	44284	德国	42661
8	乌克兰	33559	乌克兰	35332	土耳其	36000
9	巴西	33033	巴西	35200	巴西	35000
10	土耳其	29030	土耳其	34000	乌克兰	32912

数据来源：根据《世界银行数据库》，http：//minerals. usgs. gov/minerals/pubs/commodity/stell/整理。

表 21－4　　中国粗钢产量占世界份额

年份	中国粗钢产量（万吨）	全球粗钢产量（万吨）	中国所占份额（%）
1980	3712	71640	5. 18
1981	3560	70723	5. 03
1982	3716	64556	5. 76
1983	4002	66375	6. 03
1984	4348	71025	6. 12
1985	4679	71890	6. 51
1986	5221	71398	7. 31
1987	5628	73550	7. 65
1988	5943	78010	7. 62
1989	6159	78594	7. 84
1990	6635	77043	8. 61
1991	7100	73359	9. 68
1992	8094	71980	11. 24
1993	8956	72757	12. 31
1994	9261	72511	12. 77
1995	9536	75319	12. 66
1996	10124	75099	13. 48
1997	10891	79985	13. 62
1998	11459	77851	14. 72
1999	12395	79021	15. 69
2000	12850	85016	15. 11
2001	15163	85217	17. 79

续表

年份	中国粗钢产量（万吨）	全球粗钢产量（万吨）	中国所占份额（%）
2002	18225	90516	20.13
2003	22234	97105	22.90
2004	27280	106254	25.67
2005	35579	114781	31.00
2006	42102	125011	33.68
2007	48971	134812	36.33
2008	51234	134327	38.14
2009	57707	123829	46.60
2010	63874	143276	44.58
2011	70197	153721	45.67
2012	73104	155947	46.88
2013	82199	164930	49.84

数据来源：http：//www.worldsteel.org/。

核 算 点 评

1980 年，中国钢产量仅占全球的 5.18%；1991 年，突破 10%；2002 年，突破 20%；2005 年，突破 30%；2009 年，突破 40%；2014 年，突破 50%。

表 21-5　　中国粗钢增量在世界的占比

	中国粗钢产量（万吨）	中国粗钢增量（万吨）	全球粗钢产量（万吨）	全球粗钢增量（万吨）	中国增量占比（%）
2000	12850	455	85016	5995	7.58
2001	15163	2313	85217	202	1146.95
2002	18225	3062	90516	5298	57.78
2003	22234	4009	97105	6590	60.83
2004	27280	5046	106254	9149	55.16
2005	35579	8299	114781	8526	97.34
2006	42102	6523	125011	10230	63.77
2007	48971	6869	134812	9802	70.08
2008	51234	2263	134327	-485	-466.25
2009	57707	6473	123829	-10498	-61.66
2010	63874	6167	143276	19448	31.71
2011	70197	6323	153721	10445	60.53
2012	73104	2907	155947	2227	130.57
2013	82199	9095	164930	8983	101.25

数据来源：http：//www.worldsteel.org/。

核　算　点　评

从2000—2013年，全球钢产量增加79914万吨。中国在这段时期钢产量增加69349万吨。中国的钢材增加量占全球的86.7%。毫不夸张地说，近20年来，全球钢产量的增量集中在中国。有些年份，除了中国以外的其他国家钢材总产量非但没有增加反而有所下降，多亏中国钢材产量剧增才让全球钢材产量略有增加。

表 21－6　　世界主要工业国人均钢材产量　　单位：吨/人

排名 年份	1 韩国	2 日本	3 俄罗斯	4 比利时	5 中国	6 德国	7 意大利	8 加拿大
1949	0	38	231	447	0	135	44	215
1950	0	58	268	437	1	177	50	219
1951	0	76	303	582	2	196	65	226
1952	0	81	327	580	2	229	74	227
1953	0	87	355	512	3	222	73	246
1954	0	87	379	564	4	250	87	185
1955	1	105	407	660	5	304	111	256
1956	1	122	432	707	7	328	121	292
1957	1	137	447	693	8	345	138	270
1958	1	131	472	661	12	319	127	227
1959	2	178	508	704	21	409	136	300
1960	2	235	546	783	28	471	164	289
1961	3	298	583	759	13	458	181	316
1962	6	287	637	792	10	442	187	343
1963	6	325	646	784	11	425	198	384
1964	5	407	678	939	14	498	190	420
1965	6	416	719	977	17	487	244	455
1966	8	479	761	938	21	463	261	445
1967	10	617	798	1017	14	481	302	423
1968	12	656	827	1207	12	537	320	481
1969	12	796	852	1335	17	587	308	436

续表

排名 年份	1 韩国	2 日本	3 俄罗斯	4 比利时	5 中国	6 德国	7 意大利	8 加拿大
1970	15	894	891	1308	22	579	322	515
1971	14	838	924	1287	25	515	323	501
1972	18	904	956	1497	27	555	365	532
1973	34	1098	988	1594	29	627	383	593
1974	56	1063	1020	1661	24	674	431	596
1975	58	917	1050	1183	26	514	393	561
1976	76	952	1072	1238	22	542	420	565
1977	76	899	1079	1146	25	499	416	571
1978	86	888	1100	1284	33	528	432	620
1979	140	964	1078	1369	36	590	431	662
1980	225	954	1064	1254	38	560	469	647
1981	278	864	1062	1248	36	531	439	595
1982	299	840	1045	1033	37	458	425	471
1983	299	815	1075	1042	39	457	385	504
1984	323	880	1079	1158	42	506	425	572
1985	332	872	1075	1094	45	521	421	519
1986	353	809	1108	994	49	478	403	537
1987	403	807	1109	997	52	466	403	555
1988	455	862	1110	1137	54	526	419	565
1989	515	877	1087	1103	55	522	444	565
1990	539	893	1044	1146	58	484	449	442

续表

排名	1	2	3	4	5	6	7	8
年份	韩国	日本	俄罗斯	比利时	中国	德国	意大利	加拿大
1991	600	885	918	1134	62	527	441	462
1992	640	789	793	1029	70	493	435	488
1993	745	799	659	1009	76	464	453	497
1994	755	786	525	1119	78	502	457	474
1995	815	811	531	1143	79	515	485	486
1996	856	786	518	1063	83	486	417	491
1997	929	830	544	1053	89	549	450	513
1998	865	741	500	1118	92	537	447	521
1999	883	745	581	1068	99	513	432	527
2000	920	840	671	1134	101	564	464	534
2001	930	810	682	1046	119	545	459	487
2002	957	847	696	1100	142	547	450	506
2003	972	868	736	1075	173	544	467	500
2004	993	884	788	1130	216	563	493	507
2005	996	882	791	1005	273	540	505	473
2006	1007	912	843	1121	322	573	544	474
2007	1068	943	878	1029	372	589	543	481
2008	1108	933	813	1026	387	556	526	450
2009	988	686	688	522	434	399	336	276
2010	1192	860	760	730	478	536	434	383
2011	1377	842	788	727	522	541	484	375
2012	1381	841	775	656	531	530	458	389
2013	1315	868	758	634	574	529	403	353

注：按照2013年人均钢材产量排名。

表 21－6 续表 1

排名	9	10	11	12	13	14	15	16
年份	西班牙	美国	法国	英国	巴西	墨西哥	南非	印度
1949	26	472	221	298	12	14	49	4
1950	29	577	204	330	15	14	60	4
1951	29	616	230	316	15	16	72	4
1952	32	537	252	331	16	18	88	4
1953	31	632	230	354	17	15	89	4
1954	38	491	243	371	19	14	96	4
1955	41	640	285	395	19	16	103	4
1956	42	619	300	410	22	17	102	4
1957	45	595	312	429	20	20	108	4
1958	52	442	320	385	20	27	111	4
1959	60	477	330	395	23	33	112	6
1960	63	499	371	472	32	39	121	8
1961	76	484	373	425	33	43	139	9
1962	74	478	359	391	32	45	144	11
1963	79	524	360	427	35	47	150	13
1964	99	601	401	494	36	52	160	13
1965	110	614	394	505	36	53	166	13
1966	119	619	390	452	44	60	162	14
1967	138	581	388	442	42	64	179	13
1968	150	594	400	476	49	66	188	13
1969	178	632	437	484	53	68	205	12

续表

排名	9	10	11	12	13	14	15	16
年份	西班牙	美国	法国	英国	巴西	墨西哥	南非	印度
1970	218	582	458	509	56	73	206	12
1971	228	526	436	432	61	70	211	12
1972	277	576	455	451	65	79	223	12
1973	310	646	474	473	69	81	229	13
1974	331	618	503	397	71	85	232	11
1975	313	490	399	358	76	86	255	13
1976	308	533	429	396	82	84	270	15
1977	309	516	406	363	98	87	272	16
1978	311	559	418	362	103	103	284	16
1979	329	550	426	382	116	105	308	15
1980	335	446	421	200	125	105	310	14
1981	345	477	384	276	105	110	299	16
1982	354	291	330	243	101	99	266	16
1983	347	328	314	266	111	95	223	14
1984	349	355	338	268	137	101	233	14
1985	381	336	337	278	149	96	248	16
1986	308	308	315	259	152	92	253	16
1987	301	333	311	306	155	95	250	17
1988	304	370	334	332	169	95	240	18
1989	316	359	291	327	169	94	248	18
1990	322	359	327	310	136	103	224	18

续表

排名 年份	9 西班牙	10 美国	11 法国	12 英国	13 巴西	14 墨西哥	15 南非	16 印度
1991	322	315	315	286	147	92	238	20
1992	308	328	306	280	153	96	226	21
1993	325	341	289	287	159	103	213	21
1994	339	346	303	297	160	112	205	21
1995	347	357	303	301	153	131	207	24
1996	305	354	294	307	152	140	187	25
1997	343	361	328	315	155	149	192	26
1998	372	357	333	293	151	146	181	24
1999	373	349	332	275	144	155	177	25
2000	397	361	343	255	158	156	188	27
2001	412	316	315	227	149	131	194	27
2002	409	319	328	195	163	137	197	28
2003	405	323	318	221	169	146	204	30
2004	438	340	332	228	177	160	202	31
2005	442	321	310	219	167	153	200	42
2006	455	330	314	229	161	153	203	45
2007	470	326	302	236	174	162	188	47
2008	460	300	279	222	172	157	169	50
2009	310	190	198	162	137	121	149	53
2010	351	260	237	155	169	143	150	57
2011	332	277	242	150	179	152	146	60
2012	292	283	238	150	174	150	133	63
2013	306	275	238	185	171	149	137	65

数据来源：1993 年以前数据来自于《帕尔格雷夫世界经济统计 1750—1993》。1993 年以后的数据根据各种统计资料补足。

表 21－7　人均钢材产量增速（以 1998 年为基年）

年份	中国	印度	俄罗斯	韩国	德国	日本	美国	英国
1998	1.00	1.00	1.00	1.00	1.00	1.00	1.00	1.00
1999	1.11	1.01	1.13	1.30	0.94	0.98	0.98	0.94
2000	1.12	1.06	1.74	1.40	1.06	1.17	0.97	0.78
2001	1.44	1.09	1.90	1.36	1.01	1.04	0.80	0.75
2002	1.69	1.09	1.73	1.51	0.97	1.02	0.82	0.64
2003	2.11	1.18	1.97	1.52	0.98	1.10	0.74	0.54
2004	2.33	1.38	1.56	1.63	1.04	1.12	0.88	0.59
2005	2.84	1.79	1.60	1.60	1.05	1.16	0.78	0.47
2006	3.08	1.81	2.30	1.59	1.15	1.17	0.86	0.48
2007	3.48	1.97	2.77	1.78	1.24	1.23	0.74	0.58
2008	3.61	2.14	2.52	1.85	1.18	1.20	0.66	0.44
2009	4.57	2.41	2.01	1.51	0.75	0.70	0.31	0.18
2010	4.78	2.50	2.52	1.81	1.06	0.97	0.50	0.19
2011	5.10	2.68	2.94	1.89	1.16	1.00	0.54	0.25
2012	5.23	2.87	2.73	1.87	1.06	0.93	0.60	0.23

数据来源：根据表 21－8 计算。

核 算 点 评

尽管中国钢材产量在世界上位居榜首，可是中国人口众多，分摊到每个人头上的人均钢材产量就不是那么显眼了。

1998 年，中国的人均钢材产量只有 93 公斤，远远落后于世界主要工业国家。一直到 2001 年中国人均钢产量还低于印度。进入 21 世纪之后，中国人均钢产量开始起飞，先后超过南非、英国、德国、俄罗斯、美国等。在 2013 年大陆人均钢产量（530 公斤）尚且低于韩国（1400 公斤），中国台湾地区（904 公斤）和日本（841 公斤）。

1998—2013 年，中国人均钢产量增加了 5.23 倍，德国和日本基本上保持不变，印度的人均钢产量增加了 2.87 倍，俄罗斯增加了 2.73 倍。美国人均钢产量不仅没有增加反而大幅度下降，2013 年美国人均钢材产量是 1998 年的 60%。英国人均钢材产量下降更为严重，2013 年的人均钢材产量仅仅是 1998 年的 23%。

表 21-8　　世界各国（地区）人均钢材产量排名　　单位：千克

名次	1998 年		1999 年		2000 年		2001 年	
1	卢森堡	6103	卢森堡	5754	卢森堡	5893	卢森堡	6172
2	芬兰	3905	芬兰	3913	芬兰	4057	芬兰	3745
3	卡达尔	1174	卡达尔	1099	卡达尔	1253	卡达尔	1483
4	比利时	1120	比利时	1073	比利时	1135	比利时	1048
5	韩国	862	韩国	880	韩国	917	韩国	926
6	中国台湾地区	786	日本	744	日本	839	日本	809
7	日本	740	中国台湾地区	727	中国台湾地区	779	中国台湾地区	776
8	奥地利	664	斯洛文尼亚	661	奥地利	715	奥地利	732
9	多巴哥	641	奥地利	652	乌克兰	646	斯洛文尼亚	683
10	斯洛文尼亚	636	多巴哥	603	斯洛文尼亚	640	乌克兰	680
11	捷克	631	瑞典	573	捷克	606	瑞典	620
12	瑞典	572	乌克兰	551	多巴哥	594	捷克	618
13	德国	537	捷克	546	瑞典	589	多巴哥	547
14	加拿大	527	加拿大	534	德国	564	德国	544
15	澳大利亚	470	德国	512	加拿大	517	加拿大	524
	中国大陆（46）	93	中国大陆（47）	99	中国大陆（47）	102	中国大陆（44）	119

数据来源：根据各国钢铁生产与钢铁贸易数据及人口数据折算；其中，各国钢铁生产数据来自 http://www.worldsteel.org/；各国钢铁进出口数据来自联合国贸发会议数据库各类型钢材进出口交易汇总；各国人口数据来自世界银行数据库。

表 21－8 续表 1

名次	2002 年		2003 年		2004 年		2005 年	
1	卢森堡	6132	卢森堡	5923	卢森堡	5859	卢森堡	4717
2	芬兰	3946	芬兰	3756	卡达尔	1512	卡达尔	1287
3	卡达尔	1631	卡达尔	1596	比利时	1123	韩国	993
4	比利时	1112	比利时	1071	韩国	989	芬兰	903
5	韩国	953	韩国	968	芬兰	924	日本	880
6	日本	845	日本	865	日本	882	奥地利	855
7	中国台湾地区	813	斯洛文尼亚	856	中国台湾地区	867	比利时	850
8	斯洛文尼亚	795	中国台湾地区	836	斯洛文尼亚	850	乌克兰	820
9	奥地利	768	乌克兰	772	乌克兰	816	中国台湾地区	818
10	乌克兰	717	奥地利	771	奥地利	799	斯洛文尼亚	790
11	多巴哥	657	多巴哥	719	捷克	690	瑞典	630
12	瑞典	645	捷克	638	瑞典	661	捷克	606
13	捷克	639	瑞典	637	多巴哥	632	多巴哥	548
14	德国	546	德国	543	德国	562	德国	540
15	加拿大	520	加拿大	537	加拿大	510	意大利	501
	中国大陆（42）	142	中国大陆（36）	173	中国大陆（33）	210	中国大陆（27）	271

表 21－8　　　　　　　　　　　　　　　　续表 2

名次	2006 年		2007 年		2008 年		2009 年	
1	卢森堡	5928	卢森堡	5833	卢森堡	5284	卢森堡	4450
2	比利时	1065	韩国	1060	韩国	1089	卡达尔	1001
3	卡达尔	1037	比利时	1006	比利时	997	韩国	991
4	韩国	1002	卡达尔	995	日本	930	斯洛文尼亚	696
5	芬兰	959	日本	941	奥地利	911	日本	686
6	日本	910	乌克兰	921	卡达尔	843	奥地利	677
7	斯洛文尼亚	902	中国台湾地区	913	中国台湾地区	834	中国台湾地区	673
8	乌克兰	874	奥地利	913	斯洛文尼亚	832	乌克兰	648
9	奥地利	862	斯洛文尼亚	893	芬兰	831	芬兰	577
10	中国台湾地区	843	芬兰	838	乌克兰	806	比利时	522
11	捷克	670	捷克	685	捷克	615	捷克	440
12	瑞典	599	瑞典	620	瑞典	564	中国	430
13	德国	573	德国	590	德国	558	俄罗斯	421
14	意大利	543	意大利	547	意大利	518	德国	399
15	多巴哥	517	多巴哥	521	俄罗斯	484	土耳其	355
	中国大陆（23）	320	中国大陆（21）	371	中国大陆（20）	378	中国大陆（12）	430

表 21－8 续表 3

名次	2010 年		2011 年		2012 年	
1	卢森堡	5056	卢森堡	4864	卢森堡	4204
2	韩国	1192	韩国	1376	韩国	1400
3	卡达尔	974	中国台湾地区	985	卡达尔	1024
4	中国台湾地区	885	卡达尔	953	中国台湾地区	904
5	日本	860	奥地利	889	奥地利	880
6	奥地利	859	日本	842	日本	841
7	斯洛文尼亚	849	斯洛文尼亚	785	斯洛文尼亚	786
8	芬兰	751	乌克兰	773	乌克兰	722
9	乌克兰	732	芬兰	740	芬兰	694
10	比利时	730	比利时	726	比利时	664
11	德国	536	德国	541	中国	530
12	瑞典	517	捷克	532	德国	530
13	捷克	495	瑞典	515	土耳其	487
14	中国大陆	476	中国	510	捷克	483
15	俄罗斯	469	意大利	483	俄罗斯	478

表 21－9　　**中国钢材进口出口量**　　单位：万吨

年份	钢材生产量	钢材进口	钢材出口	钢材净出口	净出口占比
1989	4859	820	78	－742	－15.3%
1990	5153	368	209	－159	－3.1%
1991	5638	333	329	－3	－0.1%
1992	6697	618	327	－291	－4.3%
1993	7716	3026	112	－2914	－37.8%
1994	8428	2283	174	－2108	－25.0%
1995	8980	1397	593	－804	－9.0%
1996	9338	1598	422	－1177	－12.6%
1997	9979	1322	462	－861	－8.6%
1998	10738	1242	357	－885	－8.2%
1999	12110	1486	368	－1118	－9.2%
2000	13146	1596	621	－976	－7.4%
2001	16068	1722	474	－1248	－7.8%
2002	19252	2449	546	－1903	－9.9%
2003	24108	3717	696	－3021	－12.5%
2004	31976	2930	1423	－1507	－4.7%
2005	37771	2582	2052	－529	－1.4%
2006	46893	1851	4301	2450	5.2%
2007	56561	1687	6265	4578	8.1%
2008	60460	1538	5918	4380	7.2%
2009	69405	1763	2460	696	1.0%
2010	80277	1643	4256	2613	3.3%
2011	88620	1558	4886	3328	3.8%
2012	95578	1366	5573	4207	4.4%
2013	106762	1408	6233	4825	4.5%

数据来源：钢铁产量数据来自历年《中国统计年鉴》，钢铁进出口数据来自《2013 年中国钢铁工业统计年鉴》；2013 年数据来自于《2014 年中国统计年鉴》，第 345 页。

核 算 点 评

在 2005 年以前，中国属于钢材净进口国。在 2003 年净进口钢材占全国总产量的 16.9%。

在 2005 年以后，中国生产的钢铁不仅在数量上大幅度上升，而且在产品质量上也有所提高，基本上能够满足国内市场的需要，出口竞争能力逐步加强。钢材进口量逐年下降，中国成为钢材净出口国。

2012 年中国出口钢材 5573 万吨，同比增长 14%，进口钢材 1366 万吨，同比下降 12.3%。如果把出口机械设备、车辆、船舶等称为间接出口钢材，2012 年直接和间接出口的钢材总量为 9000 万吨。2014 年，全国出口钢材数量急剧增加，总计出口钢材 9378 万吨，进口钢材 1443 万吨，净出口量相当总产量的 7% 左右。尽管中国进出口钢材的数量都不小，但是，钢材净出口量仅仅占总产量的 2.9%。钢材的库存量占比不高。钢材产量和消费量之间的差距并不大。

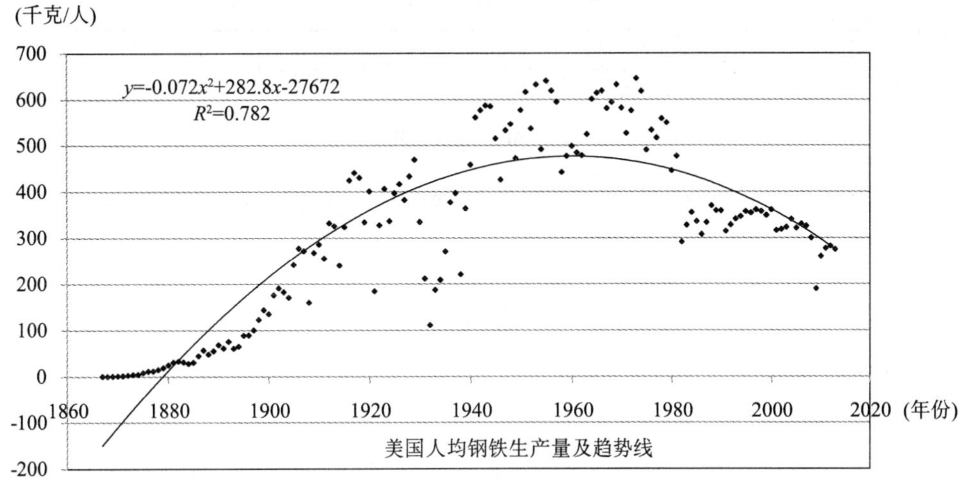

图 21－2 美国人均钢铁生产量（1867—2013 年）

核 算 点 评

美国的人均钢材产量在 1956—1974 年期间，一直在 618 千克上下波动，随后逐年下降。美国人均钢产量倒 U 型曲线的回归方程：

$y = -0.07215x^2 + 282.8x - 276723.8$，$R^2 = 0.7820$

回归模拟线的峰值发生在 1960 年。

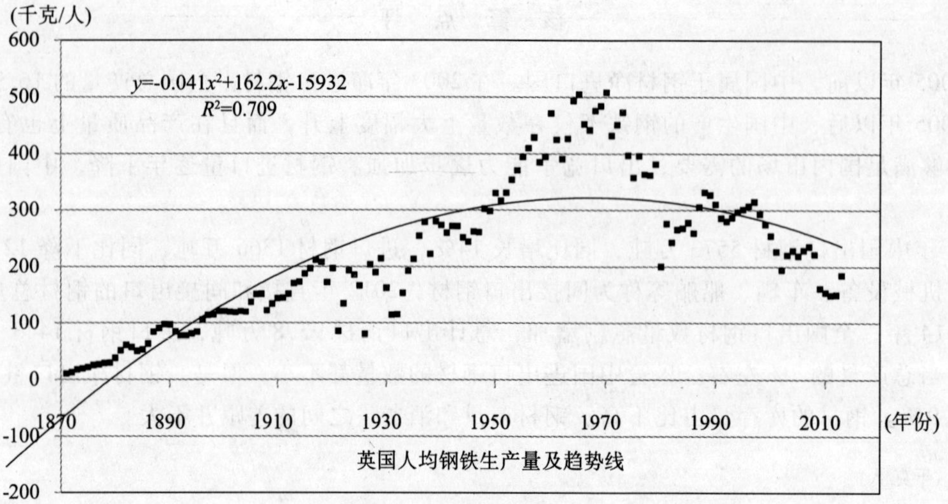

图 21－3　英国人均钢铁生产量（1871—2013 年）

核　算　点　评

英国的人均钢材产量在 1964—1970 年期间在最高值 500 公斤上下波动，随即逐年下降，到了 2013 年只剩下 185 公斤。

英国人均钢产量倒 U 型曲线的回归方程：

$y = -0.04124x^2 + 162.3x - 159320.1$，$R^2 = 0.7093$

回归模拟线的峰值在 1968 年。

表 21-10　　世界主要钢材生产国人均钢材消费出现拐点的时间和人均 GDP

国别	峰值的时间（年）	最高值（公斤/人）	该年人均 GDP（美元）
美国	1966	619	19791
加拿大	1979	662	24044
比利时	1990	1146	28518
法国	1974	503	20578
德国	1974	674	19657
意大利	1980	469	20991
西班牙	2007	470	27661
英国	1970	509	18110
日本	1979	964	20549
南非	1980	310	5346
墨西哥	拐点不明显	149	8265
巴西	拐点不明显	178	5849
韩国	尚未出现拐点	1315	23857
印度	尚未出现拐点	65	1190
中国	尚未出现拐点	574	3619

数据来源：各国人均钢铁生产量及其峰值水平来自表 21-8；各国人均 GDP 数据来自世界银行数据库，各国统一为 2005 年不变价美元数。

核　算　点　评

从历史数据可以很清楚地看到，老牌工业国的钢材产量和人均钢材消费量毫无例外地呈现倒 U 型曲线。

钢材主要用于基础建设（包括住房、高速公路、铁路、机场、桥梁、水利工程等）和机械制造（汽车、船舶、机床、拖拉机、电冰箱、洗衣机等）。众所周知，随着科学技术的进步和产业升级，经济增长的重点逐步从制造业转向服务业，从重化工业转向高科技和信息产业。制造业在国民经济中的比例逐步下降。机场、桥梁、码头等基础设施一旦建成就可以使用很多年。如果人均住房面积达到人口密度基本类似的国家的平均水平，居民住房建设的速度也会慢下来。所有这些因素都让钢材产量和人均钢材消费量呈现倒U型曲线，在达到峰值之后逐渐回落，趋于一个长期稳定状态。显然，并不是经济越发达，人均收入越高，人均钢材消费量就越高。

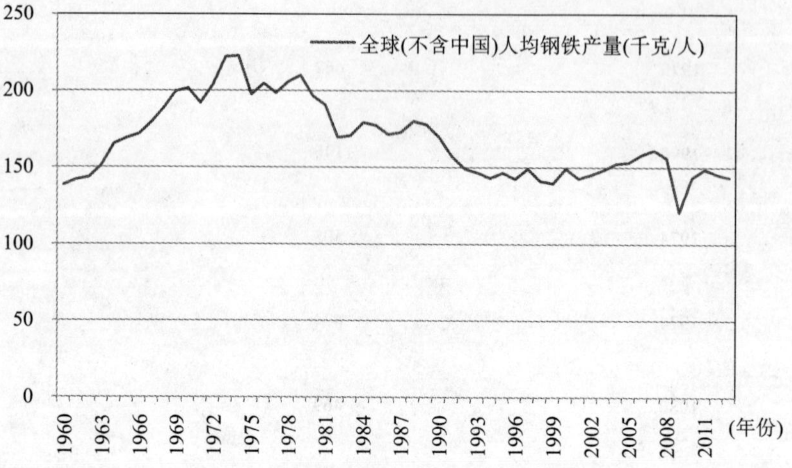

图 21－4　全球（不含中国）人均钢材产量

核　算　点　评

如果不包含中国在内，全球人均钢产量呈现倒U型曲线。全球人均钢产量在1972年达到峰值，人均222千克，随后一直处于下降态势。在2011年，全球人均钢产量为143千克。

如果包括中国在内，由于在2014年中国钢材产量依然在节节上升，使全球钢产量呈现上升态势。由此可见，中国钢铁行业的走向对于全球钢铁行业而言举足轻重。

产能过剩可以分为长期过剩和短期过剩；或者绝对过剩和相对过剩。

在没有达到倒U型曲线的峰值之前，由于市场需求波动，如果供给大于需求，会出现产能过剩。但是，这种产能过剩必定是短期的，相对的。随着市场需求不断增加，产能过剩和产能不足交替出现。在超越了钢材倒U型曲线的峰值之后，钢材产能处于绝对过剩或者说长期过剩状态。许多钢铁企业必然纷纷关门倒闭，钢材产能随之不断下降，直到最终稳定在一定的水平上。因此，判断中国的钢材、水泥、平板玻璃、原铝、造船等行业是否处于长期的产能过剩，必须研究这些行业是否已经达到了倒U型曲线的拐点。在人均钢材产量达到倒U型曲线的峰值之前，即使出现钢材产能过剩的问题很可能属于短期现象。只有越过倒U型曲线的拐点之后才真正出现钢材产能过剩的问题。

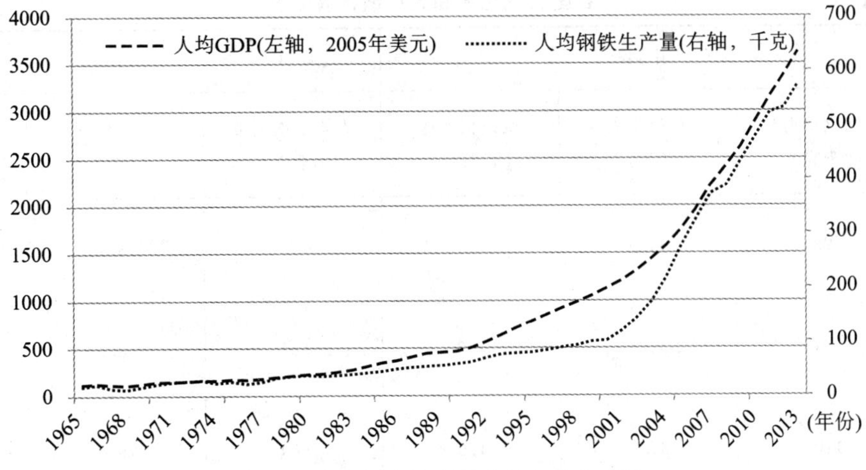

图 21－5　中国人均钢材总量与人均 GDP

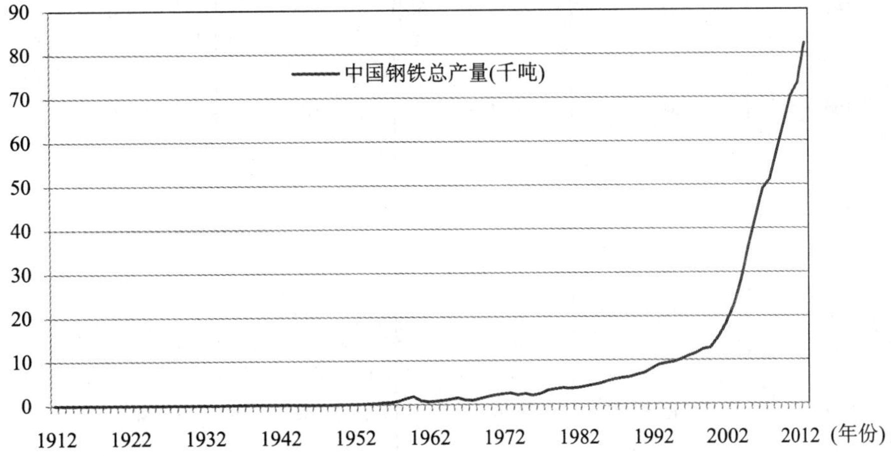

图 21－6　中国钢材总产量

核 算 点 评

从中国钢材总产量和人均钢材产量的时间序列数据来看，在 2000 年以后，中国钢材总产量和人均钢材产量都在急剧上升，呈现出加速递增的凹曲线。显然，这是经济起飞初期阶段的特征。到 2030 年之前中国总人口还在不断增加。如果中国的人均钢材消费量继续增长，对钢材的需求肯定持续上升。

除非遭遇内战、金融危机等意料不到的巨大冲击，按照过去 30 年钢材产量和人均钢材消费量的变化趋势，还看不出增速减缓并且接近峰值的态势。

表 21－11　　　　　　　　　　　　各国城镇化率和人均钢材消费量

年份	中国			日本		
	人均钢铁消费（千克）	城市化率（%）	城镇化增速（百分点）	人均钢铁消费（千克）	城市化率（%）	城镇化增速（百分点）
1998	98	33.9	—	572	78.4	—
1999	109	34.9	1.0	563	78.5	0.1
2000	110	35.9	1.0	669	78.6	0.1
2001	141	37.1	1.2	595	80.0	1.4
2002	166	38.4	1.3	584	81.6	1.6
2003	207	39.8	1.4	627	83.2	1.6
2004	228	41.1	1.3	640	84.6	1.4
2005	279	42.5	1.4	661	86.0	1.4
2006	302	43.9	1.4	669	87.1	1.1
2007	341	45.2	1.3	702	88.0	0.9
2008	354	46.5	1.3	687	88.9	0.9
2009	448	47.9	1.4	401	89.7	0.8
2010	469	49.2	1.3	557	90.5	0.8
2011	500	50.6	1.4	572	91.2	0.7
2012	514	51.9	1.3	532	91.9	0.7

表 21－11　　　续表 1

年份	巴西			韩国		
	人均钢铁消费（千克）	城市化率（%）	城镇化增速（百分点）	人均钢铁消费（千克）	城市化率（%）	城镇化增速（百分点）
1998	85	79.8	—	795	79.1	—
1999	73	80.5	0.7	1030	79.4	0.3
2000	88	81.2	0.7	1111	79.6	0.2
2001	80	81.6	0.4	1079	79.9	0.3
2002	80	81.9	0.3	1203	80.3	0.4
2003	79	82.2	0.3	1208	80.7	0.4
2004	84	82.5	0.3	1291	81.0	0.3
2005	69	82.8	0.3	1270	81.3	0.3
2006	74	83.1	0.3	1262	81.5	0.2
2007	99	83.4	0.3	1412	81.6	0.1
2008	107	83.7	0.3	1469	81.7	0.1
2009	86	84.0	0.3	1197	81.8	0.1
2010	138	84.3	0.3	1436	81.9	0.1
2011	123	84.6	0.3	1500	82.0	0.1
2012	126	84.9	0.3	1487	82.1	0.1

表 21－11　　　　　　　　　　　　　　　续表 2

年份	美国			墨西哥		
	人均钢铁消费（千克）	城市化率（%）	城镇化增速（百分点）	人均钢铁消费（千克）	城市化率（%）	城镇化增速（百分点）
1998	483	78.4	—	158	74.2	—
1999	474	78.7	0.3	158	74.4	0.2
2000	469	79.1	0.4	195	74.7	0.3
2001	388	79.2	0.1	170	75.0	0.3
2002	397	79.4	0.2	174	75.4	0.4
2003	357	79.6	0.2	170	75.7	0.3
2004	423	79.8	0.2	261	76.0	0.3
2005	378	79.9	0.1	172	76.3	0.3
2006	418	80.1	0.2	206	76.6	0.3
2007	357	80.3	0.2	171	76.9	0.3
2008	317	80.4	0.1	168	77.2	0.3
2009	152	80.6	0.2	141	77.5	0.3
2010	240	80.8	0.2	156	77.8	0.3
2011	261	80.9	0.1	165	78.1	0.3
2012	289	81.1	0.2	194	78.4	0.3

表 21－11　　续表 3

年份	印度			英国		
	人均钢铁消费（千克）	城市化率（%）	城镇化增速（百分点）	人均钢铁消费（千克）	城市化率（%）	城镇化增速（百分点）
1998	25	27.2	—	235	78.5	—
1999	25	27.5	0.3	221	78.6	0.1
2000	26	27.7	0.2	184	78.7	0.1
2001	27	27.9	0.2	177	78.8	0.1
2002	27	28.2	0.3	151	79.0	0.2
2003	29	28.6	0.4	126	79.3	0.3
2004	34	28.9	0.3	139	79.6	0.3
2005	44	29.2	0.3	111	79.9	0.3
2006	45	29.6	0.4	114	80.2	0.3
2007	49	29.9	0.3	136	80.5	0.3
2008	53	30.2	0.3	103	80.8	0.3
2009	60	30.6	0.4	41	81.0	0.2
2010	62	30.9	0.3	45	81.3	0.3
2011	66	31.3	0.4	59	81.6	0.3
2012	71	31.6	0.3	54	81.8	0.2

表 21－11 续表 4

年份	德国			俄罗斯		
	人均钢铁消费（千克）	城市化率（%）	城镇化增速（百分点）	人均钢铁消费（千克）	城市化率（%）	城镇化增速（百分点）
1998	466	73.1	—	92	73.4	—
1999	438	73.1	0.0	103	73.4	0.0
2000	493	73.1	0.0	160	73.4	0.0
2001	472	73.1	0.0	174	73.3	－0.1
2002	452	73.2	0.1	159	73.3	0.0
2003	459	73.2	0.0	181	73.4	0.1
2004	486	73.3	0.1	143	73.4	0.0
2005	491	73.4	0.1	147	73.5	0.1
2006	534	73.5	0.1	211	73.5	0.0
2007	577	73.7	0.2	254	73.6	0.1
2008	549	73.9	0.2	231	73.6	0.0
2009	349	74.1	0.2	184	73.6	0.0
2010	492	74.3	0.2	231	73.7	0.1
2011	543	74.5	0.2	270	73.7	0.0
2012	493	74.7	0.2	251	73.8	0.1

核 算 点 评

钢材产能是否绝对过剩要看长期趋势。判断钢材产能是否绝对过剩，或者说人均钢材消费量是否接近峰值，需要考虑：

第一，城镇化水平和城镇化率增长速度。

第二，人均 GDP 水平。

第三，城镇人均住房面积。

第四，固定资产投资增长率。

第五，制造业的增长率。

钢材产能是否过剩和城镇化率高低以及城镇化率的变化速度有关。从城镇化的角度来观察中国钢材产能可以得出两个结论：

第一，在 2013 年中国城镇化率仅仅达到 53.73%，在世界各国中处于中等水平①。一般来讲，发达国家的城镇化水平要达到 70% 左右才会趋于稳定。因此，中国的城镇化进程还有很长的路要走。

第二，纵观世界各国的历史数据，如果城镇化速度每年超过 0.25 个百分点，人均钢材产量上升。从 2000 年以后，中国每年城镇化速度超过一个百分点，只要这个趋势得以继续，人均钢材产量必将随之上升。由于中国人口还在继续增长，因此，对钢材的需求将继续保持在一个相当高的水平上。

城镇化是不可阻挡的历史大趋势，每年从农村移居城镇的人口超过 2000 万人。只要城镇化速度降不下来，对钢材的需求，特别是建筑用钢材的需求就会一直保持在较高的水平。

---

① 城镇化数据来源：《2014 年中国统计摘要》，第 16 页。

表 21－12　　各国人均钢铁产量（单位：吨）和人均 GDP（单位：美元）

年份	美国		加拿大		比利时		法国	
	人均钢铁产量	人均 GDP	人均钢铁产量	人均 GDP	人均钢铁产量	人均 GDP	人均钢铁产量	人均 GDP
1990	359	37062	442	31163	1146	30798	327	29476
1991	315	36543	462	30090	1134	31247	315	29707
1992	328	37321	488	29977	1029	31596	306	30033
1993	341	37844	497	30424	1009	31170	289	29719
1994	346	38892	474	31505	1119	32077	303	30303
1995	357	39476	486	32101	1143	32774	303	30823
1996	354	40501	491	32290	1063	33217	294	31141
1997	361	41812	513	33310	1053	34377	328	31756
1998	357	43166	521	34389	1118	34992	333	32764
1999	349	44673	527	35810	1068	36209	332	33707
2000	361	45986	534	37314	1134	37404	343	34774
2001	316	45978	487	37563	1046	37620	315	35197
2002	319	46367	506	38270	1100	38036	328	35333
2003	323	47260	500	38621	1075	38214	318	35371
2004	340	48597	507	39436	1130	39356	332	36090
2005	321	49762	473	40284	1005	39881	310	36395
2006	330	50599	474	41012	1121	40661	314	37001
2007	326	51011	481	41432	1029	41575	302	37641
2008	300	50384	450	41468	1026	41641	279	37505
2009	190	48558	276	39884	522	40225	198	36215
2010	260	49373	383	40773	730	40764	237	36745
2011	277	49781	375	41567	727	40946	242	37328
2012	283	50549	389	41865	656	40687	238	37227
2013	275	51282	353	42213	634	40607	238	37309

数据来源：各国人均钢铁产量数据来自表 21－11；人均 GDP 数据来自世界银行数据库，为经购买力评价法折算后可比的实际人均收入水平。

表 21－12　　　　续表 1

年份	德国		意大利		俄罗斯		西班牙	
	人均钢铁产量	人均GDP	人均钢铁产量	人均GDP	人均钢铁产量	人均GDP	人均钢铁产量	人均GDP
1990	484	31476	449	30746	534	19349	322	24126
1991	527	32844	441	31198	466	18332	322	24684
1992	493	33221	435	31437	451	15661	308	24831
1993	464	32689	453	31149	393	14320	325	24498
1994	502	33375	457	31813	329	12535	339	25015
1995	515	33843	485	32731	348	12013	347	25645
1996	486	34008	417	33143	332	11597	305	26270
1997	549	34578	450	33733	328	11779	343	27167
1998	537	35254	447	34269	297	11173	372	28238
1999	513	35931	432	34798	350	11925	373	29353
2000	564	36953	464	36073	403	13173	397	30647
2001	545	37517	459	36692	404	13902	412	31488
2002	547	37458	450	36729	411	14629	409	31866
2003	544	37167	467	36622	425	15768	405	32293
2004	563	37614	493	36962	455	16967	438	32745
2005	540	37901	505	37130	461	18118	442	33396
2006	573	39352	544	37761	495	19660	455	34206
2007	589	40693	543	38125	507	21374	470	34845
2008	556	41199	526	37475	480	22506	460	34676
2009	399	38975	336	35260	420	20739	310	33142
2010	536	40632	434	35753	469	21664	351	32994
2011	541	42080	484	35901	482	22570	332	32674
2012	530	42959	458	34813	492	23299	292	31971
2013	529	42887	403	33827	480	23561	306	31681

表 21－12 续表 2

年份	英国		日本		韩国		印度	
	人均钢铁产量	人均GDP	人均钢铁产量	人均GDP	人均钢铁产量	人均GDP	人均钢铁产量	人均GDP
1990	310	26424	893	29550	539	12087	18	1777
1991	286	26017	885	30437	600	13130	20	1760
1992	280	26062	789	30610	640	13744	21	1821
1993	287	26688	799	30587	745	14466	21	1871
1994	297	27691	786	30746	755	15577	21	1959
1995	301	28317	811	31224	815	16798	24	2069
1996	307	28998	786	31958	856	17835	25	2186
1997	315	29662	830	32391	929	18687	26	2235
1998	293	30614	741	31656	865	17493	24	2332
1999	275	31474	745	31535	883	19233	25	2496
2000	255	32543	840	32193	920	20757	27	2548
2001	227	33282	810	32230	930	21536	27	2628
2002	195	33954	847	32248	957	23008	28	2684
2003	221	35250	868	32721	972	23566	30	2850
2004	228	35910	884	33483	993	24628	31	3029
2005	219	36665	882	33916	996	25541	42	3262
2006	229	37504	912	34468	1007	26734	45	3514
2007	236	38164	943	35183	1068	28063	47	3806
2008	222	37739	933	34800	1108	28650	50	3901
2009	162	35840	686	32880	988	28716	53	4177
2010	155	36240	860	34404	1192	30440	57	4547
2011	150	36549	842	34316	1377	31327	60	4787
2012	150	36535	841	34988	1381	31901	63	4967
2013	185	36908	868	35614	1315	32684	65	5244

表 21－12　　　　　　　　　　　　　　　　　　　　续表 3

年份	墨西哥		巴西		南非		中国	
	人均钢铁产量	人均GDP	人均钢铁产量	人均GDP	人均钢铁产量	人均GDP	人均钢铁产量	人均GDP
1990	103	12479	136	10331	224	10364	58	1516
1991	92	12738	147	10315	238	10049	62	1634
1992	96	12925	153	10104	226	9631	70	1845
1993	103	13172	159	10413	213	9546	76	2078
1994	112	13516	160	10802	205	9643	78	2323
1995	131	12491	153	11108	207	9730	79	2551
1996	140	12979	152	11178	187	9925	83	2775
1997	149	13634	155	11382	192	9952	89	3000
1998	146	14033	151	11250	181	9770	92	3205
1999	155	14177	144	11139	177	9766	99	3419
2000	156	14704	158	11461	188	9927	101	3678
2001	131	14411	149	11446	194	9988	119	3955
2002	137	14243	163	11638	197	10213	142	4285
2003	146	14268	169	11627	204	10382	173	4685
2004	160	14700	177	12135	202	10715	216	5127
2005	153	14961	167	12373	200	11133	273	5675
2006	153	15516	161	12732	203	11597	322	6360
2007	162	15805	174	13364	188	12052	372	7225
2008	157	15826	172	13906	169	12263	387	7880
2009	121	14893	137	13749	149	11903	434	8565
2010	143	15460	169	14660	150	12087	478	9430
2011	152	15887	179	15101	146	12291	522	10274
2012	150	16320	174	15234	133	12375	531	11017
2013	149	16346	171	15518	137	12454	574	11805

表 21-13　　各国人均钢材消费量峰值时间和该年人均 GDP

国别	峰值时间（年）	人均钢材消费量（公斤）	人均 GDP（美元）
美国	1997	361	41812
英国	1997	315	29662
加拿大	2000	534	37314
比利时	2000	1134	37404
法国	2000	343	34774
南非	2003	204	10282
意大利	2006	544	37761
德国	2007	589	40693
俄罗斯	2007	507	21374
西班牙	2007	470	34845
日本	2007	943	35183
墨西哥	2007	162	15805
巴西	2011	179	15101
韩国	2012	1381	31901
中国	2012	574	11805

数据来源：世界银行数据库，根据表 21-12 整理。

核　算　点　评

从世界各国历史数据中可以清楚地看到这样的规律：在一个国家由穷变富的过程中，随着人均 GDP 的增长，人均钢材消费量也不断增长。但是，当人均 GDP 达到一定高度之后，人均钢材消费量从峰值逐步下降，最终稳定在一个水平上。人均钢材消费量和人均 GDP 存在着倒 U 型的内在联系。

由于各国出现人均钢材消费量的拐点时间不同，有必要将各国达到人均钢铁产量峰值年份的人均 GDP 折算到 2010 年。

统计数据表明，人均 GDP 必须超过 15000 美元（按照 2010 年购买力水平）人均钢材消费量才有可能出现拐点。在 2013 年中国人均 GDP（按照 PPP 计算）才达到 11805 美元，从人均 GDP 的角度来判断，说中国人均钢材消费量很快就要出现峰值缺乏数据支持。

表 21－14　　钢材产量和固定资产投资的关系

年份	全国钢铁生产		全社会固定资产投资总额	
	产出总量（万吨）	增速（%）	投资总金额（亿元）	增速（%）
1998	10737	7.60	28406	13.89
1999	12110	12.79	29855	5.10
2000	13146	8.56	32918	10.26
2001	16068	22.22	37214	13.05
2002	19252	19.82	43500	16.89
2003	24108	25.23	55567	27.74
2004	31976	32.64	70477	26.83
2005	37771	18.12	88774	25.96
2006	46893	24.15	109998	23.91
2007	56561	20.62	137324	24.84
2008	60460	6.89	172828	25.85
2009	69405	14.80	224599	29.95
2010	80277	15.66	251684	12.06
2011	88620	10.39	311485	23.76
2012	95578	7.85	374695	20.29
2013	106762	11.70	446294	19.11
2014	112557	5.43	512760	14.89

数据来源：《2014 年中国统计年鉴》，第 76 页和 115 页。

核　算　点　评

固定资产投资（住房、高速公路、机场、桥梁、厂房等等）总额和钢材产量明显正相关。在2001—2011 年期间，固定资产投资以两位数增长，全国钢材产量也以两位数的速度增长。如果今后固定资产投资的增速保持较高的增速，钢材需求就一定会随之增长。只有固定资产投资增速下降到一定水平，钢材产量才可能达到倒 U 型曲线的拐点。

表 21－15　　每月平均新建住宅套数

年份	美国	英国	西班牙	南非	日本	德国
2000	157000	—	30565	3942	108704	25988
2001	157000	—	30472	3183	103889	21836
2002	165000	—	35028	5107	101769	20701
2003	168000	—	38159	4726	102062	22298
2004	184000	16958	41399	5890	104093	20036
2005	161000	17465	43707	5885	107889	17942
2006	165000	17735	48690	3859	112230	18370
2007	125000	18869	53452	4567	92214	13414
2008	94000	15688	51256	5835	94839	12637
2009	66000	13197	32368	4483	68813	13116
2010	54000	11439	21454	3296	67970	13982
2011	49000	11823	13993	3388	69510	17441
2012	54000	11996	9583	3573	73566	19955
2013	64000	11503	5386	2822	81669	22530

资料来源：联合国统计月报数据库，UN Monthly Bulletin of Statistics Database. 中国数据来自于《2014 年中国统计年鉴》。

表 21－15 续表 1

年份	法国	比利时	澳大利亚	俄罗斯	韩国	中国
2000	29583	3414	13232	31114	3610	2140000
2001	29220	3503	10233	31796	6150	2410000
2002	27941	3185	12149	33034	7457	2630000
2003	29211	3628	12652	35573	5192	3020000
2004	33143	4016	13568	39787	3823	4040000
2005	37016	4542	13747	42942	3150	3680000
2006	38358	4827	12136	50713	4435	4010000
2007	38807	4543	12687	60204	6133	4400000
2008	33233	4198	12104	64009	6363	4940000
2009	28892	3745	12176	58502	6074	5550000
2010	34583	3964	13062	59510	6816	6020000
2011	35225	3464	12897	65463	8256	7220000
2012	33200	3744	12165	69836	8242	7640000
2013	33058	3561	12559	76009	7754	7490000

资料来源：联合国统计月报数据库，UN Monthly Bulletin of Statistics Database. 中国数据来自于《2014 年中国统计年鉴》。

核 算 点 评

钢材主要用途大致上可以划分为工业生产和建筑施工两大块。

根据2013年的数据，工业生产用的钢材占45%，建筑施工用的钢材占55%。钢材产能是否过剩和新建居民住房的数量密切相关。

在由穷变富的过程中必然大量新建住房，建筑业对钢材的需求也随之增加。只有居民人均住房面积达到稳定值之后人均钢材消费量才有可能接近拐点。人均住房面积取决于各国的资源禀赋和居民生活习惯。在多数城镇中人均住房面积长期稳定在一定的水平上。新旧更替占新建住房的主要部分。

按照新建住宅套数可以将世界各国分为三组：第一组，美国、英国、西班牙、日本等，每月新建住房套数逐年下降。第二组，德国、法国、澳大利亚、比利时等，新建住房套数基本维持不变。第三组，俄罗斯、韩国、中国等，新建住房套数在不断增加。与之相对应，美国、英国、西班牙、日本的人均钢材消费量在不断下降，德国、澳大利亚、比利时的人均钢材消费量基本稳定，而俄罗斯、韩国和中国的人均钢材消费量则在不断攀高。毫无疑问，只要新建住房的数量居高不下，就谈不上钢材产能长期过剩。

表 21－16　　　　中国人均住房面积的预测

年份	城镇人口（万人）	人均住房面积（平方米）	住房总量（亿平方米）	新增住房需求（亿平方米）	折旧（亿平方米）	总需求（亿平方米）
2011	69079	19.74	136.36	6.94	3.41	10.35
2012	70806	20.16	142.77	6.41	3.57	9.98
2013	72533	20.59	149.37	6.60	3.73	10.34
2014	74260	21.03	156.17	6.80	3.90	10.71
2015	75987	21.48	163.18	7.01	4.08	11.09
2016	77714	21.93	170.40	7.22	4.26	11.48
2017	79441	22.38	177.83	7.43	4.45	11.87
2018	81168	22.85	185.47	7.65	4.64	12.28
2019	82895	23.32	193.34	7.87	4.83	12.70
2020	84624	23.80	201.44	8.10	5.04	13.13
2021	86061	24.29	209.06	7.62	5.23	12.84
2022	87498	24.79	216.88	7.82	5.42	13.25
2023	88935	25.29	224.91	8.03	5.62	13.66
2024	90372	25.80	233.16	8.25	5.83	14.08
2025	91809	26.32	241.62	8.46	6.04	14.50
2026	93246	26.84	250.31	8.69	6.26	14.94
2027	94683	27.38	259.22	8.91	6.48	15.39
2028	96120	27.92	268.36	9.14	6.71	15.85
2029	97557	28.47	277.73	9.37	6.94	16.32
2030	98998	29.03	287.35	9.62	7.18	16.80

数据来源：根据 Gompertz 模型，在居民住房人均远期稳定值为 40 平方米的假设下计算。

核算点评

如果在2030年中国城镇居民人均住房面积达到29.03平方米的话，住房总面积为287.35亿平方米。和2011年的136.36亿平方米相比，翻了一番还多。如果要达到这个目标，2030年前新增居民住房需要达到9.62亿平方米，扣除折旧拆除之后，需要新建住房16.8亿平方米。新建住房数量远远超过2011年新建住房10.35亿平方米。

必须强调，在计算人均住房面积的时候，不仅包括在城镇中已经有住房的居民，还包括进城的农民工和学校毕业生；不仅包括商品房，还包括提供给低收入家庭的廉租房。如果只考虑高收入群体才买得起的商品房，势必严重低估居民住房需求。

由于城镇化的进展，城镇居民人数将从2011年的6.9亿增加到2030年的9.9亿人。将有近2亿人进城。对住房的需求非常旺盛。在2000—2014年期间，城镇居民人均住房面积每年都增加0.5—0.9平方米。按照预测，在2012—2030年期间，人均住房面积每年递增0.42到0.56平方米。即使在2030年人均住房面积达到30平方米，依然远远落后于发达国家的平均水平。毫无疑问，若要中国城镇居民普遍达到小康水平，城镇住房总面积需要翻一番多。

值得指出的是，中国新建住宅当中绝大部分是商品房。在过去10年中新建的照顾低收入群体的廉租房数量微乎其微。贫富差距越来越大，低收入群体住房难的问题迟迟得不到解决。这是严重的政策失误。如果今后能够为低收入家庭多修建一些廉租房，新建住宅的数量会大幅度提高。在城镇就居民人均住房面积达到稳定值之前，不可能出现钢材产能长期过剩。只要多盖廉租房，钢材产能绝不会过剩。在满足低收入家庭的基本住房要求之前，谈钢材产能过剩似乎有些不着边际。

表 21－17　　分用途钢材消费量（2013 年）

	钢材消费量（万吨）	占比
建筑业	38100	54.98%
机械	13300	19.19%
造船	1250	1.80%
汽车	4720	6.81%
家电	1000	1.44%
集装箱	520	0.75%
能源	3100	4.47%
铁道	480	0.69%
其他	6830	9.86%
总计	69300	100%

数据来源：《2014 中国钢铁市场分析与预测》第 134 页。

表 21－18　　轻工业钢材消费量（2005 年）　　单位：万吨

		钢材消费量	占比
家电		530	19.63%
	空调	150	5.56%
	冰箱	58	2.15%
	冷柜	10	0.37%
	微波炉	32	1.19%
	洗衣机	45	1.67%
	彩管	57	2.11%
	空压机	97	3.59%
	冰压机	21	0.78%
自行车		201	7.44%
缝纫机		4.5	0.17%
五金		1400	51.85%
日用杂品		150	5.56%
文教用品		35	1.30%
体育用品		150	5.56%
总计		2700	100.00%

数据来源：《钢材需求调研报告》中国钢铁工业协会，2014 年。五金包括炊具、锁具、厨房设备、刀剪、拉链、工具、阀门、金属门窗等。

核 算 点 评

制造业生产可以进一步细分为机械、汽车、造船、家电、能源等部门。在钢材消费量中，汽车占6.81%，家电占1.44%，造船占1.8%。如果这些制造业部门继续保持高速增长态势，对钢材的需求就会继续保持在相当高的水平之上。

表 21－19　　钢材需求的增长指数

年份	制造业	建筑业	钢材需求
1978	116.39	99.43	107.91
1979	108.66	101.98	105.32
1980	112.66	126.74	119.70
1981	101.74	103.17	102.46
1982	105.77	103.42	104.60
1983	109.72	117.07	113.39
1984	114.85	110.85	112.85
1985	118.21	122.20	120.21
1986	109.64	115.87	112.76
1987	113.24	117.87	115.56
1988	115.25	107.99	111.62
1989	105.06	91.56	98.31
1990	103.35	101.19	102.27
1991	114.39	109.56	111.98
1992	121.17	121.03	121.10
1993	120.09	118.00	119.04
1994	118.91	113.68	116.29
1995	114.04	112.40	113.22
1996	112.51	108.51	110.51
1997	111.32	102.62	106.97
1998	108.90	109.02	108.96
1999	108.52	104.28	106.40
2000	109.79	105.67	107.73
2001	108.67	106.78	107.73

续表

年份	制造业	建筑业	钢材需求
2002	109.97	108.79	109.38
2003	112.75	112.08	112.42
2004	111.51	108.13	109.82
2005	111.58	116.00	113.79
2006	112.88	117.23	115.05
2007	114.91	116.19	115.55
2008	109.93	109.50	109.72
2009	108.73	118.56	113.64
2010	112.06	113.47	112.77
2011	110.38	109.72	110.05
2012	107.68	109.33	108.51
2013	107.56	109.54	108.55
1978 年以来均值	111.38	110.31	110.85
2000 年以来均值	110.58	111.43	111.00
2010 年以来均值	109.41	110.50	109.95

数据来源：根据《2014 年中国统计年鉴》整理所得。

核 算 点 评

钢材需求增速是制造业和建筑业两大部门增速的加权之和。如果工业生产和建筑业加权平均后的增速超过或者基本接近钢材产量增速就没有理由说钢材产量会出现拐点。自 2000 年至今，中国钢材需求的平均年增长率为 11%。从 2010 年至今，钢材需求增长率略有降低，但是依然保持在 9.95%。

在 2012 年以前，由于机械制造各部门的产出保持高增长率，建筑业也保持高速增长，声称钢材产能严重过剩缺乏数据支持。在 2014 年以后，建筑业增速下滑，制造业也很不景气，导致钢材产能过剩现象越来越严重。

表 21－20　　钢材产量预测　　单位：千克/人

饱和值	800			850		
经济增长率	6.5%	7.0%	7.5%	6.5%	7.0%	7.5%
2014	608	610	612	646	648	650
2015	635	639	642	675	679	683
2016	660	665	670	701	707	712
2017	683	689	695	725	732	739
2018	703	710	717	747	755	762
2019	722	729	736	767	774	782
2020	737	745	751	783	791	798
2021	751	758	764	798	805	812
2022	762	768	774	810	816	822
2023	771	777	782	819	825	831

数据来源：依据1965—2013年人均钢铁生产量与人均GDP水平，按照800千克/人、850千克/人的人均钢铁生产量饱和值进行Gompersz曲线拟合，并在6.5%、7.0%、7.5%的经济增长率预期下开展模型外推预测。

核算点评

依据Gompersz曲线模拟，如果人均钢材的长期稳定值为800千克/人，在2005年以前，人均钢材消费量呈加速增长趋势。在2005年，人均钢铁生产量水平为294.1千克/人，人均钢材消费量的二阶导数为零。此后，人均钢材产量曲线的二阶导数由正变负，虽然人均钢材产量仍然继续增加，但是呈现减速增长，直到最终趋于长期稳定值。如果长期稳定值为850千克/人，这个拐点出现在2006年，人均钢材消费量为312.5千克/人。

表 21－21 **粗钢产能利用率** 单位：万吨

年份	生产能力	粗钢生产量（运行产能）	产能利用率
1989	6541	6159	94.17%
1990	6957	6635	95.38%
1991	7601	7100	93.41%
1992	8333	8094	97.13%
1993	9007	8956	99.43%
1994	10030	9261	92.33%
1995	11174	9536	85.34%
1996	11804	10124	85.77%
1997	12111	10894	89.96%
1998	12874	11559	89.79%
1999	13984	12426	88.86%
2000	14755	12850	87.09%
2001	16038	15163	94.55%
2002	18425	18237	98.98%
2003	23058	22234	96.42%
2004	30197	28291	93.69%
2005	38195	35324	92.48%
2006	44813	41915	93.53%
2007	54140	48929	90.37%
2008	62731	50306	80.19%
2009	68114	57218	84.00%
2010	75914	63723	83.94%
2011	83179	68528	82.39%
2012	91160	72388	79.41%
2013	103265	77904	75.44%

数据来源：粗钢数据来自历年《中国工业统计年鉴》。

表 21－22　　钢材产能利用率　　单位：万吨

年份	生产能力	钢材生产量（运行产能）	产能利用率
1989	6453	4859	75.30%
1990	7037	5153	73.23%
1991	7517	5638	75.00%
1992	8088	6697	82.81%
1993	8846	7716	87.23%
1994	10136	8428	83.15%
1995	12721	8980	70.59%
1996	13907	9338	67.15%
1997	13609	9979	73.33%
1998	13894	10738	77.29%
1999	14491	12110	83.57%
2000	15101	13146	87.05%
2001	16537	16068	97.16%
2002	19701	19252	97.72%
2003	25636	24108	94.04%
2004	33827	31976	94.53%
2005	41143	37771	91.81%
2006	47545	46893	98.63%
2007	63041	56561	89.72%
2008	75150	60460	80.45%
2009	79858	69405	86.91%
2010	92458	80277	86.82%
2011	105244	88620	84.20%
2012	116409	95578	82.11%
2013	134030	106762	79.66%

数据来源：钢材数据来自历年《中国工业统计年鉴》。

核 算 点 评

表21－22的数据来自于《中国工业统计年鉴》，列出了历年粗钢和钢材的产能利用率。

按照《2014年中国统计年鉴》给出的数据：

2011年，粗钢产量68528万吨，产能91666万吨，产能利用率为74.7%。

2012年，粗钢产量72388万吨，产能101378万吨，产能利用率为71.4%。

2011年，钢材产量88619万吨，产能118310万吨，产能利用率为74.9%。

2012年，钢材产量95577万吨，产能131679万吨，产能利用率为72.6%[①]。

由于统计口径不同，两组数据略有不同。必须指出，产能来自于各个企业自报数据，由于往往没有扣除必须淘汰的落后产能，对储备产能的定义各有不同，因此，产能数据的可靠性比较差。在一般情况下产能数据往往偏高，因此，实际产能利用率可能高于上述统计数据。

钢材产量明显高于粗钢产量，可能有两个原因：第一，利用废钢生产钢材；第二，钢材统计中有重复计算。例如，乙钢厂利用甲钢厂生产的中板轧制薄板。两个钢厂分别报告自己的产量，其中有一部分形成重复计算。但是，只要统计规则不变，单独观察粗钢或者钢材的时间序列，依然可以看出钢材生产的变化趋势。

① 粗钢和钢材产量数据来自于《中国统计年鉴，2014》，第437页；产能数据来自于《中国统计年鉴，2014》，第440页。

表 21 - 23　　　　　　　　　　　　　　**各地区钢铁行业产能利用率**

地区	2009 年			2011 年		
	产能（百万吨）	产量（百万吨）	产能利用率（%）	产能（百万吨）	产量（百万吨）	产能利用率（%）
中国大陆	725.0	567.8	78.3	863.3	683.9	79.2
亚洲	870.7	662.9	76.1	1030.5	799.5	77.6
拉丁美洲	62.7	37.7	60.2	66.9	48.2	72.0
非洲	31.4	15.2	48.5	33.2	15.7	47.3
中东	28.1	17.7	62.9	35.2	23.0	65.4
非 OECD 国家	1153.9	837.4	72.6	1331.7	1007.3	75.0

数据来源：www.oecd.org，Developments in Steelmaking Capacity of Non - OECD Economies 2013。

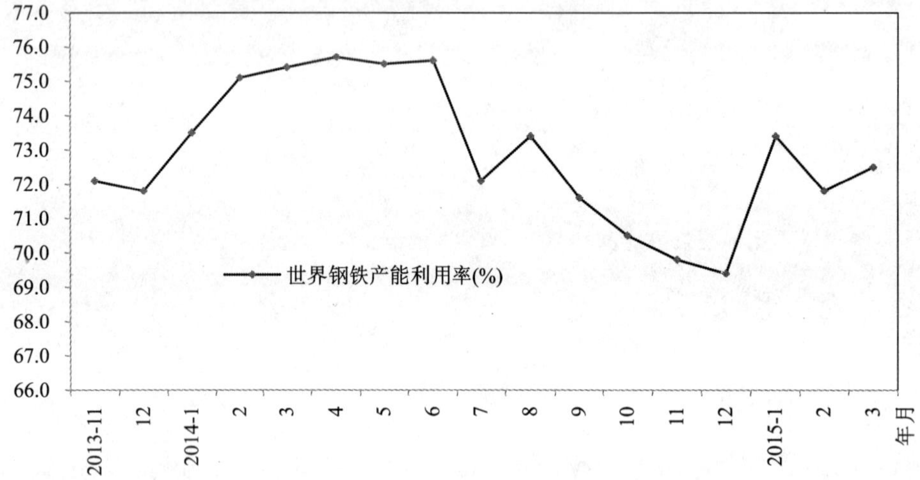

图 21 - 7　世界平均钢铁产能利用率

数据来源：世界钢铁协会（Worldsteel）的统计数据。

核 算 点 评

经合组织（OECD）公布了2009年和2011年的钢铁行业的产能利用率。2011年，中国钢铁行业的产能利用率为79.2%。这个数字和我们统计部门的数字差不多。同期，亚洲各国钢铁行业的产能利用率为77.6%，拉丁美洲各国为72%。中国钢铁行业的产能利用率高于亚洲各国和非OECD国家的平均值，基本上处于正常范围之内。

即使采用国家统计局的数据，2011年粗钢产能利用率为74.7%，钢材产能利用率为74.9%，依然和非OECD国家的平均值75%非常接近。没有什么值得大惊小怪的。从2013年以来，全球钢铁产业的平均产能利用率在70%—75%之间波动。中国的钢铁行业产能利用率一直在这个区间之内。

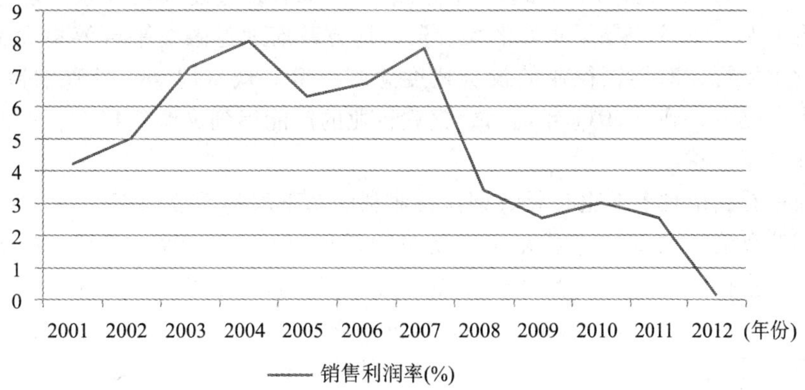

图21-8 钢铁行业的销售利润率

数据来源："钢铁业：如何迈过生死线？"《人民日报》2013年5月6日，冶金工业规划研究院供图。

核 算 点 评

从2002年以来，有关部门一直在大张旗鼓地整治钢材产能过剩，可是2004年钢铁业的销售利润率高达8%，2007年为7.8%。2004—2008年期间，钢铁工业的平均利润率在7%以上。钢铁行业的利润水平很好，吸引着越来越多的地方政府和民间企业投资新的钢厂。如果钢材产能一直过剩，为什么在2008年以前钢铁行业的利润率很好？这从另外一个角度证明，在2008年以前钢材产能并没有过剩。

自2008年以后钢铁行业的利润率掉头下跌。2008年全国钢铁行业的利润率下降为3.4%；2009年继续下降为2.5%；2010年略有改善，微微回升一点，3.0%；2011年再跌回2.5%。到了2012年，钢铁行业全行业利润率几乎跌到零点。钢铁行业全行业亏损。

导致钢铁行业利润率下降的原因很多。从供给方面来看，过度投资导致产能过剩是一个重要的原因。2008年以后，政府主导了4万亿大投资，地方政府通过融资平台筹集大量资金，金融部门大幅度扩大货币发行，对钢铁行业的投资速度急剧上升。众所周知，投资钢铁行业至少要两、三年才能形成生产能力，到了2011年前后，钢铁行业的产能得到大幅度提升，产能过剩的问题逐渐浮出水面，并且越演越烈。

从需求方面来看，市场萎缩也是导致钢铁行业利润率下降的重要原因。自2010年以来，政府不断推出房价调控政策，在2012年推出了“历史上最严厉的房价调控政策”。毫无争议，房价高并不好，许多人主张打压房价，大多出于好心，可是，出台一系列房价调控政策，限购、限贷、限价，打乱了国民经济内在的规律，改变了人们的市场预期，破坏了经济系统的均衡。一线城市的商品房销售额急剧下降。准备买房的人纷纷改持观望态度。老百姓不买房，谁买电视机、冰箱、灯具、家具？开发商不敢扩大投资，钢材、水泥卖给谁？建筑业一出问题，上下游相关行业都出问题。倘若钢厂的产品卖不出去，利润怎么能不下降？建筑业成了国民经济的短板，不仅水桶储量下降，而且其他的都成了过剩的长板。

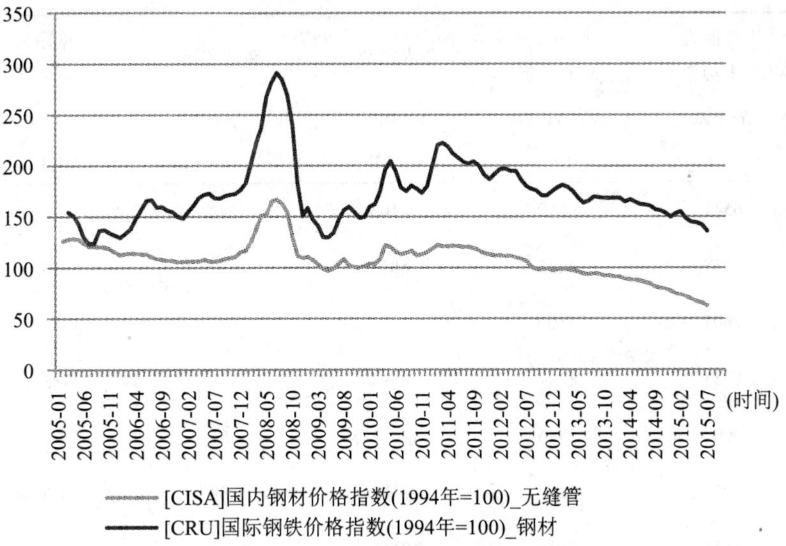

图 21－9　钢材价格指数

核　算　点　评

图 21－8 描绘了国内钢铁行业的利润率走势。图 21－9 描绘了国际和国内钢材价格指数。两个图中曲线的变动趋势相当一致。国内钢材价格和国际市场钢材价格密切相关。2008 年之前美国房地产泡沫严重，拉动钢材价格上升。随着次贷危机爆发，建筑业受到严重的冲击，房价下跌，钢材价格下跌。在 2009 年到 2011 年期间，钢材价格略有恢复。在 2012 年以后，钢材价格就开始下滑。中国市场的钢材价格呈现非常类似的趋势。2012 年国内市场钢材价格低于 1994 年的钢材价格水平，并且持续下滑。从钢材价格来看，2008 年以前钢材价格属于合理的波动范围。在 2008 年 4 万亿大投资的带动下，钢材市场一度异常活跃，钢材价格上升。随着新投资的钢铁企业陆续投产，再加上空前严厉的房价调控，建筑业衰退，钢材价格一跌再跌。钢铁行业的利润率自然随之下降。钢铁行业利润率下滑和钢材产能严重过剩如影随形，相伴相生。

综上所述，2008 年以前，钢材产能并没有过剩。在 2008 年国际金融危机的冲击下，推行 4 万亿大投资，2011 年形成生产能力之后，钢材产能逐步过剩。2012 年推行历史上最严厉的房价调控政策之后，建筑业急剧衰退，拖累了钢铁行业，产能过剩情况越来越严重。

出现短板之后，是锯短长板，还是补上短板？面对钢材产能过剩，是砍钢材产能还是修正干扰国民经济系统均衡发展的错误政策？何去何从，泾渭分明。

表 21－24　　新定义下的粗钢产能过剩　　单位：万吨

年份	生产能力（年中均值）Yt + Zt （1）	产出量/运行产能 Yt （2）	表观消费量 Dt （3）	储备产能 Zt （1） － （2）	年度净增生产能力 It － Lt － 1 Δ （1）	过剩产能 St Zt － Dt ∗ 0.25
1989	6541	6159	7103	382		
1990	6957	6635	6828	322	416	－1385
1991	7601	7100	7018	501	644	－1254
1992	8333	8094	8594	239	733	－1910
1993	9007	8956	12611	51	674	－3102
1994	10030	9261	12181	769	1023	－2276
1995	11174	9536	10110	1638	1144	－890
1996	11804	10124	11246	1679	630	－1133
1997	12111	10894	11966	1216	307	－1776
1998	12874	11559	13170	1315	763	－1978
1999	13984	12426	13618	1558	1110	－1847
2000	14755	12850	13809	1905	771	－1547
2001	16038	15163	17065	874	1283	－3392
2002	18425	18237	20572	188	2388	－4955
2003	23058	22234	25858	824	4633	－5641
2004	30197	28291	28731	1906	7139	－5277
2005	38195	35324	36195	2871	7998	－6178
2006	44813	41915	39340	2898	6618	－6937
2007	54140	48929	43586	5211	9328	－5686
2008	62731	50306	46548	12425	8591	788
2009	68114	57218	57442	10896	5383	－3465
2010	75914	63723	61206	12191	7800	－3111
2011	83179	68528	66793	14650	7265	－2048
2012	91160	72388	68758	18771	7981	1582
2013	103265	77904	77173	25361	12105	6068

数据来源：1988—2000 年来自《中国钢铁工业五十年数字汇编》，2001—2012 年来自历年《中国钢铁工业年鉴》；数据来自历年《中国统计年鉴》；钢铁表观消费量数据来自历年《世界钢铁统计年鉴》。

表 21－25　新定义下的钢材产能过剩　单位：万吨

年份	生产能力（年中均值） Yt＋Zt （1）	产出量/运行产能 Yt （2）	表观消费量 Dt （3）	储备产能 Zt （1）－（2）	年度净增生产能力 It－Lt－1 Δ（1）	过剩产能 St Zt－Dt＊0.25
1989	6453	4859	5600	1594		194
1990	7037	5153	5313	1884	584	556
1991	7517	5638	5642	1879	481	469
1992	8088	6697	6985	1391	571	－355
1993	8846	7716	10622	1130	758	－1526
1994	10136	8428	10536	1708	1291	－926
1995	12721	8980	9784	3741	2585	1295
1996	13907	9338	10515	4569	1187	1940
1997	13609	9979	10847	3630	－298	918
1998	13894	10738	11623	3156	285	250
1999	14491	12110	12256	2381	597	－683
2000	15101	13146	12428	1955	611	－1152
2001	16537	16068	15798	469	1436	－3481
2002	19701	19252	19133	449	3164	－4334
2003	25636	24108	24048	1528	5936	－4484
2004	33827	31976	27582	1851	8191	－5045
2005	41143	37771	34747	3371	7316	－5316
2006	47545	46893	37766	651	6402	－8791
2007	63041	56561	41843	6480	15497	－3981
2008	75150	60460	44686	14689	12109	3518
2009	79858	69405	55144	10453	4709	－3333
2010	92458	80277	58757	12181	12600	－2508
2011	105244	88620	64120	16624	12786	594
2012	116409	95578	66006	20831	11165	4330
2013	134030	106762	74086	27268	17621	8747

数据来源：1988—2000 年来自《中国钢铁工业五十年数字汇编》，2001—2012 年来自历年《中国钢铁工业年鉴》；数据来自历年《中国统计年鉴》；钢铁表观消费量数据来自历年《世界钢铁统计年鉴》。

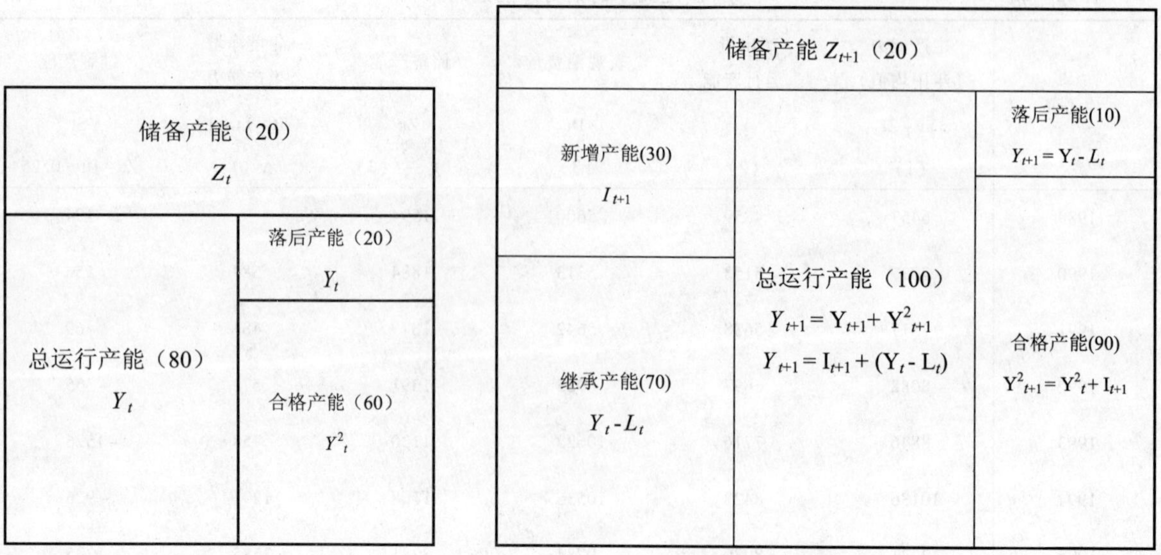

图 21－10　产能过剩状况动态示意图

核　算　点　评

通常统计部门要求企业上报的产能中包括运行产能和储备产能。如果总产能大于本期的市场需求就称之为产能过剩。产能过剩的定义：

$S_t = (Y_t - Z_t) - D_t$

产能过剩 =（运行产能 + 储备产能）－市场需求

其中，S_t表示当今时段的产能过剩，Y_t表示运行产能（近似当期的产出），Z_t表示储备产能，D_t表示当期的市场需求。

由于西方各国市场需求相对比较稳定，所以在计算产能过剩的时候无论采用本期需求还是下期需求区别并不大。但是这个定义不太适合中国的国情。

第一，这个定义中的变量没有时间序列概念。在改革开放之后，中国的钢材、水泥需求增加得非常快。很多年钢材、水泥需求的增长率都保持两位数。研究产能是否过剩的目的是决定是否投资。而决定是否投资的关键是下一期的供求关系。在讨论产能过剩的时候应当用下期市场需求，而不是本期的市场需求。如果下一期市场需求增长很快，很可能按照本期数据计算得出产能过剩的结论，可是，考虑下一期大幅度增长的市场需求，真实状况很可能是产能不足。

第二，在讨论产能过剩的时候，必须考虑如何淘汰落后产能。尽管西方国家也有淘汰落后产能的事情，但中国这项任务特别艰巨。不能把那些理应被淘汰的落后产能也计入下一期的产能。

根据中国的国情，在产能过剩的定义中应当在运行产能和储备产能的基础上扣除淘汰的落后产能，加上在下期形成的新增产能，再减去下期市场需求。产能过剩的计算公式应当表述为：

$S_{t+1} = (Y_t + Z_t) - L_t + I_{t+1} - D_{t+1}$

下期过剩产能 =（本期运行产能 + 本期储备产能）－本期淘汰落后产能 + 投资后在下期形成的产能－下期市场需求

其中，L_t表示被淘汰的落后产能。I_{t+1}表示下期投产的新增产能，D_{t+1}表示下期的需求。$(Y_t + Z_t)$是本期产能，而$(Y_t + Z_t) - L_t + I_{t+1}$是下期产能。

在市场需求高速增长，落后产能不断被淘汰的情况下，需要不断有新产能投产，并不会引起产能过剩。若市场需求增长过快、淘汰落后产能速度过快，而新投产产能不足的话，可能出现产能不足。当然，若投资过快，超过了市场需求增长与淘汰落后产能之和，则可能出现产能过剩。

西方成熟的市场经济体系中，需求增长缓慢，落后产能的淘汰过程也较为平稳，故投资规律较容易把握，很少出现因投资速度过快而导致产能过剩急剧恶化的情形。产能过剩和产能不足交替出现，呈现正常的经济周期波动。但在高速经济增长中，中国的市场需求迅速增长，需要大量投资以提高产能。自20世纪80年代，大量村镇企业上马，其中有许多高污染、高能耗、低效率的企业。相当大比例的乡镇企业将被逐步淘汰。如果扣除的落后产能数量比较大，下期的市场需求增加比较多，很可能导致产能不但不过剩反而不足。

例如，假设在 t 年总产能为100个单位，其中运行产能为80个单位，（合格产能为60个单位，落后产能20个单位），储备产能20个单位。运行产能生产出来80个单位的产品都销售出去，库存没有发生变化。在这种情况下，市场需求等于运行产能，即80个单位。剩余产能等于储备产能，即20个单位。

如果储备产能还保持在20个单位，下一期市场需求增加为100个单位，运行产能必须达到100个单位才能满足市场需求。在此期间淘汰落后产能10个单位（还有10个单位的落后产能有待以后处理）。在这种情况下，合格产能必须达到90个单位。在这段时期内需要增加投资30个单位。显然，从 t 期来看，根本就不存在产能过剩，而是产能不足30个单位。必须投资兴建新厂才能满足市场需求。

以钢材为例。2005年全国钢材产能为41143万吨，钢材产量为37771万吨，也就是说，产量近似于运行产能，储备产能为两者之差为3371万吨。

2006—2012年期间，总计淘汰落后钢铁产能1亿吨。平均每年淘汰1666万吨。如果钢铁行业不景气，淘汰落后产能的数量便有所上升。例如，2014年钢铁行业很不景气，淘汰落后钢铁产能3100万吨。

2006年和2005年产能之差，为6402万吨。

假定钢材库存总量保持不变，下期的市场需求为2006年的总产出为46893万吨。

按照上述规则计算，2005年钢材产能过剩量为－949万吨。也就是说，2005年钢材产能非但没有过剩，还短缺949万吨。

事实上，钢材产能数据并不可靠。如果企业多报了产能，2005年产能不足的现象很可能更为严重。这就解释了为什么在1998年到2008年期间有那么多的企业不断增加对钢铁行业投资。这段时期是中国钢铁行业的黄金岁月，钢材产量节节上升，钢铁企业获利甚丰，欣欣向荣。尽管有关部门总在大喊钢材产能过剩，可是，总产能继续上升。

表21－24和表21－25分别表示粗钢和钢材的产能过剩。从1989年到2011年粗钢和钢材一直处于产能不足的状态。从2000—2012年，钢铁产能不足。促使人们不断增加投资，钢铁产量从2000年的1.31亿吨上升为2012年的9.56亿吨。存在的就是合理的。产量不断上升恰恰证明了产能不足而不是产能过剩。

在2012年以后粗钢和钢材出现产能过剩。在2013年粗钢产能过剩4330万吨，钢材产能过剩8747万吨。钢铁行业的利润逐步下落，日子越来越不好过。

出现这个逆转的原因很可能是：第一，2008年4万亿大投资，过度扩张；投资增长速度超过了市场需求增速。第二，2010年以后推行“历史上最严厉的房价调控政策”，抑制了建筑业的发展，导致“肠梗阻”，住房建设投资下降，钢材的需求也跟着下降，最终导致钢材产能严重过剩。

专题二十二 水泥产能核算[①]

子 目 录

表 22－1　全国水泥产量和人均消费量 ……………………………… (74)
表 22－2　中国水泥产量占世界份额 ………………………………… (78)
表 22－3　中国水泥增量的占比 ……………………………………… (80)
表 22－4　中国水泥产量的赶超过程 ………………………………… (82)
表 22－5　排名前 10 名的水泥生产国 ……………………………… (86)
表 22－6　各国人均水泥消费量 ……………………………………… (90)
表 22－7　人均水泥消费量排名前 10 名的国家 ………………… (91)
表 22－8　全国水泥产量和增长速度 ………………………………… (95)
表 22－9　水泥产量大滑坡 …………………………………………… (98)
表 22－10　各国人均 GDP 与人均水泥消费量 ………………… (105)
表 22－11　城镇化进程 ……………………………………………… (107)
表 22－12　城乡人口的长期预测 …………………………………… (109)
表 22－13　世界各国城镇化程度 …………………………………… (110)
表 22－14　新增就业人员 …………………………………………… (112)
表 22－15　城镇就业人数 …………………………………………… (113)
表 22－16　中国新增城镇就业、经济增长率和高校毕业人数 …… (114)
表 22－17　1980—2013 年各国城镇化与人均水泥关系 ………… (115)
表 22－18　美、英、日、韩等 4 国人均水泥消费量峰值 ……… (118)
表 22－19　城镇居民住房总面积增量 ……………………………… (120)
表 22－20　城镇居民住房增量 ……………………………………… (122)
表 22－21　重新计算城镇人均住房面积 …………………………… (123)
表 22－22　人口密度和人均住房面积 ……………………………… (126)
表 22－23　新增住房需求预测 ……………………………………… (127)

① 本专题核算徐滇庆、蔡小芳，审核宋旭光。

表 22－24　水泥需求预测 …………………………………………………… (129)
表 22－25　水泥产量和基本建设的关系 …………………………………… (132)
表 22－26　水泥产量与全社会固定资产投资增长对比 …………………… (134)
表 22－27　水泥产量和公路建设 …………………………………………… (136)
表 22－28　部分大中城市住宅销售价格指数（2015 年 4 月） ………… (137)

图 22－1　中国 1953—2013 年全国水泥产量 ……………………………… (77)
图 22－2　中国 1953—2013 年人均水泥消费量 …………………………… (77)
图 22－3　中国人均水泥消费量的赶超过程 ………………………………… (85)
图 22－4　世界各国人均水泥消费量与人均 GDP（2011 年） …………… (100)
图 22－5　1931—2014 年美国人均水泥消费量与人均 GDP …………… (101)
图 22－6　1960—2011 年英国人均水泥消费量与人均 GDP …………… (102)
图 22－7　1960—2014 年日本人均水泥消费量与人均 GDP …………… (103)
图 22－8　1980—2014 年韩国人均水泥消费量与人均 GDP …………… (104)
图 22－9　我国 1990—2013 年人均水泥消费量与人均 GDP 发展趋势对比 …………………………………………………………… (106)
图 22－10　我国 1990—2013 年人均水泥消费量与城镇化率发展趋势对比 …………………………………………………………… (114)
图 22－11　1961—2013 年美国和英国城镇化率和人均水泥消费量 ……… (118)
图 22－12　1961—2013 年日本和韩国城镇化率和人均水泥消费量 ……… (118)
图 22－13　水泥总产量的预测 ……………………………………………… (130)
图 22－14　我国 1997—2012 年水泥产量和新增住房面积的关系 ………… (130)
图 22－15　水泥产量增长率与新建住房面积增长率 ……………………… (131)
图 22－16　水泥产量和建筑安装投资 ……………………………………… (133)

表 22-1　　全国水泥产量和人均消费量

年份	全国水泥产量（万吨）	全国人口（万人）	人均水泥消费量（吨）	人均累计水泥消费量（吨）
1953	385	58796	0.01	0.01
1954	460	60266	0.01	0.01
1955	450	61465	0.01	0.02
1956	639	62828	0.01	0.03
1957	686	64653	0.01	0.04
1958	930	65994	0.01	0.06
1959	1227	67207	0.02	0.07
1960	1565	66207	0.02	0.10
1961	621	65859	0.01	0.11
1962	600	67296	0.01	0.12
1963	806	69172	0.01	0.13
1964	1209	70499	0.02	0.15
1965	1634	72538	0.02	0.17
1966	2015	74542	0.03	0.19
1967	1462	76368	0.02	0.21
1968	1262	78534	0.02	0.23
1969	1829	80671	0.02	0.25
1970	2575	82992	0.03	0.28
1971	3168	85229	0.04	0.32
1972	3547	87177	0.04	0.36
1973	3731	89211	0.04	0.40
1974	3709	90859	0.04	0.44

续表

年份	全国水泥产量（万吨）	全国人口（万人）	人均水泥消费量（吨）	人均累计水泥消费量（吨）
1975	4626	92420	0.05	0.49
1976	4670	93717	0.05	0.54
1977	5565	94974	0.06	0.60
1978	6524	96259	0.07	0.67
1979	7390	97542	0.08	0.75
1980	7986	98705	0.08	0.83
1981	8290	100072	0.08	0.91
1982	9520	101654	0.09	1.00
1983	10825	103008	0.11	1.11
1984	12302	104357	0.12	1.23
1985	14595	105851	0.14	1.36
1986	16606	107507	0.15	1.52
1987	18624	109300	0.17	1.69
1988	21013	111026	0.19	1.88
1989	21030	112704	0.19	2.07
1990	20971	114333	0.18	2.25
1991	25261	115823	0.22	2.47
1992	30823	117171	0.26	2.73
1993	36333	118517	0.31	3.04
1994	42119	119850	0.35	3.39
1995	47591	121121	0.39	3.78
1996	49119	122389	0.40	4.18

续表

年份	全国水泥产量（万吨）	全国人口（万人）	人均水泥消费量（吨）	人均累计水泥消费量（吨）
1997	51174	123626	0.41	4.60
1998	53600	124761	0.43	5.03
1999	57300	125786	0.46	5.48
2000	59700	126743	0.47	5.95
2001	66000	127627	0.52	6.47
2002	72500	128453	0.56	7.03
2003	86208	129227	0.67	7.70
2004	96682	129988	0.74	8.44
2005	106885	130756	0.82	9.26
2006	123676	131448	0.94	10.20
2007	136117	132129	1.03	11.23
2008	142356	132802	1.07	12.31
2009	164398	133450	1.23	13.54
2010	188191	134091	1.40	14.94
2011	209926	134735	1.56	16.50
2012	220984	135404	1.63	18.13
2013	241614	136072	1.78	19.91

资料来源：《中国统计年鉴》、《中国工业经济年鉴》和《2014年中国统计摘要》。

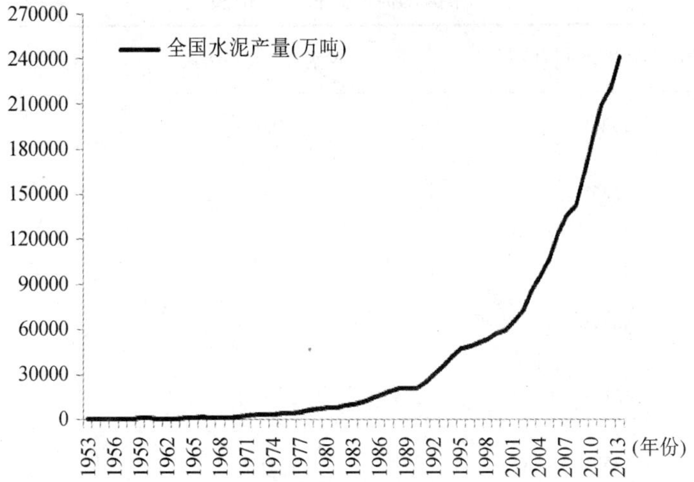

图 22－1　中国 1953—2013 年全国水泥产量

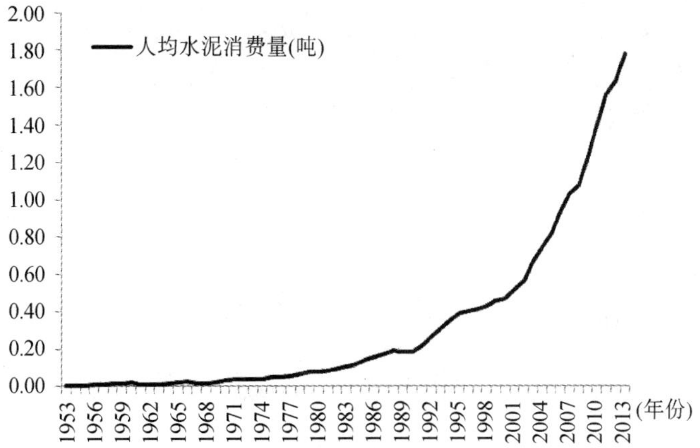

图 22－2　中国 1953—2013 年人均水泥消费量

核　算　点　评

近半个世纪以来，中国的水泥总产量和人均消费量均呈现增速上升趋势。水泥总产量从改革开放初始 1979 年的 7390 万吨上升到 2013 年的 24 亿吨，增加了 52. 5 倍。人均水泥消费量也由 1979 年的 0. 08 吨上升为 2013 年的 1. 78 吨，增加了 22. 25 倍。

世界发达国家的人均水泥消费量都呈现倒 U 型曲线。无论是中国的水泥总产量还是人均水泥消费量都呈现加速上升的态势。从计量经济学的时间序列分析来看，如果维持其他条件不变，目前还看不到这两条曲线接近倒 U 型曲线拐点的迹象。

表 22-2　　中国水泥产量占世界份额

年份	全国水泥产量（万吨）	全球水泥产量（万吨）	中国所占份额
1990	20971	116000	18.08%
1991	25261	118000	21.41%
1992	30823	124000	24.86%
1993	36333	130000	27.95%
1994	42119	137000	30.74%
1995	47591	142130	33.48%
1996	49119	149300	32.90%
1997	51174	154700	33.08%
1998	53600	154700	34.65%
1999	57300	160300	35.75%
2000	59700	164300	36.34%
2001	66000	170000	38.82%
2002	72500	172000	42.15%
2003	86208	195000	44.21%
2004	96682	213000	45.39%
2005	106885	231000	46.27%
2006	123676	262000	47.20%
2007	136117	281000	48.44%
2008	142356	285000	49.95%
2009	164398	303000	54.26%
2010	188191	327000	57.55%
2011	209926	360000	58.31%
2012	220984	380000	58.15%

数据来源：《中国工业经济年鉴》，http：//minerals. usgs. gov/minerals/pubs/commodity/cement/；《中国对外经济贸易年鉴》，《中国商务年鉴》。

核 算 点 评

中国水泥产量在全球的占比从1990年的18%上升为2012年的58.15%。

1990年中国水泥产量等于世界排名第2名到第4名各国水泥产量的总和。1993年，中国水泥产量是世界排名从第2名到第6名各国水泥产量的总和。1996年中国的水泥产量就超过了世界排名从第2到第10名各国水泥产量的总和。2012年，中国水泥产量已经超过了其他所有国家水泥产量的总和，比世界排名第2名到第10名各国水泥产量的总和多了3倍。2013年，中国水泥总产量达到24.16亿吨[①]，再次刷新单一经济体水泥单产的世界纪录。在人类历史上还从未见过哪个国家的水泥产量会在世界上占有这么大的比重。

① 数据来源：《2014年中国统计摘要》，第116页。

表 22－3　　中国水泥增量的占比

年份	中国水泥总产量（万吨）	中国水泥增量（万吨）	世界水泥总产量（万吨）	世界水泥增量（万吨）	中国增量占比
1991	25261	4290	118000	2000	214.5%
1992	30823	5562	124000	6000	92.7%
1993	36333	5510	130000	6000	91.8%
1994	42119	5786	137000	7000	82.7%
1995	47591	5472	142130	5130	106.7%
1996	49119	1528	149300	7170	21.3%
1997	51174	2055	154700	5400	38.1%
1998	53600	2426	154700	0	—
1999	57300	3700	160300	5600	66.1%
2000	59700	2400	164300	4000	60.0%
2001	66000	6300	170000	5700	110.5%
2002	72500	6500	172000	2000	325.0%
2003	86208	13708	195000	23000	59.6%
2004	96682	10474	213000	18000	58.2%
2005	106885	10203	231000	18000	56.7%
2006	123676	16791	262000	31000	54.2%
2007	136117	12441	281000	19000	65.5%
2008	142356	6239	285000	4000	156.0%
2009	164398	22042	303000	18000	122.5%
2010	188191	23793	327000	24000	99.1%
2011	209926	21735	360000	33000	65.9%
2012	220984	11058	380000	20000	55.3%

数据来源：《中国工业经济年鉴》、《中国对外经济贸易年鉴》、《中国商务年鉴》。

核 算 点 评

全球水泥产量逐年增加，增量大部分来自于中国。例如，2012 年，全球水泥增量的 55.3% 来自于中国。2008 年，美国和欧洲爆发金融危机，全球水泥产量增加 4000 万吨，而中国水泥产量增加了 6239 万吨，也就是说，如果扣除中国的水泥生产增量，其他国家的水泥减产 2239 万吨。2009 年，如果不计中国的水泥生产增量，全球水泥产量下降了 4042 万吨。

表 22－4　　中国水泥产量的赶超过程　　单位：万吨

年份	中国	美国	英国	德国	日本
1953	385	4550	1257	1695	967
1954	460	4690	1340	1795	1177
1955	450	5354	1402	2005	1164
1956	639	5669	1430	2081	1436
1957	686	5334	1340	2112	1673
1958	930	5465	1306	2170	1652
1959	1227	5957	1410	2554	1904
1960	1565	5588	1488	2746	2485
1961	621	5653	1585	2993	2716
1962	600	5875	1571	3152	3174
1963	806	6141	1550	3221	3302
1964	1209	6417	1870	3708	3636
1965	1634	6487	1870	3763	3604
1966	2015	6693	1849	3830	4218
1967	1462	6424	1937	3494	4737
1968	1262	6857	1970	3687	5256
1969	1829	6935	1921	3867	5665
1970	2575	6721	1880	4225	6304
1971	3168	7083	1951	4521	6552
1972	3547	8260	1989	4756	7307
1973	3731	8551	2203	4521	8611
1974	3709	8092	1960	3966	8059

续表

年份	中国	美国	英国	德国	日本
1975	4626	6814	1862	3693	7222
1976	4670	7295	1739	3904	7574
1977	5565	7865	1704	3682	8062
1978	6524	8399	1754	3896	9355
1979	7390	8449	1779	4082	9357
1980	7986	7522	1632	3768	9696
1981	8290	7171	1403	3472	9351
1982	9520	6336	1429	3316	8894
1983	10825	7042	1370	3358	8917
1984	12302	7770	1486	3187	8693
1985	14595	7790	1470	2839	8031
1986	16606	7879	1479	2930	7853
1987	18624	7820	1477	2785	7887
1988	21013	7687	1488	3418	8549
1989	21030	7719	1685	4076	7972
1990	20971	7140	1470	3770	8440
1991	25261	6680	1220	3440	8960
1992	30823	7140	1100	3153	8830
1993	36333	7510	1120	3595	8800
1994	42119	7935	1231	3613	9162
1995	47591	7832	1181	3330	9047
1996	49119	8082	1221	3153	9449

续表

年份	中国	美国	英国	德国	日本
1997	51174	8426	1264	3595	9194
1998	53600	8552	1241	3661	8133
1999	57300	8778	1270	3591	8012
2000	59700	8951	1245	3473	8110
2001	66000	9045	1185	3099	7655
2002	72500	9127	1109	3101	7183
2003	86208	9433	1122	3275	6877
2004	96682	9902	1141	3185	6738
2005	106885	10090	1122	3063	6963
2006	123676	9971	1147	3363	6994
2007	136117	9685	1189	3338	6769
2008	142356	8761	1007	3358	6281
2009	164398	6484	762	3044	5480
2010	188191	6720	788	2992	5153
2011	209926	6860	853	3300	5129
2012	220984	7490	—	3240	5130

数据来源：根据《世界银行数据银行》、http：//minerals. usgs. gov/minerals/pubs/commodity/cement/整理。

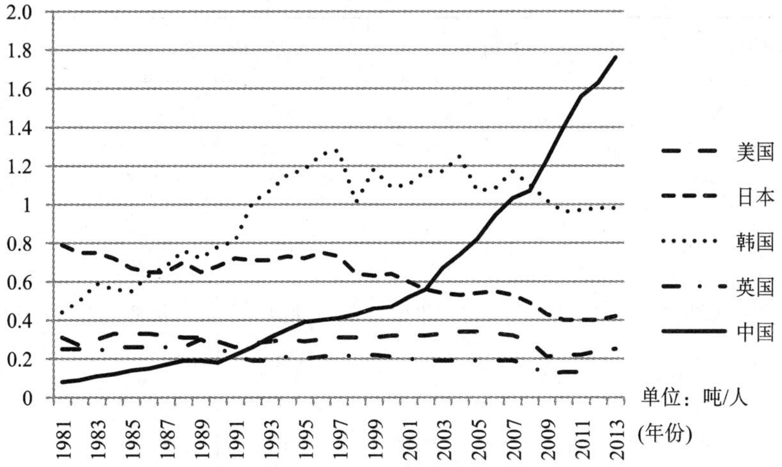

图 22-3　中国人均水泥消费量的赶超过程

数据来源：美国矿产资源项目网站、《中国统计年鉴》。

核　算　点　评

中国水泥产业的起点很低。1953 年，全国水泥产量为 386 万吨，相当于美国的 8.5%，英国的 30.6%，德国的 22.7%，日本的 39.8%。人均水泥消费量微乎其微，几乎等于零。

1966 年中国水泥产量（2015 万吨）超过了英国（1849 万吨）。1975 年，中国水泥产量（4626 万吨）超过了德国（3693 万吨）。1980 年中国水泥产量（7986 万吨）超过了美国（7522 万吨）。1982 年中国水泥产量（9520 万吨）超过了日本（8894 万吨），成为世界上最大的水泥生产国。随后，中国水泥产量继续高速攀升，傲视群雄，遥遥领先。

2013 年，中国水泥产量是美国的 29.5 倍，是英国的 246 倍，是德国的 68.2 倍，是日本的 43 倍。同世界各国相比，中国水泥产业的变化可谓沧海桑田，地覆天翻。

根据英国《国际水泥评论》的数据，2011—2013 年期间内，中国消费水泥 64 亿吨。而美国在 20 世纪消费的水泥总量仅仅为 44 亿吨。中国在 3 年之内消费的水泥超过了美国一百年的总和。

表 22－5 **排名前 10 名的水泥生产国** 单位：千吨

排名	1990 年		1991 年		1992 年		1993 年	
	国别	水泥产量	国别	水泥产量	国别	水泥产量	国别	水泥产量
1	中国	224000	中国	273000	中国	308000	中国	368000
2	日本	93085	日本	98326	日本	88300	日本	88000
3	美国	78606	美国	77000	印度	75000	印度	80000
4	印度	54013	印度	55115	美国	71400	美国	75100
5	德国	44572	德国	46300	俄罗斯	64000	俄罗斯	60000
6	意大利	43541	意大利	44090	韩国	44400	韩国	47300
7	韩国	37038	韩国	37480	意大利	41300	意大利	42000
8	法国	29088	墨西哥	29430	德国	31533	德国	35945
9	巴西	28550	土耳其	28691	土耳其	28600	土耳其	31400
10	土耳其	26905	巴西	28660	墨西哥	26900	墨西哥	27100

表 22－5 续表 1

排名	1994 年		1995 年		1996 年		1997 年	
	国别	水泥产量	国别	水泥产量	国别	水泥产量	国别	水泥产量
1	中国	421180	中国	475910	中国	491190	中国	511730
2	日本	91624	日本	90474	日本	94492	日本	91938
3	美国	79353	美国	78320	美国	80818	美国	84255
4	印度	57000	印度	62000	印度	75000	印度	80000
5	韩国	50730	韩国	55130	韩国	58434	韩国	60317
6	俄罗斯	37200	俄罗斯	36500	泰国	38749	巴西	38069
7	德国	36130	泰国	34900	土耳其	35214	泰国	37086
8	意大利	32713	意大利	33715	巴西	34597	土耳其	36035
9	泰国	29900	德国	33302	意大利	33327	德国	35945
10	墨西哥	29700	土耳其	33153	德国	31533	意大利	33721

表 22－5 续表 2

排名	1998 年		1999 年		2000 年		2001 年	
	国别	水泥产量	国别	水泥产量	国别	水泥产量	国别	水泥产量
1	中国	536000	中国	573000	中国	597000	中国	661040
2	美国	85522	印度	90000	印度	95000	印度	100000
3	印度	85000	美国	87777	美国	89510	美国	90450
4	日本	81328	日本	80120	日本	81097	日本	76550
5	韩国	46091	韩国	48157	韩国	51255	韩国	52046
6	巴西	39942	巴西	40270	巴西	39208	西班牙	40512
7	土耳其	38200	意大利	37299	意大利	38925	意大利	39804
8	德国	36610	德国	35912	西班牙	38115	巴西	38927
9	意大利	35512	西班牙	35782	土耳其	35825	俄罗斯	35300
10	西班牙	33080	土耳其	34258	德国	34727	德国	30989

表 22－5 续表 3

排名	2002 年		2003 年		2004 年		2005 年	
	国别	水泥产量	国别	水泥产量	国别	水泥产量	国别	水泥产量
1	中国	725000	中国	862080	中国	970000	中国	1068850
2	印度	115000	印度	123000	印度	130000	印度	145000
3	美国	91266	美国	94329	美国	99015	美国	100903
4	日本	71828	日本	68766	日本	67376	日本	69629
5	韩国	55514	韩国	59194	韩国	54330	韩国	51391
6	西班牙	42417	西班牙	44747	西班牙	46593	西班牙	50347
7	意大利	41722	意大利	43580	俄罗斯	45700	俄罗斯	48500
8	巴西	38027	俄罗斯	41000	意大利	45343	意大利	40284
9	俄罗斯	37700	巴西	34010	泰国	35626	泰国	37872
10	墨西哥	33372	墨西哥	33593	墨西哥	34992	墨西哥	37452

表 22－5　　续表 4

排名	2006 年		2007 年		2008 年		2009 年	
	国别	水泥产量	国别	水泥产量	国别	水泥产量	国别	水泥产量
1	中国	1236770	中国	1361170	中国	1400000	中国	1644000
2	印度	160000	印度	170000	印度	185000	印度	205000
3	美国	99712	美国	96850	美国	87610	美国	64843
4	日本	69942	日本	67685	日本	62810	日本	54800
5	俄罗斯	54700	俄罗斯	59900	俄罗斯	53600	巴西	51748
6	西班牙	54033	西班牙	54720	巴西	51970	韩国	50127
7	韩国	53971	韩国	52182	韩国	51653	伊朗	50000
8	意大利	47814	意大利	47542	墨西哥	47609	越南	48810
9	巴西	41895	巴西	46551	伊朗	44400	埃及	46900
10	墨西哥	40362	伊朗	41000	意大利	43030	俄罗斯	44266

表 22－5　　续表 5

排名	2010 年		2011 年		2012 年	
	国别	水泥产量	国别	水泥产量	国别	水泥产量
1	中国	1820000	中国	2099000	中国	2210000
2	印度	220000	印度	250000	印度	270000
3	美国	67202	美国	68639	美国	74934
4	巴西	59118	伊朗	66000	伊朗	70000
5	越南	55789	巴西	64093	巴西	68787
6	伊朗	55000	土耳其	63405	土耳其	63879
7	日本	51526	越南	58271	俄罗斯	61700
8	俄罗斯	50400	俄罗斯	56200	越南	55531
9	埃及	47800	日本	51291	埃及	55200
10	韩国	47420	韩国	48249	日本	54737

数据来源：根据《世界银行数据银行》、http：//minerals. usgs. gov/minerals/pubs/commodity/cement/整理。

核 算 点 评

从水泥产量的增速来看，自1991年以来的22年里，中国水泥总产量的增速有13年为2位数，最低增速为1996年的3.2%和2012年的5.3%。

和中国水泥产量高速增长截然不同，日本的水泥总产量从1990年的8440万吨下降为2012年的5130万吨。除个别年份以外，基本上都是负增长。

英国的水泥总产量从1990年的1470万吨逐年下降，到2011年只有853万吨。在这个老牌资本主义国家里新建的基本建设项目寥若晨星。

美国在2008年遭遇严重的金融危机，水泥消费量急剧下降了26%。可是美国再度展示了超强的自我调整能力，2012年水泥消费量上升了9.2%。美国的水泥消费量基本维持在7500万吨上下。

表 22－6　　各国人均水泥消费量　　单位：吨

年份	美国	日本	加拿大	韩国	德国	英国	中国
1980	0.33	0.83	0.47	0.45	0.48	0.29	0.08
1981	0.31	0.79	0.45	0.44	0.44	0.25	0.08
1982	0.27	0.75	0.37	0.50	0.42	0.25	0.09
1983	0.30	0.75	0.34	0.59	0.43	0.24	0.11
1984	0.33	0.72	0.37	0.56	0.41	0.26	0.12
1985	0.33	0.67	0.43	0.55	0.37	0.26	0.14
1986	0.33	0.65	0.45	0.63	0.38	0.26	0.15
1987	0.32	0.65	0.52	0.68	0.36	0.26	0.17
1988	0.31	0.70	0.49	0.76	0.44	0.26	0.19
1989	0.31	0.65	0.46	0.72	0.52	0.30	0.19
1990	0.29	0.68	0.42	0.78	0.47	0.26	0.18
1991	0.26	0.72	0.33	0.81	0.43	0.21	0.22
1992	0.28	0.71	0.20	1.01	0.39	0.19	0.26
1993	0.29	0.71	0.23	1.07	0.44	0.19	0.31
1994	0.30	0.73	0.36	1.15	0.44	0.21	0.35
1995	0.29	0.72	0.36	1.18	0.41	0.20	0.39
1996	0.30	0.75	0.39	1.26	0.38	0.21	0.40
1997	0.31	0.73	0.40	1.28	0.44	0.22	0.41
1998	0.31	0.64	0.40	1.01	0.45	0.21	0.43
1999	0.31	0.63	0.41	1.18	0.44	0.22	0.46
2000	0.32	0.64	0.41	1.09	0.42	0.21	0.47
2001	0.32	0.60	0.42	1.10	0.38	0.20	0.52
2002	0.32	0.56	0.42	1.17	0.38	0.19	0.56
2003	0.33	0.54	0.42	1.17	0.40	0.19	0.67
2004	0.34	0.53	0.43	1.25	0.39	0.19	0.74
2005	0.34	0.54	0.44	1.07	0.37	0.19	0.82
2006	0.33	0.55	0.44	1.08	0.41	0.19	0.94
2007	0.32	0.53	0.46	1.17	0.41	0.19	1.03
2008	0.29	0.49	0.41	1.10	0.41	0.16	1.07
2009	0.21	0.43	0.33	1.02	0.37	0.12	1.23
2010	0.22	0.40	0.37	0.96	0.37	0.13	1.40
2011	0.22	0.40	—	0.97	0.40	0.13	1.56
2012	0.24	0.40	—	0.98	0.40	—	1.63

数据来源：根据《世界银行数据银行》、http：//minerals. usgs. gov/minerals/pubs/commodity/cement/整理。

表 22－7　　人均水泥消费量排名前 10 名的国家　　单位：吨

排名	1990 年		1991 年		1992 年		1993 年	
	国别	人均水泥	国别	人均水泥	国别	人均水泥	国别	人均水泥
1	捷克	1.0897	捷克	0.8874	韩国	1.0149	韩国	1.0703
2	朝鲜	0.8913	朝鲜	0.8776	捷克	0.8237	朝鲜	0.8032
3	韩国	0.8640	韩国	0.8657	朝鲜	0.8158	比利时	0.7507
4	意大利	0.7677	日本	0.7935	比利时	0.8034	意大利	0.7390
5	比利时	0.7663	意大利	0.7768	意大利	0.7271	日本	0.7066
6	日本	0.7535	比利时	0.7597	日本	0.7108	西班牙	0.6634
7	奥地利	0.7038	奥地利	0.7105	西班牙	0.6425	奥地利	0.6249
8	瑞典	0.6440	瑞典	0.6394	奥地利	0.6415	土耳其	0.5450
9	罗马尼亚	0.6163	罗马尼亚	0.6230	土耳其	0.5043	捷克	0.5218
10	德国	0.5611	德国	0.5786	斯洛伐克	0.4713	斯洛伐克	0.4695

表 22－7　　续表 1

排名	1994 年		1995 年		1996 年		1997 年	
	国别	人均水泥	国别	人均水泥	国别	人均水泥	国别	人均水泥
1	韩国	1.1364	韩国	1.2226	韩国	1.2836	韩国	1.3126
2	比利时	0.8316	比利时	0.8112	比利时	0.7736	比利时	0.7909
3	朝鲜	0.7915	朝鲜	0.7811	朝鲜	0.7721	朝鲜	0.7644
4	日本	0.7332	日本	0.7213	日本	0.7514	日本	0.7291
5	西班牙	0.6400	西班牙	0.6709	泰国	0.6436	西班牙	0.6981
6	奥地利	0.6084	意大利	0.5931	西班牙	0.6372	泰国	0.6089
7	意大利	0.5755	泰国	0.5859	意大利	0.5861	意大利	0.5927
8	捷克	0.5132	土耳其	0.5577	土耳其	0.5833	土耳其	0.5878
9	泰国	0.5069	斯洛伐克	0.5412	马来西亚	0.5663	马来西亚	0.5667
10	斯洛伐克	0.5050	马来西亚	0.5039	斯洛伐克	0.5215	斯洛伐克	0.5604

表 22－7　　续表 2

排名	1998 年		1999 年		2000 年		2001 年	
	国别	人均水泥	国别	人均水泥	国别	人均水泥	国别	人均水泥
1	韩国	0.9958	韩国	1.0330	韩国	1.0903	韩国	1.0990
2	斯洛伐克	0.8728	西班牙	0.8962	西班牙	0.9466	西班牙	0.9940
3	西班牙	0.8328	斯洛伐克	0.8743	比利时	0.6975	比利时	0.7291
4	比利时	0.6861	比利时	0.7116	意大利	0.6836	意大利	0.6986
5	日本	0.6434	意大利	0.6553	日本	0.6392	日本	0.6020
6	意大利	0.6240	日本	0.6326	斯洛伐克	0.5651	斯洛伐克	0.5806
7	土耳其	0.6137	泰国	0.5454	土耳其	0.5589	马来西亚	0.5661
8	泰国	0.4868	土耳其	0.5423	马来西亚	0.4784	中国	0.5197
9	奥地利	0.4827	奥地利	0.4776	中国	0.4728	奥地利	0.4803
10	马来西亚	0.4541	中国	0.4574	奥地利	0.4713	土耳其	0.4633

表 22－7　　续表 3

排名	2002 年		2003 年		2004 年		2005 年	
	国别	人均水泥	国别	人均水泥	国别	人均水泥	国别	人均水泥
1	韩国	1.1657	韩国	1.2368	韩国	1.1309	西班牙	1.1533
2	西班牙	1.0238	西班牙	1.0607	西班牙	1.0855	韩国	1.0676
3	意大利	0.7312	意大利	0.7604	意大利	0.7860	中国	0.8198
4	比利时	0.6755	马来西亚	0.6798	中国	0.7484	比利时	0.7247
5	斯洛伐克	0.5842	中国	0.6691	比利时	0.6444	意大利	0.6949
6	马来西亚	0.5760	比利时	0.6313	马来西亚	0.6071	马来西亚	0.6784
7	中国	0.5662	斯洛伐克	0.5857	斯洛伐克	0.5878	斯洛伐克	0.6512
8	日本	0.5636	日本	0.5384	泰国	0.5434	奥地利	0.5756
9	泰国	0.4912	泰国	0.4998	日本	0.5274	泰国	0.5748
10	奥地利	0.4848	奥地利	0.4785	韩国	1.1309	日本	0.5449

表 22-7 续表 4

排名	2006 年		2007 年		2008 年		2009 年	
	国别	人均水泥	国别	人均水泥	国别	人均水泥	国别	人均水泥
1	西班牙	1.2170	西班牙	1.2099	中国	1.0569	中国	1.2349
2	韩国	1.1158	韩国	1.0738	韩国	1.0552	韩国	1.0192
3	中国	0.9434	中国	1.0328	西班牙	0.9159	比利时	0.8710
4	意大利	0.8223	意大利	0.8135	斯洛伐克	0.7729	马来西亚	0.6881
5	比利时	0.7766	比利时	0.7717	比利时	0.7656	伊朗	0.6799
6	马来西亚	0.6713	马来西亚	0.7135	意大利	0.7315	西班牙	0.6364
7	斯洛伐克	0.6686	斯洛伐克	0.6918	马来西亚	0.7063	意大利	0.6145
8	泰国	0.5964	奥地利	0.6267	奥地利	0.6368	埃及	0.6109
9	奥地利	0.5868	伊朗	0.5710	伊朗	0.6111	越南	0.5615
10	日本	0.5475	泰国	0.5389	罗马尼亚	0.5356	斯洛伐克	0.5591

表 22-7 续表 5

排名	2010 年		2011 年		2012 年	
	国别	人均水泥	国别	人均水泥	国别	人均水泥
1	中国	1.3605	中国	1.5616	中国	1.6362
2	韩国	0.9597	韩国	0.9693	韩国	0.9417
3	比利时	0.7987	伊朗	0.8750	伊朗	0.9159
4	伊朗	0.7386	土耳其	0.8569	土耳其	0.8525
5	马来西亚	0.6872	马来西亚	0.7250	马来西亚	0.7311
6	越南	0.6351	越南	0.6564	埃及	0.6838
7	埃及	0.6122	比利时	0.6294	比利时	0.6290
8	意大利	0.5805	斯洛伐克	0.5963	越南	0.6190
9	西班牙	0.5617	意大利	0.5578	泰国	0.6125
10	泰国	0.5482	泰国	0.5481	意大利	0.5543

数据来源：根据《世界银行数据银行》、http://minerals.usgs.gov/minerals/pubs/commodity/cement/整理。

核 算 点 评

不仅中国水泥总量大得惊人，就是平摊到每个人头上的数量也在全球遥遥领先。

中国人均水泥消费量在最近25年内接连超过了世界主要的工业强国。1990年，中国的人均水泥消费量只有0.18吨，明显低于世界上发达的工业化国家。1991年，中国人均水泥消费量为0.22吨，超过了英国（0.21吨）。1993年，中国人均水泥消费量为0.31吨。超过了美国（0.29吨）。1996年，中国人均水泥消费量0.4吨，超过了德国（0.38吨）。2002年，中国人均水泥消费量为0.56吨，和日本持平。随后，中国人均水泥消费量继续高速增长，突飞猛进，把世界各国都远远地甩在后面。显然，中国的基本建设不仅规模大，而且增速很高，对水泥需求不断增加，这是中国水泥生产实现赶超的最基本原因。

表 22 - 8 **全国水泥产量和增长速度** 单位：万吨

年份	全国水泥产量	水泥净增量	水泥增长幅度
1954	460	75	19.5%
1955	450	-10	-2.2%
1956	639	189	42.0%
1957	686	47	7.4%
1958	930	244	35.6%
1959	1227	297	31.9%
1960	1565	338	27.5%
1961	621	-944	-60.3%
1962	600	-21	-3.4%
1963	806	206	34.3%
1964	1209	403	50.0%
1965	1634	425	35.2%
1966	2015	381	23.3%
1967	1462	-553	-27.4%
1968	1262	-200	-13.7%
1969	1829	567	44.9%
1970	2575	746	40.8%
1971	3168	593	23.0%
1972	3547	379	12.0%
1973	3731	184	5.2%
1974	3709	-22	-0.6%
1975	4626	917	24.7%

续表

年份	全国水泥产量	水泥净增量	水泥增长幅度
1976	4670	44	1.0%
1977	5565	895	19.2%
1978	6524	959	17.2%
1979	7390	866	13.3%
1980	7986	596	8.1%
1981	8290	304	3.8%
1982	9520	1230	14.8%
1983	10825	1305	13.7%
1984	12302	1477	13.6%
1985	14595	2293	18.6%
1986	16606	2011	13.8%
1987	18624	2018	12.2%
1988	21013	2389	12.8%
1989	21030	17	0.1%
1990	20971	-59	-0.3%
1991	25261	4290	20.5%
1992	30823	5562	22.0%
1993	36333	5510	17.9%
1994	42119	5786	15.9%
1995	47591	5472	13.0%
1996	49119	1528	3.2%
1997	51174	2055	4.2%
1998	53600	2426	4.7%

续表

年份	全国水泥产量	水泥净增量	水泥增长幅度
1999	57300	3700	6.9%
2000	59700	2400	4.2%
2001	66000	6300	10.6%
2002	72500	6500	9.8%
2003	86208	13708	18.9%
2004	96682	10474	12.1%
2005	106885	10203	10.6%
2006	123676	16791	15.7%
2007	136117	12441	10.1%
2008	142356	6239	4.6%
2009	164398	22042	15.5%
2010	188191	23793	14.5%
2011	209926	21735	11.5%
2012	220984	11058	5.3%
2013	241923	20630	9.3%
2014	247613	5690	2.4%

资料来源：《2015年中国统计年鉴》，第115页。

表 22-9　水泥产量大滑坡

年份	月份	水泥（万吨）	同比增长率
2014	1	24052	—
	2	20676	—
	3	20484	5.9
	4	22588	3.9
	5	23427	3.3
	6	23196	0.8
	7	22296	3.5
	8	22479	3.0
	9	22415	-2.2
	10	23352	-1.1
	11	21862	-4.0
	12	20400	-1.4
2015	3	16138	-20.5
	4	20824	-7.3

数据来源：2015 年 5 月《中国经济景气月报》，第 13 页。

核算点评

总体来看，中国水泥产量一直处于上升态势。不过，增速有时快，有时慢，其中还有三次大倒退。

第一次倒退发生在 1959—1961 年的“三年大饥荒”期间，水泥产量急剧下跌。1961 年，全国水泥产量同比下降了 60.3%。

第二次倒退发生在 1967—1968 年“文化大革命”期间，大部分基本建设项目停工下马，水泥产量下跌非常严重。1967 年减产 27.4%，1968 年再减产 13.7%。全国水泥产量从 1966 年的 2150 万吨下降到 1968 年的 1262 万吨。

第三次倒退发生在 1989 年前后。由于政治局势不稳定，基本建设投资锐减，水泥产量 1989 年几乎零增长，1990 年为 -0.3%。可是，随着改革开放的继续进展，水泥产量很快就恢复了过来，1991 年水泥产量猛增了 20.5%。

2000 年以后，中国水泥产业突飞猛进，除了在 2008 年受到美国金融危机的影响，水泥产业增速有所放慢之外，水泥产量一直保持两位数增长。即使在美国和欧洲爆发了金融危机也没有阻挡住中国水泥产量的增长步伐。全国水泥产量从 2008 年的 14.2 亿吨迅速增长为 2013 年的 24.16 亿吨。

2011 年以后，由于宏观经济增长速度下滑，水泥生产增速也随之从 2011 年的 11.5% 下降到 2012 年的 5.3%，2013 年略有抬头，水泥产量增加了 9.3%。可是 2014 年 8 月以后，水泥产量的增速逐月下降，2014 年 9 月降到零点以下，为 -2.2%。水泥产量从 2014 年 6 月的 23196 万吨下降为 2015 年 3 月的 16138 万吨，减少了 43.7%。这是中国自从 1949 年以来的第四次倒退，也是改革开放以来前所未见的最为严重的一次倒退①。

综上所述，水泥生产增速和宏观经济发展状况密切相关。如果经济增长形势很好，投资大幅度上升，对水泥的需求强劲，必然拉动水泥产量上升。如果国内不稳定，水泥需求量必然大幅度下降。如果海外出现金融危机（如 1997 年亚洲金融危机和 2008 年的美国金融危机），也会间接冲击水泥生产，水泥产量的增速减缓，但是还不至于出现负增长。2012 年以来，中国经济增速滑坡，导致水泥需求增速减慢。可是，很少有人料到在 2015 年第一季度水泥产量会出现两位数的负增长。许多水泥厂停工，大批工人下岗，大量设备处于闲置状态，水泥产能严重过剩。需要认真研究，这次水泥产能过剩的原因在哪里？应当采取什么对策才能让水泥行业回到正常的轨道上来？

---

① 数据来源：2015 年 4 月的《中国经济景气月报》，第 13 页。

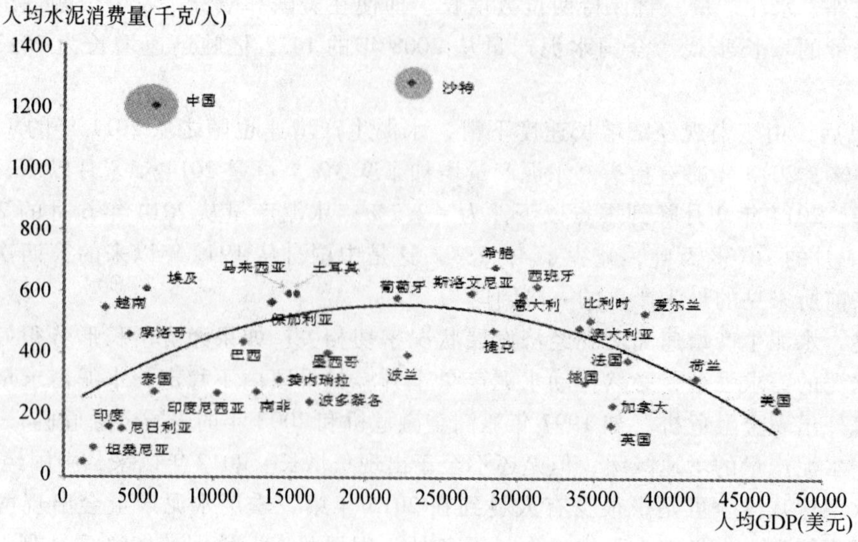

图 22 - 4　世界各国人均水泥消费量与人均 GDP（2011 年）

资料来源：《全球水泥报告》、《国际水泥评论》（2011 年）。

核　算　点　评

纵观世界各国的经济发展史，在实现城镇化、工业化、现代化的初期，各国都会大量兴建住房、公路、桥梁、机场等各类公共设施，水泥总产量随着经济的增长而增长。在高速经济增长时期，水泥产量的增长速度甚至快于经济增长速度。与此同时，人均水泥消费量将随着基建投资、城镇化发展以及人均收入水平的不断提高而增长。可是，当经济发展到成熟阶段，该建设的公路、桥梁、公共设施已经基本建成，人均居住面积达到一定水平，水泥产量在达到最高点后，无论是总量还是人均都开始下降。在发达国家中，竣工建筑面积仅仅略高于新旧交替的水平。如果以人均 GDP 水平作为反映经济发展的代理变量，那么人均水泥消费量与人均 GDP 水平将呈现倒 U 型曲线。

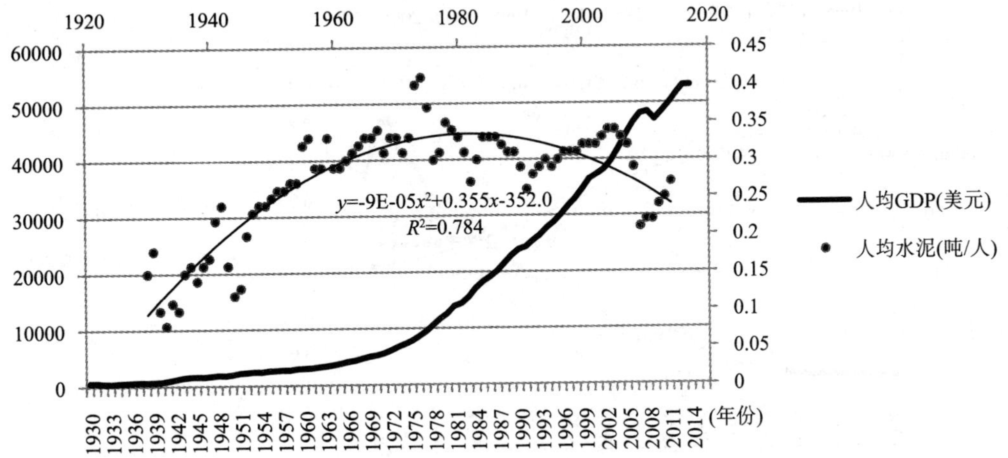

图 22－5　1931—2014 年美国人均水泥消费量与人均 GDP

数据来源：美国矿产资源项目网站以及世界银行数据库。

核 算 点 评

20 世纪 70 年代以前，随着美国工业化的快速发展及人均收入水平的不断提高，美国人均水泥消费呈现增速上涨趋势。到了 20 世纪 70 年代末期，美国人均 GDP 水平超过 2 万美元，美国人均水泥消费量达到峰值，随后呈现出逐年下降的趋势。图 22－5 为美国人均水泥消费量的多项式拟合线，拟合优度为 0.7845，且估计系数显著。

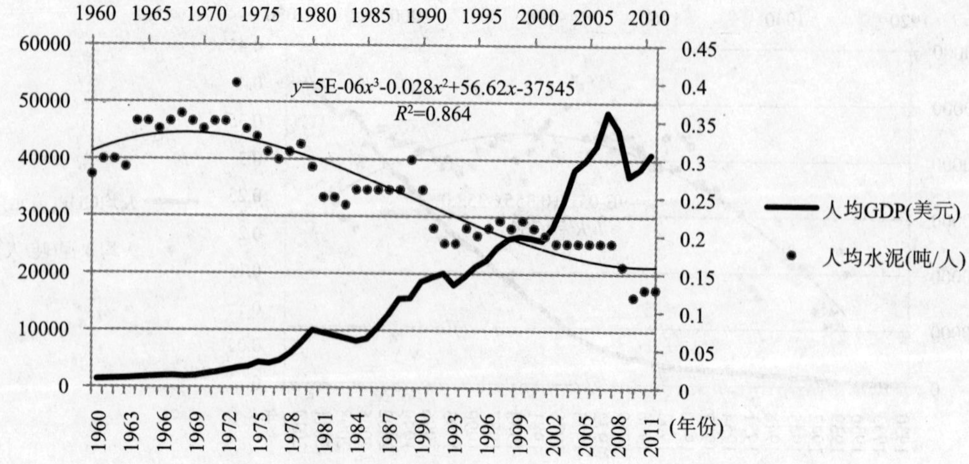

图 22-6　1960—2011 年英国人均水泥消费量与人均 GDP

数据来源：美国矿产资源项目网站以及世界银行数据库。

核 算 点 评

英国经济起步较早，1973 年，英国人均水泥消费量达到峰值 0.39 吨/人。随后，英国人均水泥消费量一路向下，逐年减少。2010 年以后英国人均水泥消费量在 0.13 吨上下波动，图 22-6 为英国人均水泥消费量的多项式拟合线，拟合优度为 0.8646，且估计系数显著。

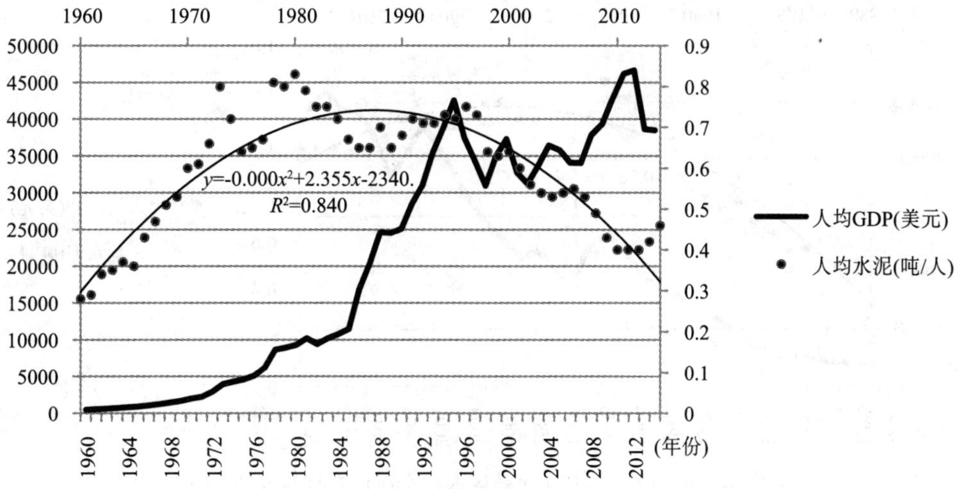

图 22－7　1960—2014 年日本人均水泥消费量与人均 GDP

数据来源：美国矿产资源项目网站以及世界银行数据库。

核　算　点　评

1980 年前后，日本人均 GDP 达到 1 万美元左右，同时日本人均水泥消费量达到历史峰值 0.83 吨/人。随后，日本人均水泥消费量呈现逐年下降的趋势，最终收敛在 0.4 吨/人左右。图为日本人均水泥消费量的多项式拟合线，拟合优度为 0.8405，估计系数显著。

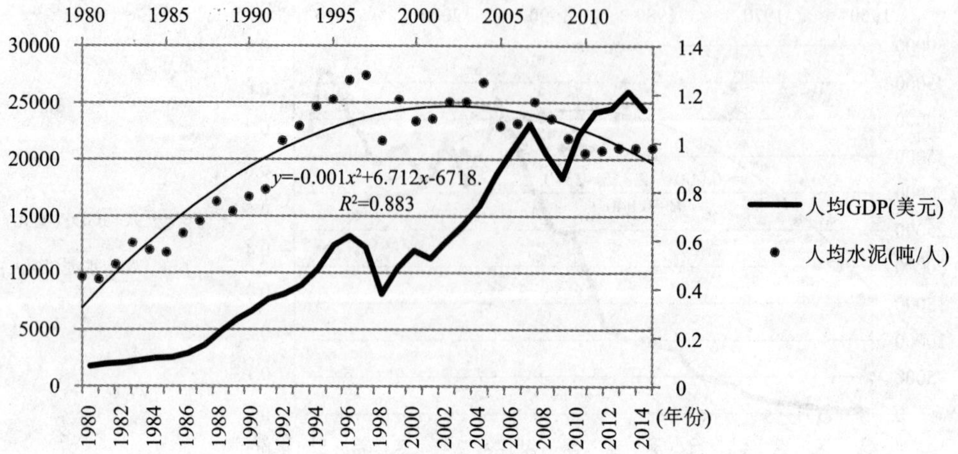

图 22 - 8　1980—2014 年韩国人均水泥消费量与人均 GDP

数据来源：美国矿产资源项目网站以及世界银行数据库。

核　算　点　评

韩国经济起步较晚，但在 20 世纪 80 年代得到了高速的发展。随着经济发展，韩国人均水泥消费量也不断攀高。1997 年，韩国人均水泥消费量达到 1. 31 吨高峰。在遭遇亚洲金融危机后，韩国的人均水泥消费量在 1. 2 吨上下波动长达 10 年之久，2010 年至今，下降到 1 吨/人以下，并在此范围附近波动。图为韩国人均水泥消费量的多项式拟合线，拟合优度为 0. 8837，估计系数显著。

综上所述，人均水泥消费量呈现倒 U 型曲线是经济发展的普遍规律。

估计水泥产量拐点具有重大的现实意义。毫无疑问，水泥业的产能必须和市场需求相匹配。多了不行，少了也不行。如果不能比较准确地预测到拐点发生的时间段，很可能过度投资，导致严重的浪费。因此，在接近水泥生产的最高值之前就需要给企业提供信息，适度减少投资，以防投资过度带来损失。一般来说，企业缺乏从宏观角度进行市场研究的能力，很难做到纵观全局，合理预测，因此需要政府出面组织研究，为企业提供比较充分的预测信息。

水泥产能是否绝对过剩要看长期趋势。决定水泥产能是否绝对过剩的主要因素包括：

人均水泥消费量和人口总数；

城镇化速度和城镇人均住房面积；

基础建设的进展程度。

有必要在扎实的数据基础上推断各个主要用途的水泥需求变化趋势，预测水泥需求达到顶峰拐点的时间。只有这样才能确切地判断水泥产能是否过剩。

表 22－10　　各国人均 GDP 与人均水泥消费量

单位：2005 年不变价美元，人均水泥（吨）

年份	美国		日本		韩国		英国	
	人均 GDP	人均水泥	人均 GDP	人均水泥	人均 GDP	人均水泥	人均 GDP	人均水泥
1970	21135	0. 34	15161	0. 60	1968	0. 18	18110	0. 34
1975	22886	0. 33	17647	0. 65	2851	0. 32	19772	0. 33
1980	26052	0. 29	20962	0. 83	3926	0. 45	22039	0. 29
1985	29307	0. 26	24994	0. 67	5650	0. 55	24508	0. 26
1990	32966	0. 26	31174	0. 68	8829	0. 78	28780	0. 26
1995	35117	0. 20	32942	0. 72	12271	1. 18	30842	0. 20
2000	40943	0. 21	33957	0. 64	15162	1. 09	35445	0. 21
2005	44308	0. 19	35781	0. 54	18657	1. 07	39935	0. 19
2010	43961	0. 13	36473	0. 40	22236	0. 96	39472	0. 13

数据来源：根据《世界银行数据银行》、http：//minerals. usgs. gov/minerals/pubs/commodity/cement/整理。

核　算　点　评

2015 年，西方国家人均水泥消费量大约在 0. 4 吨左右。中国在 2000 年的时候人均水泥消费刚好为 0. 4 吨，随后，中国的人均水泥消费量不断上升，迅速超过了西方工业国家的平均水平，在 2014 年高达 1. 78 吨。这样的上升态势能够维持多久？换句话说，中国人均水泥消费量在什么时候达到最高峰？

从统计数据来看，在过去 30 多年里，中国水泥产量节节上升，似乎还看不出拐点。有些人担忧，照这个样子发展下去，中国水泥产量增加到多少才到头？毋庸置疑，绝对不能按照线性模式外推。水泥产量或人均水泥消费量不可能随着 GDP 增长而一直上升。物极必反，在达到极大值之后必然逐步下降，最终收敛在某个水平上。中国的水泥总产量和人均水泥消费量也必然呈现倒 U 型曲线。尽管我们尚且不知道在什么时候人均水泥消费量达到多高水平中国水泥生产会迎来倒 U 型曲线的拐点，但是我们知道，如果还要修建更多的基础设施，民众还需要更多的住宅，人均水泥产量就不会在近期内出现拐点。

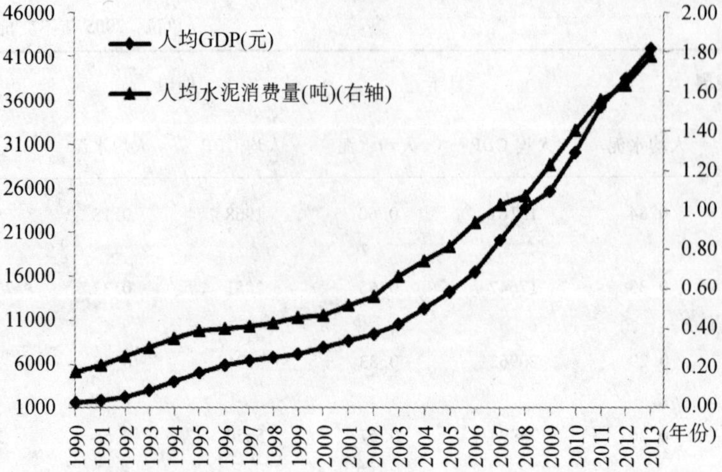

图 22－9　我国 1990—2013 年人均水泥消费量与人均 GDP 发展趋势对比

数据来源：国家统计局网站，《中国水泥年鉴》。

核 算 点 评

从 1990—2013 年的数据来看，随着人均 GDP 的增长，人均水泥消费量也在不断增长，两条曲线都呈现加速上升的态势，明显地正相关。很难从这两条曲线的相关性来判断何时出现人均水泥消费量的拐点。

有人说，在人均 GDP 达到 2 万美元之后人均水泥消费量和水泥总产量可能出现拐点，乍听起来似乎有些道理。例如，美国在 1970 年人均 GDP 为 21135 美元的时候水泥消费量达到峰值，德国在 1971 年人均 GDP 达到 1.8 万美元时出现人均水泥消费量的峰值，日本在 1980 年人均 GDP 达到 2 万美元时出现人均水泥消费量的峰值。可是，由于各国人均水泥消费量出现峰值的时间点不同，例如，德、日两国出现人均水泥消费量峰值的时间相差 10 年，单位货币的购买力相差很大，拿人均 GDP 达 2 万美元做横向比较的意义就不大了。虽然我们不能根据人均 GDP 来断定水泥产量的拐点在哪里，却能够比较有把握地判断，2014 年中国人均 GDP 只有 11805 美元，离开 2 万美元还有很大的距离，说中国人均水泥消费量接近拐点似乎为时过早。

表 22－11 **城镇化进程** 单位：万人

年份	城镇人口	城镇人口增量	乡村人口	乡村人口增量	总人口	城镇人口比例
1979	18495	1250	79074	60	97569	19.0%
1980	19140	645	79565	491	98705	19.4%
1981	20171	1031	79901	336	100072	20.2%
1982	21480	1309	80174	273	101654	21.1%
1983	22274	794	80734	560	103008	21.6%
1984	24017	1743	80340	－394	104357	23.0%
1985	25094	1077	80757	417	105851	23.7%
1986	26366	1272	81141	384	107507	24.5%
1987	27674	1308	81626	485	109300	25.3%
1988	28661	987	82365	739	111026	25.8%
1989	29540	879	83164	799	112704	26.2%
1990	30195	655	84138	974	114333	26.4%
1991	31203	1008	84620	482	115823	26.9%
1992	32175	972	84996	376	117171	27.5%
1993	33173	998	85344	348	118517	28.0%
1994	34169	996	85681	337	119850	28.5%
1995	35174	1005	85947	266	121121	29.0%
1996	37304	2130	85085	－862	122389	30.5%
1997	39449	2145	84177	－908	123626	31.9%
1998	41608	2159	83153	－1024	124761	33.4%
1999	43748	2140	82038	－1115	125786	34.8%
2000	45906	2158	80837	－1201	126743	36.2%

续表

年份	城镇人口	城镇人口增量	乡村人口	乡村人口增量	总人口	城镇人口比例
2001	48064	2158	79563	-1274	127627	37.7%
2002	50212	2148	78241	-1322	128453	39.1%
2003	52376	2164	76851	-1390	129227	40.5%
2004	54283	1907	75705	-1146	129988	41.8%
2005	56212	1929	74544	-1161	130756	43.0%
2006	58288	2076	73180	-1364	131468	44.3%
2007	60633	2345	71496	-1684	132129	45.9%
2008	62403	1770	70399	-1097	132802	47.0%
2009	64512	2109	68938	-1461	133450	48.3%
2010	66978	2466	67113	-1825	134091	49.9%
2011	69079	2101	65656	-1457	134735	51.3%
2012	71182	2103	64222	-1434	135404	52.5%
2013	73111	1929	62961	-1261	136072	53.7%
2014	74916	1805	61866	-1095	136782	54.8%

数据来源：《2015 年中国统计摘要》，第 16 页。

核算点评

1979 年，中国城镇人口 18495 万人，占总人口的 19%。到了 2013 年，城镇人口 73111 万人，占总人口的 53.7%。34 年内，城镇人口增加了 5.46 亿。城镇居民的增量几乎等于 2 个美国的人口，5 个日本的人口。毋庸置疑，只要继续高速推进城镇化，大量农民进城，居民住房需求有增无减，对水泥的需求就必然居高不下。城镇居民住房需求在很大程度上决定了未来的水泥需求。

表 22－12　　　　　　　　　　**城乡人口的长期预测**　　　　　　　　单位：万人，%

年份	乡村人口	城镇人口	总计	城镇化程度
2000	79602	46420	126022	36.8
2010	66624	67348	133972	50.3
2020	54976	84624	139600	60.6
2030	39601	98998	134805	73.4
2040	27710	107095	134805	79.4
2050	16004	110933	126937	87.4

数据来源：曾毅、陈华帅、王正联，“我国21世纪上半叶老年家庭照料需求成本变动趋势分析，”《经济研究》2012年第10期。原始数据来自曾毅教授，在此表示感谢。

核　算　点　评

讨论城镇化离不开对城乡人口的预测。按照北京大学中国经济研究中心曾毅教授提供的数据，在2000—2010年期间，每年城镇人口增加2092万人，2010—2020年期间每年平均增加1727万人，在2020—2030年期间每年增加1437万人，在2030—2040年期间每年增加809万人，在2040—2050年期间每年增加383万人。

表 22-13 世界各国城镇化程度 单位:%，2011 年

国别	城镇化率	国别	城镇化率
日本	96.3	波兰	60.9
法国	85.8	罗马尼亚	52.8
韩国	83.2	印尼	50.7
美国	82.0	中国	50.6
加拿大	80.7	埃及	43.5
英国	79.6	赞比亚	39.2
德国	73.9	津巴布韦	38.6
俄国	73.8	巴基斯坦	36.2
土耳其	71.5	泰国	34.1
匈牙利	69.5	印度	31.3
意大利	68.4	越南	31.0

数据来源：CIA World Factbook，2015 年 3 月。

核 算 点 评

水泥需求取决于城镇化的速度有多快。显然，城镇化速度快，需要的水泥量就多，如果城镇化的速度不是那么快，水泥需求的增长就比较平缓。从 1996 年以后，每年城镇人口都增加 2000 万人左右，难道不要盖房子吗？盖房子难道不要用水泥吗？毫无疑问，城镇化速度越快，需要的水泥就越多。

2010 年北美的城镇化率为 80.7%，拉丁美洲 79.6%，欧洲 72.8%，大洋洲 70.2%，亚洲 39.8%，非洲 37.9%。全球城镇化率在 2009 年首次超过 50%①。中国的城镇化在 2010 年刚好赶上了世界平均水平。在 2015 年中国城镇化率达到 54.8%。

发达国家的城镇化程度大约在 75%—80% 左右。在 2011 年日本的城镇化率高达 91.3%。在东京聚集了 3722 万人，相当日本人口的 29.4%。低收入国家以及印度、越南等国的城镇化程度在 30% 左右。东欧各国的城镇化程度在 60% 左右。尽管中国城镇化速度很快，可是和东欧各国相比中国的城镇化程度还差了 10 个百分点。要在城镇化上赶上先进国家水平还有很长的路要走。

① 数据来源：郑秉文，“拉美城镇化，赶超与过度”，《人民日报》，2013 年 1 月 20 日。

根据北京大学国家发展研究院曾毅教授的研究，如果维持现行生育政策，中国总人口在2038年达到峰值14.8亿元，然后平稳下降。由于城镇化不断提速，城镇人口比例从2000年的36.8%上升到2010年的50.3%。预期在2020年达到60.6%，在2030年达到73.4%。城镇人口从2000年的4.6亿元，逐步上升，2010年为6.7亿元，2020年为8.4亿元，2030年为9.8亿元。

中国城镇化是匀速、加速还是减速？城镇化的速度取决于新增就业机会和农村剩余劳动力的数目。如果盲目地追求高速城镇化，很可能是欲速而不达。20世纪80年代，大量墨西哥农民在很短的时间内涌入城市。结果，大部分进城农民找不到工作，社会动荡，经济衰退，教训非常深刻。城镇化必须以理性速度进展，也就是说，首先，应当让进城的农民有工作，而不是盲目地让大批农民进城。倘若进城的农民找不到工作，必然形成贫民窟，后患无穷。其次，要让进城的农民不仅有工作，还要有住房，只有这样才能让他们有尊严地生活在城市中。

表 22－14　　新增就业人员　　单位：万人

年份	就业人员		第一产业		第二产业		第三产业	
	总数	新增就业	总数	新增就业	总数	新增就业	总数	新增就业
2000	72085	691	36043	257	16219	－202	19823	618
2001	72798	416	36399	356	16234	15	20165	342
2002	73280	713	36640	241	15682	－552	20958	793
2003	73736	465	36204	－436	15927	245	21605	647
2004	74264	528	34830	－1374	16709	782	22725	1120
2005	74636	372	33442	－1388	17755	1046	23439	714
2006	74978	342	31941	－1501	18894	1139	24143	704
2007	75321	343	30731	－1210	20186	1292	24404	261
2008	75563	242	29923	－808	20553	367	25087	683
2009	75827	264	28890	－1033	21080	527	25857	770
2010	76095	268	27931	－959	21842	762	26322	465
2011	76420	325	26594	－1337	22544	702	27282	960
2012	76704	284	25773	－821	23241	697	27690	408
2013	76977	273	24171	－1602	23170	－71	29636	1946
2014	77253	276	22790	－1381	23099	－71	31364	1728

数据来源：《2015 年中国统计摘要》，第 39 页。

核 算 点 评

2005—2008 年期间，新增就业主要发生在制造业各部门，总数超过 1000 万。在服务业新增就业仅仅 700 万左右。可是，2012 年以后，制造业吸纳就业的能力逐步衰退，甚至总就业人数负增长。新增就业主要发生在服务业。

2014 年，全国新增就业 1657 万人，其中第一产业（农业）的就业人数减少了 1381 万人，第二产业（制造业）就业人数也减少了 71 万人，唯独第三产业（服务业）就业人数在上升，提供了 1728 万个就业机会①。新增就业机会正在迅速地从制造业转向服务业。

① 这里的数据和国家发改委公布的新增城镇就业人数 1300 万人有区别。这里的新增就业人数包括了城镇和农村。第三产业在农村的就业人数并不少。

表 22－15　　城镇就业人数　　单位：万人

年份	就业人员总数	城镇就业人数	城镇新增就业
2000	72085	23151	739
2001	72798	24123	972
2002	73280	25159	1036
2003	73736	26230	1071
2004	74264	27293	1063
2005	74636	28189	896
2006	74978	29630	1441
2007	75321	30953	1323
2008	75563	32103	1150
2009	75827	33322	1219
2010	76095	34687	1365
2011	76420	35914	1227
2012	76704	37102	1188
2013	76977	38240	1138
2014	77253	39310	1070

数据来源：《2015 年中国统计摘要》，第 40 页。

表 22－16　　中国新增城镇就业、经济增长率和高校毕业人数

年份	新增城镇就业（万人）	GDP 增速（%）	高校毕业人数（万人）	中等职业教育（万人）
2007	1204	14.6	447	530
2008	1113	9.09	512	581
2009	1102	8.79	531	625
2010	1068	10.8	575	665
2011	1221	9.2	608	660
2012	1266	7.8	624	674
2013	1300	7.7	638	674
2014	1300	7.0	659	633

资料来源：经济数据库和《21 世纪经济报道》，2013 年 1 月 29 日，《2015 年中国统计摘要》，第 154 页。

核　算　点　评

按照国家统计局公布的数据，2006 年城镇新增就业 1441 万人，随后逐年减少，2010 年恢复到 1365 万人的水平，然后再次逐步下降，在 2014 年城镇新增就业 1070 万人。按照曾毅教授的研究成果，2010—2020 年期间城镇人口每年平均增加 1727 万人。大量进城的农民工从事的是服务业的临时工、合同工，由于他们的工作地点经常变化，许多人没有被包括进就业的统计数字。无论进城的农民是正式职工还是临时工，他们都需要住房。这是水泥需求的重要推动力。

在估计城镇化速度时不能照搬当年亚洲四小龙的经验。也就是说，中国城镇化的进程受到就业机会的制约，很可能呈现减速增长的趋势，既不会匀速增长，更不会如同许多文章中所预测的那样在达到 50% 以后加速增长。

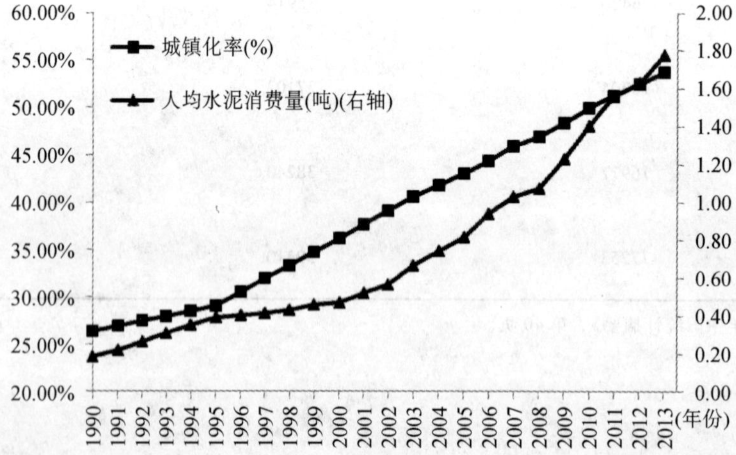

图22－10　我国 1990—2013 年人均水泥消费量与城镇化率发展趋势对比

数据来源：国家统计局网站，《中国水泥年鉴》。

表 22－17　　1980—2013 年各国城镇化与人均水泥关系

年份	美国		英国		日本		韩国	
	城镇化率（%）	人均水泥（吨/人）	城镇化率（%）	人均水泥（吨/人）	城镇化率（%）	人均水泥（吨/人）	城镇化率（%）	人均水泥（吨/人）
1980	73.738	0.33	78.481	0.29	76.175	0.83	56.72	0.45
1981	73.89	0.31	78.588	0.25	76.273	0.79	58.407	0.44
1982	74.042	0.27	78.539	0.25	76.383	0.75	60.061	0.5
1983	74.194	0.3	78.489	0.24	76.493	0.75	61.693	0.59
1984	74.344	0.33	78.44	0.26	76.603	0.72	63.301	0.56
1985	74.494	0.33	78.39	0.26	76.712	0.67	64.876	0.55
1986	74.644	0.33	78.34	0.26	76.835	0.65	66.679	0.63
1987	74.793	0.32	78.29	0.26	76.962	0.65	68.563	0.68
1988	74.942	0.31	78.24	0.26	77.088	0.7	70.389	0.76
1989	75.089	0.31	78.19	0.3	77.213	0.65	72.148	0.72
1990	75.3	0.29	78.14	0.26	77.339	0.68	73.844	0.78
1991	75.701	0.26	78.112	0.21	77.473	0.72	74.972	0.81
1992	76.097	0.28	78.172	0.19	77.61	0.71	75.82	1.01
1993	76.488	0.29	78.232	0.19	77.746	0.71	76.645	1.07
1994	76.875	0.3	78.293	0.21	77.881	0.73	77.452	1.15
1995	77.257	0.29	78.353	0.2	78.016	0.72	78.239	1.18
1996	77.636	0.3	78.413	0.21	78.145	0.75	78.662	1.26

续表

年份	美国		英国		日本		韩国	
	城镇化率（%）	人均水泥（吨/人）	城镇化率（%）	人均水泥（吨/人）	城镇化率（%）	人均水泥（吨/人）	城镇化率（%）	人均水泥（吨/人）
1997	78.008	0.31	78.472	0.22	78.272	0.73	78.905	1.28
1998	78.377	0.31	78.532	0.21	78.398	0.64	79.145	1.01
1999	78.742	0.31	78.591	0.22	78.523	0.63	79.384	1.18
2000	79.057	0.32	78.651	0.21	78.649	0.64	79.621	1.09
2001	79.234	0.32	78.751	0.2	79.99	0.6	79.94	1.1
2002	79.409	0.32	79.047	0.19	81.647	0.56	80.299	1.17
2003	79.583	0.33	79.339	0.19	83.196	0.54	80.652	1.17
2004	79.757	0.34	79.629	0.19	84.64	0.53	81.002	1.25
2005	79.928	0.34	79.915	0.19	85.978	0.54	81.345	1.07
2006	80.099	0.33	80.199	0.19	87.057	0.55	81.528	1.08
2007	80.269	0.32	80.479	0.19	88.013	0.53	81.631	1.17
2008	80.438	0.29	80.757	0.16	88.909	0.49	81.733	1.1
2009	80.606	0.21	81.031	0.12	89.743	0.43	81.835	1.02
2010	80.772	0.22	81.302	0.13	90.522	0.4	81.936	0.96
2011	80.94	0.22	81.57	0.13	91.248	0.4	82.037	0.97
2012	81.108	0.24	81.834	——	91.902	0.4	82.141	0.98
2013	81.277	0.25	82.092	——	92.491	0.42	82.249	0.98

数据来源：美国矿产资源项目网站以及世界银行数据库。

核 算 点 评

在经济发展过程中，随着人均 GDP 的增长，各国城镇化速度加快，住房及基础建设对水泥的需求量随之增加，人均水泥消费量增加。当经济发展到一定水平之后，城镇化率趋于稳定，水泥需求量随之减少，人均水泥消费量稳定在某一区间范围。

毫无疑问，在城镇化不断进展的过程中对居民住房以及各类公共设施的需求正在上升，因此，水泥需求必然居高不下。只有在中国的城镇化率达到一定水平之后，人均水泥消费量也会下降。1990 年以来，中国的城镇化率逐年上升，从 1990 年的 26.4% 上升为 2013 年的 53% 。与此同时，人均水泥消费量也稳步上升，从 1990 年的 0.08 吨上升为 2013 年的 1.78 吨。特别是在 2009 年以后，人均水泥消费量的增速明显地高于城镇化率的上升速度。究竟城镇化率达到什么水平之后，人均水泥消费量出现拐点？不妨借鉴一下发达国家的数据。

从城镇化率和水泥总产量的关系来看，美国在 2005 年达到最高峰，城镇化率为 79.93%；英国在 1973 年达到最高峰，城镇化率为 77.34%；德国在 1972 年达到最高峰，城镇化率为 72.39%；日本在 1980 年达到最高峰，城镇化率为 76.27% 。一般来说，城镇化率达到 72% 以上水泥总产量才达到顶峰。

从城镇化率和人均水泥消费量的关系来看，美国的人均水泥消费量在 1973 年达到最高峰，该年的城镇化率为 73.63%；英国在 1968 年达到最高峰，城镇化率为 77.4%；德国在 1972 年达到最高峰，城镇化率为 72.39%；日本在 1978 年达到最高峰，城镇化率为 76.06% 。显然，当城镇化率超过 72% 以后，人均水泥消费量才出现拐点。

纵观世界各国经济发展的历史数据，不难发现，人均水泥产量和城镇化率密切相关。只要城镇化率高速上升，对水泥的需求就会保持在高水平之上。但是，当城镇化率达到了稳定状态之后，水泥需求量也就从最大值转向下滑。

表 22－18　　美、英、日、韩等 4 国人均水泥消费量峰值

国家	年份	人均水泥消费量峰值（吨/人）	城镇化率（%）	城镇化率增加值（百分点）
美国	1974	0.41	73.643	0.69
英国	1973	0.40	77.358	0.31
日本	1980	0.83	76.175	0.66
韩国	1997	1.28	78.905	0.99

数据来源：美国矿产资源项目网站以及世界银行数据库。

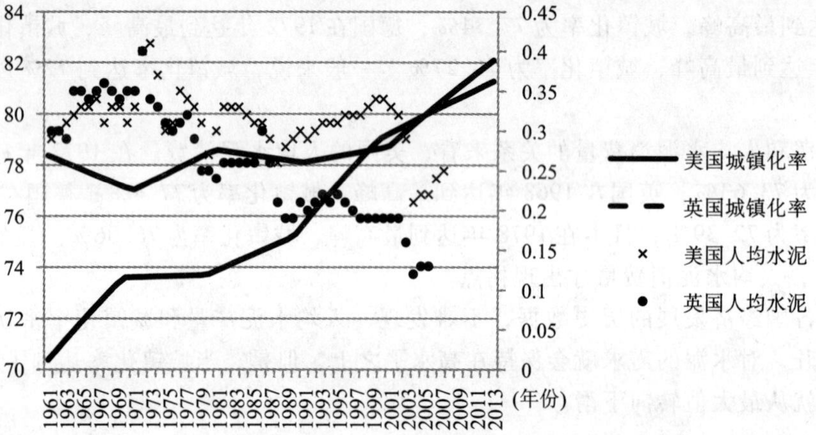

图 22－11　1961—2013 年美国和英国城镇化率和人均水泥消费量

数据来源：世界银行数据库。

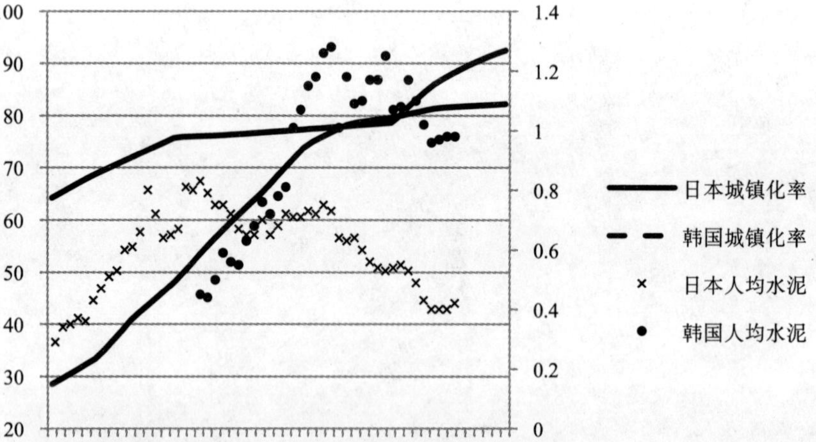

图 22－12　1961—2013 年日本和韩国城镇化率和人均水泥消费量

数据来源：世界银行数据库。

核 算 点 评

英国经济发展和城镇化起步较早，因此，英国在 20 世纪 60 年代以后，城镇化发展水平较为稳定，50 年间，英国城镇化率仅增长了 4%。美国在 20 世纪 70 年代期间城镇化发展趋于稳定，此后一段时间内，保持在一定的城镇化水平。与美英两国人均水泥消费量达到拐点的时间段相比，英美两国在城镇化发展趋于稳定的阶段恰好与两国人均水泥消费量达到最高值的时间段相符合。

日本和韩国在 20 世纪 60 年代城镇化发展迅速，而韩国由于城镇化发展起步较晚，其城镇化高速增长趋势一直持续到 20 世纪 90 年代中期。与日韩两国人均水泥消费量达到拐点的时间点相比，两国城镇化发展增速下降阶段与拐点出现时段大体一致。

美、英、日、韩等发达国家的城镇化率曲线均呈现近似于 S 型的形态，当城镇化率在 30%—75% 区间时，城镇化增长率为正值，城镇化发展加速，曲线较为陡峭。当城镇化率超过 75% 后，城镇化发展速度放缓，从而曲线开始趋于平缓。对于美、英、日、韩等 4 个国家而言，如果城镇化率每年提高 0.72 个百分点，人均水泥消费量呈现上涨趋势，如果城镇化增长率低于 0.72 个百分点，人均水泥消费量就下降。

从世界各国的经验数据来判断，城镇化率达到稳定值和人均水泥消费量达到极大值的时间非常接近。也许可以说，城镇化率趋于稳定是出现人均水泥消费量极大值的必要条件。

2013 年中国城镇人口 73111 万，城镇化的比例只有 53.7%。预期在 2020 年城镇人口达到 84624 万，城镇化比例为 60.6%。城镇人口在 2013 年的基础上要增加 11513 万人。到 2030 年城镇人口 98998 万，城镇化比例 73.4%。在 2011 年的基础上，城镇人口增加 25887 万①。在 2013 年到 2030 年期间，城镇人口要增加几亿人，不大量盖住房能行吗?

从城镇化发展规模而言，发达国家城镇化率在 70% 以上才出现人均水泥消费量的拐点，因而我国当前城镇化率为 54% 还有很大的发展空间；此外，从城镇化增长速度看来，近年来我国每年城镇化增长率均稳定在 1 个百分点以上，因而我国人均水泥消费仍然处于上升阶段。无论是从城镇化发展规模还是从城镇化增长速度来看，人均水泥消费量距离其拐点仍有一段距离。

① 城镇人口预测来自于曾毅教授课题组。

表 22－19　　城镇居民住房总面积增量

年份	城镇人口（万人）	城镇人均面积（平方米）	城镇住宅总面积（亿平方米）	住房增量（亿平方米）
2002	50212	24.5	123.02	NA
2003	52376	25.3	132.51	9.49
2004	54283	26.4	143.31	10.80
2005	56212	27.8	156.27	12.96
2006	58288	28.5	166.12	9.85
2007	60633	30.1	182.51	16.38
2008	62403	30.6	190.95	8.45
2009	64512	31.3	201.92	10.97
2010	66978	31.6	211.65	9.73
2011	69079	32.7	225.89	14.24
2012	71182	32.9	234.19	8.3

数据来源：《2013 年中国统计摘要》，第 40 页和第 101 页。

核　算　点　评

按照统计年鉴，2011 年全国城镇居民人口 69079 万人，人均住房面积 32.7 平方米，两项相乘，城镇居民住房总面积应为 225.89 亿平方米。看起来合情合理。不过，并不难发现其中的矛盾。在 2010 年全国住房总面积为 211.65 亿平方米，也就是说，2011 年全国城镇居民住房增加了 14.24 亿平方米，这个数字准确吗？

居民住房需求变化取决于三个要素：第一，人口增长率，第二，城镇化率，第三，人均住房面积。为了准确地预测住房需求必须搞清楚城镇居民住房总量和人均住房面积。

近年来，城镇住房面积急剧上升，实际上新建住宅还不到新增城镇住房面积的一半。相当大的一部分城镇住房的增量来自于行政区划变更（城中村）和土地类别调整（农转非）。有些郊区被划入城镇，部分农村住宅转为非农住宅。在城镇人口增加的同时把大量城中村和农转非的住房纳入城镇住房总量之中。根据 2000 年全国人口普查和 2005 年 1%人口调查，在 2000—2005 年期间全国城镇住房存量由91.4亿平方米增加到156亿平方米，净增64.5亿平方米。在住房增量中新建住房竣工30亿平方米，进入城镇范围的“城中村”住房28亿平方米，“农转非”住房12亿平方米，此外还要扣除城镇住房拆迁5.5亿平方米①。在2000—2005年期间，拆迁面积大约为总住房面积的3.5%，相当于新建住房的18.3%。尽管拆迁速度因地而异，因时而异，大致上可以估计在今后5年内，每年拆迁住房为总住房面积的2%—3%左右。

众所周知，水泥需求量和城镇居民住房需求密切相关。新增住房需求可以分解为三个部分：第一，城镇人口增量，第二，住房折旧更替，第三，由于人均住房面积上升带来的改善性需求。城镇居民住房需求不仅取决于人口增长率、城镇化速度还和人均住房面积有关。如果人均住房面积已经达到了稳定状态，那么，城镇新增住房需求取决于城镇人口增量和住房折旧更替。如果城镇人均住房面积低于中等收入国家的平均值，随着居民收入增加，人均住房面积将逐步上升，推动城镇住房需求。

① 住房数据来自于REICO工作室，《中国房地产市场报告》，2008—2009年，第115页。

表 22-20　　城镇居民住房增量　　单位：亿平方米

年份	商品房销售面积	折旧和其他	理论住房增量
2002	2.68	3.08	-0.39
2003	3.37	3.31	0.06
2004	3.82	3.58	0.24
2005	5.58	3.91	1.67
2006	6.19	4.15	2.03
2007	7.74	4.56	3.17
2008	6.60	4.77	1.82
2009	9.48	5.05	4.43
2010	10.48	5.29	5.19
2011	10.99	5.07	5.92

数据来源：商品房销售面积来自于《2012 年中国统计摘要》，第 58 页。

核　算　点　评

按照前述方法计算，2011 年住房增量为 14.24 亿平方米。可是该年全部商品房总量才 10.9 亿平方米，扣除了商用房和折旧之后，居民住房增量只有 5.92 亿平方米。面对这个无法解释的矛盾，只能得出这样的结论：2011 年全国城镇居民住房总量 234 亿平方米，这个数字错了。

2012 年版的统计年鉴上注明：城镇居民人均住房面积为城镇住户抽样调查数据（不含集体户）。抽样调查是在城镇居民的住宅中按照门牌号码随机抽取样本，然后拿每一户的住房面积除以人数。抽样调查反映在已有的住宅中每个人分摊的面积。显而易见，抽样调查只涉及在城镇拥有住房的人群。没有住房的居民并没有被包括在内。不言而喻，城镇中已经有了住房的居民和城镇人口总数并不是一个概念。城镇人口中并非人人拥有住房，在城镇中许多年轻人没有自己的住房，许多进城的农民工也没有自己的住房。城镇人口远远大于在城镇拥有住房的人数①。抽样调查数据并不能反映他们的居住状态，也不能全面反映城镇人口对住房的需求。如果拿城镇人口（宏观数据）乘上人均住房面积（微观数据）计算城镇住房总面积，就完全错了。

① 进城的农民工超过 2.5 亿人，其中购房者在 10% 左右。数据来源："保障房何时向农民工敞开"，《人民日报》，2012 年 11 月 23 日。

表 22-21　　　　重新计算城镇人均住房面积

折旧率为 0.02

年份	城镇人口（万人）	总面积（亿平方米）	折旧（亿平方米）	商品房销售量（亿平方米）	人均面积（平方米）
2001	48064	99.97	2.00	2.24	20.80
2002	50212	100.21	2.00	2.68	19.96
2003	52376	100.89	2.00	3.37	19.26
2004	54283	102.24	2.02	3.82	18.83
2005	56212	104.02	2.04	5.58	18.50
2006	58288	107.52	2.08	6.19	18.45
2007	60633	111.55	2.15	7.74	18.40
2008	62403	117.06	2.23	6.60	18.76
2009	64512	121.31	2.34	9.48	18.80
2010	66978	128.36	2.43	10.48	19.16
2011	69079	136.27	2.57	10.99	19.73

折旧率为 0.025

年份	城镇人口（万人）	总面积（亿平方米）	折旧（亿平方米）	商品房销售量（亿平方米）	人均面积（平方米）
2001	48064	99.97	2.50	2.24	20.80
2002	50212	99.71	2.49	2.68	19.86
2003	52376	99.90	2.50	3.37	19.07
2004	54283	100.78	2.52	3.82	18.56
2005	56212	102.08	2.55	5.58	18.16
2006	58288	105.10	2.63	6.19	18.03
2007	60633	108.66	2.72	7.74	17.92
2008	62403	113.68	2.84	6.60	18.22
2009	64512	117.44	2.94	9.48	18.20
2010	66978	123.98	3.10	10.48	18.51
2011	69079	131.35	3.28	10.99	19.01

折旧率为0.03

年份	城镇人口（万人）	总面积（亿平方米）	折旧（亿平方米）	商品房销售量（亿平方米）	人均面积（平方米）
2001	48064	99.97	3.00	2.24	20.80
2002	50212	99.21	2.98	2.68	19.76
2003	52376	98.92	2.97	3.37	18.89
2004	54283	99.32	2.98	3.82	18.30
2005	56212	100.16	3.00	5.58	17.82
2006	58288	102.74	3.08	6.19	17.63
2007	60633	105.84	3.18	7.74	17.46
2008	62403	110.40	3.31	6.60	17.69
2009	64512	113.68	3.41	9.48	17.62
2010	66978	119.75	3.59	10.48	17.88
2011	69079	126.63	3.80	10.99	18.33

核 算 点 评

探索住宅存量的真实数据也许可以从住宅增量入手。一般来说，由于涉及各项税收和产权注册手续，商品房销售面积比较可信。商品房销售量中包括住宅、办公楼、商业营业用房和其他，每年新增住宅量肯定少于商品房销售面积。

居民住房增量等于商品房销售量减去折旧住房面积。按照城镇居民住宅总面积不难计算出折旧住房面积。每年折旧或拆除的老住宅占总住宅面积的2%—3%左右，在此取2.5%计算。

城镇人口和商品房销售面积数据比较可信。计算的起始点2001年。该年城镇人口为48064万人，商品房销售量2.24亿平方米。按照城镇人口和人均住房面积计算出城镇住房总面积为99.97亿平方米，人均住房面积为20.8平方米。从这个起点上递推城镇住房面积。在前1年城镇住房总面积的基础上加上商品房销售面积，减去折旧拆除面积，得出城镇住房总面积（折旧率分别按照2%、2.5%和3%计算），再除以城镇人口，得到城镇人均住房面积。

2011年房屋建筑竣工面积29.2亿平方米，其中住宅竣工面积18.3亿平方米，占总房屋建筑面积的62.6%。住宅竣工面积分城镇和农村。商品房销售面积10.9亿平方米。如果商品房都算在城镇，大致算来，农村新建住宅7.4亿平方米。在商品房中住房大约8.72亿平方米。如果城镇住房存量面积140亿平方米，按照折旧率2%计算，拆除旧房面积大约2.8亿平方米。当年新增住房面积为5.92亿平方米①。

如果每年住房折旧率为2%的话，在2011年全国城镇居民住房总面积为136.27亿平方米。如果折旧率为2.5%的话，住房总面积为131.35亿平方米。如果折旧率为3%的话，城镇住房总面

① 按照任志强的估计，中国每年的城镇住房竣工量约为6亿—8亿平方米，其中商品房不到500万套，非商品房约为300万套，合计不超过800万套。

积为126.63亿平方米。

按照官方统计数字，2011年城镇人均居住面积32.7平方米，拿住房总面积除以这个数字，城镇人口只有4.55亿—4.75亿人。这意味着4.5亿人左右的城镇居民拥有自己的住房。城镇人口共计有6.91亿人，也就是说，差不多有2.16亿—2.36亿人没有自己的住房，在统计居住面积时没有被包括在内。

官方统计2011年城镇人均住房面积32.7平方米，在修正数据之后，人均住房面积可能只有19—20平方米。两者相差超过50%。城镇人均住房面积在2002年以后非但没有增加还略有降低，从20.8平方米下降为19平方米左右。有些人很不理解，全国城镇到处都在大兴土木，盖了许多新楼房，怎么人均住房面积还下降了？原因很简单，城镇化加速，大量农民进城；与此同时，各地改造旧城区，拆迁速度也在加快，拆除了不少旧房子，城镇居民人均住房面积连原地踏步都没有做到。

从城镇居民住房总需求的预测可见，在2011年城镇住房需求量为10.35亿平方米。实际供给量为8.72亿平方米。缺口为1.63亿平方米。如果城镇居民的人均住房面积在2030年达到30平方米的话，在2015年住房需求为11.09亿平方米，在2020年为13.13亿平方米，在2025年为14.5亿平方米。

由数据可见，已经拥有住房的城镇居民在最近几年内住房面积持续增加，从2002年的24.5平方米上升为2011年的32.7平方米。随着房价上涨，他们的资产性收入越来越高。可是，在城镇居民中还有大量农民工以及毕业不久的年轻人，他们没有住房，（甚至没有被包括在城镇居民住房的统计数字之中），在房价持续上涨以后几乎没有购房能力。随着房价上涨，贫富差距不断加大。

总之，由于城镇人均住房面积被严重高估，使得一部分人误以为中国的房地产市场已经供过于求。事实上，由于人均住房面积在前几年原地踏步，在今后几年内只要改变错误的房地产调控政策，把建筑业的重点转移到廉租房建设，住房需求肯定会大幅度上升。由于城镇化进程加快，城镇人口大幅度上升，在相当长的时期内，城镇居民住房供不应求。

表 22－22　　人口密度和人均住房面积

国家	国土面积（万平方公里）	总人口（万人）	人口密度（每平方公里）	人均住房面积（平方米）
美国	982.6	31300	31.9	67.0
法国	64.4	6563	101.9	35.2
中国	960.0	134700	140.3	15.4
意大利	30.1	6126	203.5	43.0
德国	35.7	8130	227.7	39.4
英国	24.4	6305	258.4	35.4
日本	36.4	12730	349.3	36.9
荷兰	4.2	1673	403.1	40.8

数据来源：国土面积和人口数字来自于 WWW. CIA. GOV，西方国家人均住房面积来自于《世界财经报道》。日本住房面积来自于日本统计局《全国普查数据》。中国城镇人均住房面积 19.7 平方米，折合使用面积 15.4 平方米。数据来自于《2013 国民核算研究报告》的表 2－25。

核 算 点 评

从长期来看，究竟中国城镇人均住房面积可能达到多少？

可以参照世界上那些人口密度和我们相差无几的国家来估计中国人均住房面积的长期稳定值。如果中国城镇居民人均住房面积远远低于长期稳定值，没有理由说中国人在人均收入提高之后不会产生改善居住条件的需求。

中国人口分布很不均匀。如果仅仅从国土面积来计算，中国的人口密度为每平方公里 140 人。可是，中国西部许多地方缺水、高寒不宜居住。如果从黑龙江的漠河到云南的腾冲画条线，东西面积相当，可是在这条线的东面的人口占 94%。沿海地区的人口密度要比全国平均值高出 1 倍以上。中国东部的人口密度接近每平方公里 280 人，和日本、荷兰等国类似。2009 年，美国人均住房面积为 67 平方米，加拿大 62 平方米，英国 35.4 平方米，法国 35.2 平方米，德国 39.4 平方米，意大利 43 平方米，荷兰 40.8 平方米。日本 1990 年人均住房面积约 30.74 平方米（折合建筑面积 40 平方米）；2008 年人均住房面积约 36.9 平方米（折合建筑面积 48 平方米）。西方各国的住房面积指的是使用面积，而中国使用建筑面积。一般来说，在每一个平米的建筑面积中使用面积大约为 0.77 平方米。

如果把所有城镇人口都统计在内，在 2011 年人均住房面积可能只有 20 平方米左右，折算使用面积为 15.4 平方米。假设中国未来人均住房面积发展的目标为 35 平方米，如果折算成建筑面积，将近 45 平方米。在 2011 年，中国城镇居民的人均居住面积只有 20 平方米左右，连目标值的一半还没有达到。在这种情况下，说什么城镇居民住房已经供过于求，岂不是荒唐！

表 22－23　　新增住房需求预测　　单位：亿平方米

年份	城镇人口（万）	人均住房面积（平方米）	住房总量	新增住房需求	折旧（%）	总需求
2011	69079	19.74	136.36	6.94	3.41	10.35
2012	70806	20.16	142.77	6.41	3.57	9.98
2013	72533	20.59	149.37	6.60	3.73	10.34
2014	74260	21.03	156.17	6.80	3.90	10.71
2015	75987	21.48	163.18	7.01	4.08	11.09
2016	77714	21.93	170.40	7.22	4.26	11.48
2017	79441	22.38	177.83	7.43	4.45	11.87
2018	81168	22.85	185.47	7.65	4.64	12.28
2019	82895	23.32	193.34	7.87	4.83	12.70
2020	84624	23.80	201.44	8.10	5.04	13.13
2021	86061	24.29	209.06	7.62	5.23	12.84
2022	87498	24.79	216.88	7.82	5.42	13.25
2023	88935	25.29	224.91	8.03	5.62	13.66
2024	90372	25.80	233.16	8.25	5.83	14.08
2025	91809	26.32	241.62	8.46	6.04	14.50
2026	93246	26.84	250.31	8.69	6.26	14.94
2027	94683	27.38	259.22	8.91	6.48	15.39
2028	96120	27.92	268.36	9.14	6.71	15.85
2029	97557	28.47	277.73	9.37	6.94	16.32
2030	98998	29.03	287.35	9.62	7.18	16.80

数据来源：根据模型计算。

核 算 点 评

根据预测的结果，2030 年城镇人口 98998 万人，人均住房面积 29.03 平方米，全国城镇居民住房面积为 287.35 亿平方米。和 2011 年全国城镇住房总面积 136.36 亿平方米相比，在 2011—2030 年期间需要增加住房面积 150.99 亿平方米。也就是说，在 2011 年住房总面积的基础上要增加 110.7%。翻一番还要多。

以 2030 年为例，城镇居民住房面积从 2029 年的 277.73 亿平方米增加到 2030 年的 287.35 亿平方米，净增 9.62 亿平方米。假定折旧率为 2.5%，该年折旧住房面积 7.18 亿平方米。新建住房总面积为新增量和折旧量之和，共计 16.8 亿平方米。

2012 年，新增城镇住房面积 6.41 亿平方米，加上折旧 3.57 亿平方米，当年新建住房面积总额为 9.98 亿平方米。预期 2030 年新建住房总面积是 2012 年新建城镇住房总面积的 1.68 倍。

表 22－24 水泥需求预测

年份	住房总量（亿平方米）	新增住房需求（亿平方米）	折旧（亿平方米）	住房总需求（亿平方米）	水泥总产量（万吨）
2001	99.97		2.00		66000
2002	100.21	0.24	2.00	2.24	72500
2003	100.89	0.68	2.00	2.68	86208
2004	102.24	1.35	2.02	3.37	96682
2005	104.02	1.78	2.04	3.82	106885
2006	107.52	3.50	2.08	5.58	123676
2007	111.55	4.03	2.15	6.18	136117
2008	117.06	5.51	2.23	7.74	142356
2009	121.31	4.25	2.34	6.59	164398
2010	128.36	7.05	2.43	9.48	188191
2011	136.36	6.94	2.57	10.35	209926
2012	142.77	6.41	3.57	9.98	220984
2013	149.37	6.60	3.73	10.34	241614
2014	156.17	6.80	3.90	10.71	223190
2015	163.18	7.01	4.08	11.09	229922
2016	170.40	7.22	4.26	11.48	236830
2017	177.83	7.43	4.45	11.87	243739
2018	185.47	7.65	4.64	12.28	251002
2019	193.34	7.87	4.83	12.70	258442
2020	201.44	8.10	5.04	13.13	266059
2021	209.06	7.62	5.23	12.84	260922
2022	216.88	7.82	5.42	13.25	268185
2023	224.91	8.03	5.62	13.66	275448
2024	233.16	8.25	5.83	14.08	282888
2025	241.62	8.46	6.04	14.50	290328

数据来源：城镇住房总量数据来自于表 2－28，水泥总产量从 2001 年到 2013 年水泥总产量来自于《2014 年中国统计年鉴》，随后各年是预测数据。

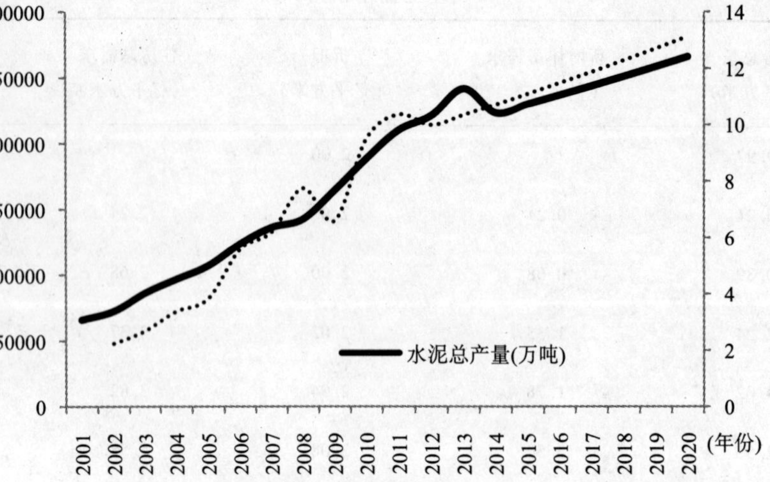

图 22－13　水泥总产量的预测

核　算　点　评

2030 年的水泥需求量将远远高于当今的生产能力，在这种情况下，不可能出现水泥产能长期过剩，恰恰相反，出现水泥产能不足的概率极高。

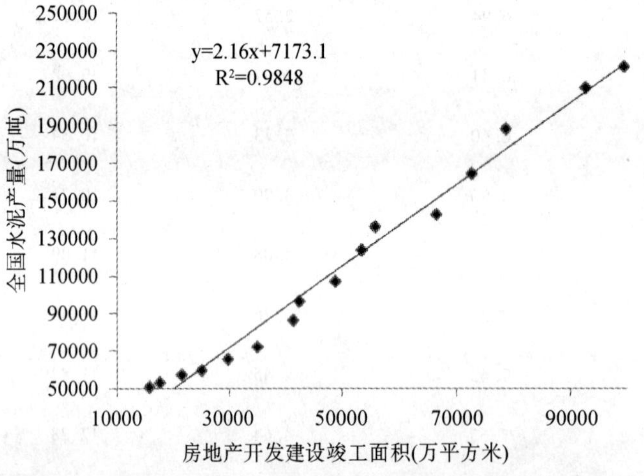

图 22－14　我国 1997—2012 年水泥产量和新增住房面积的关系

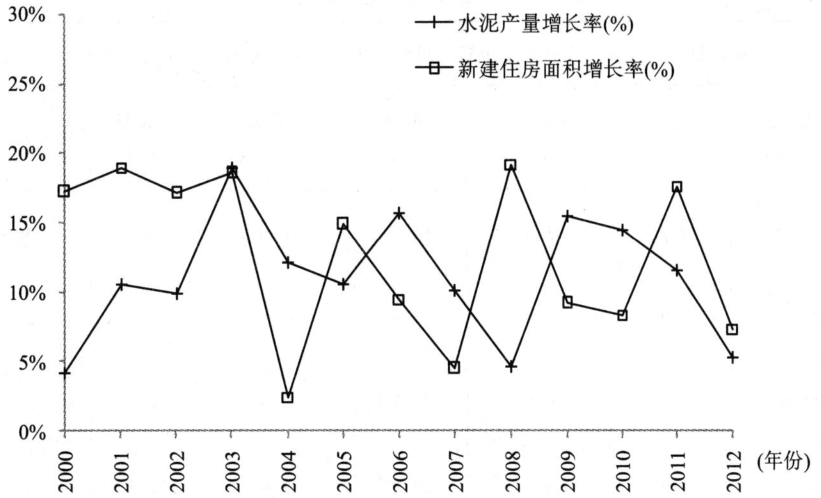

图 22－15　水泥产量增长率与新建住房面积增长率

核　算　点　评

从近 20 年的数据可见，新建住房面积增长率相对于水泥消费的增长率呈现一定的时滞。水泥消费增长率上升之后，大约滞后约 1 年，住房面积增长率也跟着上升。显然，居民住房面积增长率是导致水泥产量波动的主要原因。

水泥需求量和新增（竣工）住房面积密切相关。因此，可以根据新增住房面积的预测来推断未来对水泥生产的需求。从 1997 年到 2013 年的 15 年期间，竣工住宅面积年年上升，与之相应，全国水泥产量也节节上升。2002—2008 年，房屋施工面积的实际增长率每增长 1 个百分点，带动水泥产量增长 1.09 个百分点；2008—2012 年，房屋施工面积的实际增长率每增长 1 个百分点，带动水泥产量增长 0.71 个百分点。由此可见，住房建筑是拉动水泥产量增长的最大驱动力。只要今后住宅竣工面积还在继续增加，对水泥的需求就必然持续增加，这是不言而喻的事实。

表 22－25　　　　　　　　　　水泥产量和基本建设的关系

年份	全国水泥产量		全社会固定资产投资		其中建筑安装工程		房屋施工面积	
	水泥产量（百万吨）	增长率（%）	完成额（千亿元）	增长率（%）	完成额（千亿元）	增长率（%）	完成（亿平方米）	增长率（%）
2002	725.0	9.7	43.5	16.7	26.6	14.6	30.4	10.3
2003	862.1	18.9	55.6	25.0	33.4	20.7	34.4	12.9
2004	966.8	12.8	70.5	20.2	42.8	18.2	37.6	9.5
2005	1068.9	9.9	88.8	24.0	53.4	22.5	43.1	14.5
2006	1236.8	15.6	110.0	22.1	66.8	23.5	46.3	7.3
2007	1361.2	10.1	137.3	20.2	83.5	19.0	54.9	18.6
2008	1423.6	4.3	172.8	15.6	105.0	11.3	63.2	15.3
2009	1644.0	16.1	224.6	33.2	138.8	37.3	75.4	19.3
2010	1881.9	14.0	251.7	19.5	155.6	17.7	84.4	17.4
2011	2099.3	11.4	311.5	16.2	200.2	17.9	103.6	22.7
2012	2209.8	5.7	374.7	19.0	243.6	19.7	116.7	12.7
平均								
2002—2008		13.4		22.1		20.2		12.3
2008—2012		13.3		23.5		24.8		18.7

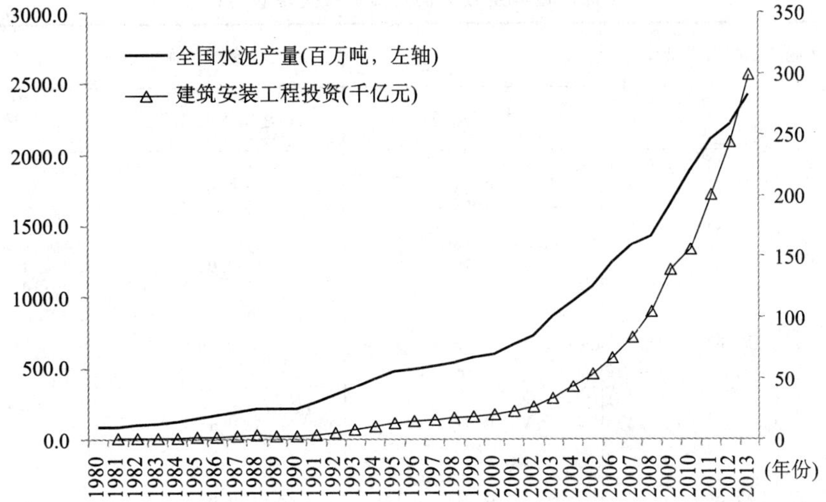

图 22－16　水泥产量和建筑安装投资

核　算　点　评

水泥消费量和基建投资规模密切相关。建筑安装工程投资从 1990 年的 3000 亿元迅速上升，2013 年增加到 30 万亿元，增加了 100 倍。与此同时，水泥需求量从 1990 年的 2.09 亿吨上升为 2013 年的 24.16 亿吨，增加 12 倍。毫无疑问，只要建筑安装工程投资继续上升，对水泥的需求量就肯定继续增加。

表 22-26　　水泥产量与全社会固定资产投资增长对比

年份	水泥产量增长率（%）	水泥与投资增长弹性系数		
		投资总额	建筑安装工程	房屋施工面积
2002	9.7	0.58	0.66	0.95
2003	18.9	0.76	0.91	1.47
2004	12.8	0.63	0.70	1.34
2005	9.9	0.41	0.44	0.68
2006	15.6	0.71	0.67	2.14
2007	10.1	0.50	0.53	0.55
2008	4.3	0.28	0.38	0.28
2009	16.1	0.49	0.43	0.83
2010	14.0	0.72	0.79	0.81
2011	11.4	0.71	0.64	0.50
2012	5.7	0.30	0.29	0.45
平均				
2002—2008	13.4	0.61	0.67	1.09
2008—2012	13.3	0.57	0.54	0.71

数据来源：《2010 年中国水泥年鉴》。

注释：

1. 全社会固定资产投资是以货币形式表现的在一定时期内全社会建造和购置固定资产的工作量以及与此有关的费用。按构成分为建筑安装工程、设备工具器具购置及其他费用。建筑工程指各种房屋、建筑物的建造工程，又称建筑工作量。这部分投资额必须兴工动料，通过施工活动才能实现。安装工程指各种设备、装置的安装工程，又称安装工作量。在安装工程中，不包括被安装设备本身价值。

2. 1997—2010 年，除房地产投资、农村集体投资、个人投资以外，投资统计的起点为 50 万元；自 2011 年起，除房地产投资、农村个人投资外，固定资产投资的统计起点提高至500 万元。本表2010 年的两组数据括号内为原口径数，未加括号的为调整后的新口径数。

3. 投资完成额增长速度均为扣除投资价格因素后的实际增长速度。

4. 房屋施工面积指年内施工的全部房屋建筑面积。包括年内新开工的面积、上年跨入本年继续施工的房屋建筑面积、上年停缓建在本年恢复施工的房屋建筑面积、本年竣工的房屋建筑面积以及本年施工后又停缓建的房屋建筑面积。多层建筑包括各层建筑面积之和。

核　算　点　评

水泥需求量和房屋施工面积也密切相关。如果房屋施工面积增加，水泥需求量也必然随之增加。1990 年，全社会房屋施工面积 13.7 亿平方米，到 2013 年增加到 135 亿平方米，几乎增加了 10 倍。同期，水泥需求量增加了 12 倍。今后，只要全社会房屋施工面积还在增加，水泥需求量就不仅不会减少还会相应增加。

水泥与投资增长弹性系数计算方法为水泥产量增长速度与固定资产投资增长速度的比率。水泥与建筑安装工程增长弹性系数表示水泥产量增长率和建筑安装工程增长率的比率。水泥与房屋施工面积增长弹性系数表示水泥产量增长率与房屋施工面积增长率之间的比率。水泥与投资增长弹性系数反映水泥产量增长速度与固定资产投资增长速度之间比例关系。

如 2008—2012 年，全社会固定资产投资剔除价格变动因素的实际增长率每增长 1 个百分点，带动水泥产量增长 0.57 个百分点。

建筑安装工程完成额每增长 1 个百分点带动水泥产量增长 0.54 个百分点。

房屋施工面积每增加一个百分点带动水泥产量增长 0.71 个百分点。

2011 年以后，受到房价调控政策的冲击，全国建筑安装工程投资增长率从 2011 年的 28.7% 下降到 2012 年的 21.7%，下降了 7 个百分点。全社会房屋施工面积的增长率从 2011 年的 22.7% 下降为 2012 年的 12.7%，下降了 10 个百分点。水泥消费量的增速也随之下降，从 2011 年的 11.6% 下降为 2012 年的 5.3%。2014 年以后，水泥产量的下降趋势更为严重。统计数据清楚地展示了房地产宏观调控政策对水泥产业的冲击。由于水泥消费增速下降造成一部分人的错觉，以为水泥产能过剩了。于是，在误解数据的情况下，提出了另外一个错误的判断：水泥行业产能扩张必须急刹车。

表 22－27　　水泥产量和公路建设

年份	全国水泥产量（百万吨）	公路里程（万公里）	高速公路里程（万公里）	水泥增速	公路增速	高速公路增速
1990	210	102.8	—	—	—	—
1991	253	104.1	—	20.5%	1.3%	—
1992	308	105.7	—	22.0%	1.5%	—
1993	363	108.4	—	17.9%	2.6%	—
1994	421	117.8	—	15.9%	8.7%	—
1995	476	115.7	0.21	13.0%	-1.8%	—
1996	491	118.6	0.34	3.2%	2.5%	61.9%
1997	512	122.6	0.48	4.2%	3.4%	41.2%
1998	536	127.9	0.87	4.7%	4.3%	81.3%
1999	573	135.2	1.16	6.9%	5.7%	33.3%
2000	597	168.0	1.63	4.2%	24.3%	40.5%
2001	660	169.8	1.94	10.6%	1.1%	19.0%
2002	725	176.5	2.51	9.8%	3.9%	29.4%
2003	862	181.0	2.97	18.9%	2.5%	18.3%
2004	967	187.1	3.43	12.1%	3.4%	15.5%
2005	1069	334.5	4.10	10.6%	78.8%	19.5%
2006	1237	345.7	4.53	15.7%	3.3%	10.5%
2007	1361	358.4	5.39	10.1%	3.7%	19.0%
2008	1424	373.0	6.03	4.6%	4.1%	11.9%
2009	1644	386.1	6.51	15.5%	3.5%	8.0%
2010	1882	400.8	7.41	14.5%	3.8%	13.8%
2011	2099	410.6	8.49	11.6%	2.4%	14.6%
2012	2210	423.8	9.62	5.3%	3.2%	13.3%
2013	2416	435.6	10.44	9.3%	2.8%	8.5%

数据来源：《2014 年中国统计年鉴》。

核 算 点 评

水泥需求和道路建设有关。中国的高速公路、铁路、机场建设方兴未艾，需要大量水泥。虽说用于交通设施建设的水泥所占的比重赶不上居民住房，但是也可以清楚看到高速公路、铁路建设里程和水泥需求的同步变化趋势。

2000年以后，每年普通公路里程的增速大约在3%左右，可是高速公路的年增长率基本都在两位数。除了2008年以外，水泥产量的增速也在两位数。高速公路建设使用了大量水泥，拉动了水泥生产。今后，只要还在继续发展高速公路和高速铁路，对水泥的需求就会保持在较高的水平。

表22－28　　部分大中城市住宅销售价格指数（2015年4月）

地区	新建商品住宅		二手房	
	环比	和2010年相比	环比	和2010年相比
北京	100.8	123.7	102.1	118.2
上海	100.7	119.5	100.6	115.7
广州	100.4	122.4	101.1	117.8
深圳	101.8	127.8	102.4	127.2
南京	100.3	114.0	100.6	104.6
厦门	100.2	127.4	100.2	110.2
温州	100.7	75.6	100.4	73.8
杭州	100.4	91.3	100.2	92.4
唐山	99.8	98.4	99.7	100.2
房价下降的城市数目（个）	48	8	34	28

数据来源：《中国经济景气月报，2015.5》第200页，本表仅在全国70个大中城市中选择了部分城市。

核 算 点 评

某些媒体看到某些三线、四线城市的房价下跌，于是宣称居民住房全面过剩。其实，这是严重的误解。

究竟房价跌了没有？有的城市确实房价下跌，但是北京、上海等大城市非但没有跌还在继续上涨。如果以 2010 年的房价水平为 100。

北京的新建住宅平均房价上升为 123.7，二手房上升为 118.2。

上海的新建住宅平均房价上升为 119.5，二手房上升为 115.7。

广州的新建住宅平均房价上升为 122.4，二手房上升为 117.8。

深圳的新建住宅平均房价上升为 127.8，二手房上升为 127.3。

在大城市房价继续上涨的同时，许多中小城市的房价在下跌。在房价下跌的城市中温州位居首位。以 2010 年为基准，新建住宅房价下跌为 75.6，二手房下跌为 73.8。杭州的房价跌幅也较大，新建住宅房价下跌为 91.3，二手房下跌为 92.4。

从房价环比来看，在 2015 年 4 月，在全国 70 个大中城市中，新建住房的房价和 2010 年相比，上涨的有 62 个，二手房房价上涨的有 42 个。总的说来，涨的多，跌的少。一线大城市的房价在继续上升，而三、四线城市的房价基本稳定，或者略有下降①。

判断房价波动趋势时要看资金流的走向。如果大量资金流入某一个城市的房地产市场，这个城市的房价一定上涨。如果资金流出这个城市，房价下跌的可能性就很大。在北京、上海、广州、深圳等一线城市聚集着许多高收入家庭，银行中居民存款余额很高，而且还有资金从全国各地甚至海外源源不断地流入，推动这些城市的房价居高不下。反之，像鄂尔多斯、沈阳、唐山等城市，资金不断流出，房价必然涨不起来。

用房价指数来判断住房是否过剩并不严谨。房价指数度量的是新建商品房和二手房的销售价格。而商品房还要进一步区分为大户型（144 平方米以上）、中户型（90 平方米到 144 平方米）和小户型（90 平方米以下）。在某些城市，例如鄂尔多斯，大户型住宅过剩，而小户型住宅并不过剩。

有人说，由于积压的商品房实在太多了，即使一平方米房子不盖，光消化这些积压的商品房就要好几年。还有人说，用不着盖廉租房，只要把积压的商品房收购之后分给低收入家庭就可以了。姑且不说这种提法在产权安排上是否合理，这些人忽视了房地产的一个最基本的特征：住房具有空间不可移动性。

在某些三、四线城市中确实积压了大量商品房，每平方米 4000 元左右还卖不动。可是，在北京四环以内，平均房价每平方米早就超过 4 万元。只要新建小区一开盘，当天售罄，人们称之为“日光盘”。除非喊价实在离谱，哪里还有什么积压的商品房？显然，积压的商品房大多在三线、四线城市。迫切需要住房的人在一线大城市。积压的住房和急需住房的民众并不在同一个地方。住宅具有空间不可移动性，绝对不可能把外地积压的住房搬到北京、上海来。有些人看到积压的商品房很多，就以为居民住房已经过剩，这是一个严重的误解。

为什么许多人宁愿在房价非常高的北京、上海等大城市中蜗居，当“蚁族”，而不愿意到中小城镇去？道理很简单，在这些地方找不到工作。媒体曾经宣传，因为房价太高，年轻人纷纷逃离“北上广”。可是，喊了一阵子就不响了。逃离“北上广”的人找不到合适的工作，不得不返回大

① 在 2015 年 1 月份，京沪深广等一线城市房价再度回升。深圳房价连续 6 个月上涨，涨幅领先。在 2015 年 2 月深圳市区房价每平方米 27942 元，同比上涨 21.9%。可是，销量却在下降，在 2015 年 2 月仅仅销售 1985 套，同比下降 22.8%。资料来源：《财经网》。

城市。资金和劳动力继续向大城市集中。在中小城镇积压的商品房并不能帮助降低大城市中房价上涨的压力。

通常当人们说水泥产能过剩的时候，在很大程度上意味着居民住房过剩。这种说法也不严谨。居民有穷有富。可以按照收入分为高收入、中等收入和低收入等多个组别。有的高收入家庭占有多套住宅，过剩了。可是，低收入家庭根本就买不起商品房，他们的居住条件十分恶劣。无论如何也谈不上住房过剩。绝对不能在眼睛里只有高收入群体的 1 亿人，而忘记了中低收入的 12 亿人。在讨论房地产政策的时候要把立场摆正，要为大多数民众服务。当前就是要大兴土木，给低收入家庭提供廉租房。只要大盖廉租房，水泥产能绝对不过剩。

专题二十三　平板玻璃产能过剩[①]

子目录

表 23-1　中国平板玻璃产量 …………………………………………………… (141)
表 23-2　平板玻璃产量（2014 年 4 月—2015 年 4 月） ……………………… (144)
表 23-3　平板玻璃和建筑业竣工面积 ……………………………………… (146)
表 23-4　2014—2016 年的平板玻璃产能预测量 ………………………………… (148)
表 23-5　住房需求和平板玻璃产量预测 ……………………………………… (149)
表 23-6　各省平板玻璃产量 ………………………………………………… (151)

图 23-1　1980—2014 年人均平板玻璃产能 …………………………………… (143)
图 23-2　建筑竣工面积预测 ………………………………………………… (147)
图 23-3　建筑竣工面积和平板玻璃产能之间的曲线拟合图 …………………… (148)
图 23-4　从住房需求预测平板玻璃产量 ……………………………………… (150)

① 本专题核算徐滇庆、王幸睿、徐丽笑，审核宋旭光。

表 23－1　　中国平板玻璃产量

年份	全国平板玻璃产量（万重量箱）	平板玻璃净增量（万重量箱）	平板玻璃增长幅度	人均平板玻璃产量（重量箱）
1980	2466	383	18.4%	0.025
1981	2701	235	9.5%	0.027
1982	3154	453	16.8%	0.031
1983	3647	493	15.6%	0.035
1984	4190	543	14.9%	0.040
1985	4942	752	18.0%	0.047
1986	5202	260	5.3%	0.048
1987	5803	601	11.6%	0.053
1988	7293	1490	25.7%	0.066
1989	8442	1149	15.8%	0.075
1990	8067	－375	－4.4%	0.071
1991	8712	645	8.0%	0.075
1992	9359	647	7.4%	0.080
1993	11086	1727	18.5%	0.094
1994	11925	839	7.6%	0.100
1995	15732	3807	31.9%	0.130
1996	16069	338	2.2%	0.131
1997	16631	561	3.5%	0.135

续表

年份	全国平板玻璃产量（万重量箱）	平板玻璃净增量（万重量箱）	平板玻璃增长幅度	人均平板玻璃产量（重量箱）
1998	17194	563	3.4%	0.138
1999	17420	226	1.3%	0.139
2000	18352	932	5.4%	0.145
2001	20964	2612	14.2%	0.164
2002	23446	2481	11.8%	0.183
2003	27703	4257	18.2%	0.214
2004	37026	9324	33.7%	0.285
2005	40210	3184	8.6%	0.308
2006	46575	6364	15.8%	0.354
2007	53918	7343	15.8%	0.408
2008	59890	5972	11.1%	0.451
2009	58574	-1316	-2.2%	0.439
2010	66331	7757	13.2%	0.495
2011	79108	12777	19.3%	0.587
2012	75051	-4057	-5.1%	0.554
2013	77898	2848	3.8%	0.573
2014	79261	1363	1.8%	0.579

资料来源：《2015 年中国统计摘要》，第 115 页。

图 23－1　1980—2014 年人均平板玻璃产能

核　算　点　评

改革开放以来，随着国民经济高速发展，平板玻璃产业日新月异，突飞猛进。平板玻璃总产量从 1980 年的 2466 万重量箱增加到 2013 年的 79261 万重量箱，增加了 32.2 倍。人均平板玻璃产量从 1980 年的 0.025 箱增加到 2014 年的 0.579 箱，增加了 23.16 倍。

进入 21 世纪之后，中国平板玻璃产量增速加快。在 1993 年到 2013 年这 20 年中，在多数年份平板玻璃产量的增速都高达两位数。在 2004 年平板玻璃产量增加了 33.7%，创造了平板玻璃产量增速的最高纪录。

由于世界各国统计玻璃产品的口径不尽相同，很难横向比较各国平板玻璃产量。可是，无论采用何种统计口径，中国的平板玻璃产量都遥遥领先，几乎等于其他所有国家产量的总和。只要看到中国大小城镇四面八方纷纷崛起的高楼大厦就不难理解为什么中国需要这么多平板玻璃。

2009 年 9 月，在发改委等 10 部委、行、局、会《关于控制部分行业产能过剩和重复建设引导产业健康发展的若干意见》中指出："2008 年全国平板玻璃产能 6.5 亿重箱，产量 5.74 亿重箱，约占全球产量的 50%，其中浮法玻璃产量为 4.79 亿重箱，占平板玻璃总量的 80%。2009 年上半年新投产 13 条生产线，新增产能 4848 万重箱，目前各地还有 30 余条在建和拟建浮法玻璃生产线，平板玻璃产能将超过 8 亿重箱，产能明显过剩。"

尽管有关部门采取了一系列措施限制扩张平板玻璃产能，可是，这些行政命令好像耳旁风，根本不起作用。新建的平板玻璃工厂仍然在全国各地四处开花，平板玻璃产能越限越高。2008 年平板玻璃产量为 53918 万重量箱到 2011 年增加为 79107 万重量箱，在 4 年内增加了 46.7%①。在 2012 年全国新投产的平板玻璃生产线 19 条，新增产能 8040 万重量箱/年。

有关部门在 2013 年再度出手强行限制平板玻璃产能，他们估计还有 16 条生产线将陆续投入生产，新增产能 6060 万重量箱/年。可是，新投产的平板玻璃生产线的数字又一次超出他们的估计，截至 2013 年 9 月，国内浮法玻璃已经累计点火新生产线 24 条，新增产能 11550 万重量箱/年。其中，河北投产了 8 条生产线，湖北投产了 5 条生产线，熔化量 1000 吨/天以上的生产线达到 7 条。

国务院在 2013 年 10 月 15 日发布《关于化解产能严重过剩矛盾的指导意见》把平板玻璃列为产能过剩的五大重点行业之一。

一方面，有关部门三令五申，要严格限制平板玻璃行业的产能过剩；另一方面，平板玻璃的产能越限越多。这些指令等于没说，毫无权威。人们不禁质疑这样的行政命令到底是对还是错。

① 数据来源：《2015 年中国统计摘要》，第 115 页。

表 23-2　　　　平板玻璃产量（2014 年 4 月—2015 年 4 月）

时间	平板玻璃（万重量箱）	比上年同期增长（%）
2014 年 4 月	6799	6.8
5 月	7134	6.4
6 月	7033	-1.9
7 月	6721	1.8
8 月	6403	-3.8
9 月	6221	-6.5
10 月	6314	-6.7
11 月	6073	-6.3
12 月	6214	-0.3
2015 年 3 月	6636	-6.6
4 月	6142	-11.2

数据来源：《中国经济景气月报，2015,5》，第 13 页。

核 算 点 评

近20年，平板玻璃产量出现三次负增长。

第一次负增长发生在1989年。全国平板玻璃增幅从1989年的15.8%下跌为1990年的-4.4%。好在这个下跌趋势很快就得到了扭转，在1991年平板玻璃增幅又恢复到8%的高水平。

2009年，中国平板玻璃产量遭遇第二次负增长，总产量下降了2.2%。显然，这是受到了海外金融危机的冲击。由于美国、欧洲发生金融危机，在华投资的许多跨国公司不得不抽出资金回救总部。自从改革开放以来，中国的经常项目和资本项目基本上都是双顺差，可是，在2008年到2009年初，连续8个月资金外流。在2008年12月的一个月内，资金外流高达775亿美元。由于资金大量外流，中国股市和房市都很不景气。2008年大城市的房价指数下降，建筑业投资增速减缓，平板玻璃产量随之有所下降。

在2010年平板玻璃产量恢复上升态势，保持两位数的高增长。可是，2012年平板玻璃产量出现第三次负增长，下降了4057万重量箱，总产量下降5.1%。2012年，美国和欧洲经济已经逐步复苏，国际贸易形势大为好转，为什么中国的平板玻璃产业如此之不景气？

人所共知，2012年有关部门大张旗鼓地推出了“历史上最严厉的房地产调控政策”。限购、限贷、限价等房地产调控措施纷纷出台，坚决要把一线城市的高房价打下去。高房价不好，这一点并无争议。是不是应该用行政手段来打压房价？姑且不论一线城市的高房价有没有被打下去，商品房交易额却实实在在被打下去了。如果以2010年的房价为参照，2015年5月北京房价指数为125.4，上海为122.5，广州为124.2，深圳为136.3。一线城市的房价居高不下。可是，三线、四线城市的房价下降了。唐山为97.8，温州为75.7[①]。2012年上半年，全国商品房销售面积负增长10%[②]。北京、上海、广州、深圳等一线城市的商品房交易额下降了30%左右。

某些政府官员连续表态，有信心在任期内把房价降低到合理的水平。有些人在媒体上扬言，房价将下跌20%，还有人估计房价要跌50%。经过政府官员和媒体的反复宣传，改变了人们的期望。有意愿购房者大多持观望态度，打算等到房价跌下来之后再买房。居民住房和基本建设投资受到很大的冲击，建筑业不景气，自然拖累了平板玻璃行业。

2015年1—4月份我国房屋新开面积35756万平方米，同比下降17.3%，房屋竣工面积21210万平方米，同比下降10.5%[③]。房地产市场断崖式萎缩，导致平板玻璃产出大幅度下滑。在2015年4月平板玻璃产量同比下跌了11.2%。平板玻璃企业大量设备闲置，开工不足，日子难过。

---

① 数据来源：《中国经济景气月报，2015.6》，第200页。

② 商品房销售面积数据来自于《中国经济景气月报，2013.7》，第47页。

③ 数据来源：《中国经济景气月报，2015.6》，第44页。

表 23-3　　平板玻璃和建筑业竣工面积

年份	平板玻璃（万重量箱）	竣工面积（万平方米）
1985	4942	17073
1990	8067	19553
1995	15732	35666
1996	16069	60048
1997	16631	62244
1998	17194	65683
1999	17420	73925
2000	18352	80715
2001	20964	97699
2002	23446	110217
2003	27703	122828
2004	37026	147364
2005	40210	159406
2006	46575	179673
2007	53918	203993
2008	59890	223592
2009	58574	245402
2010	66331	277450
2011	79108	316429
2012	75051	358736
2013	77898	389244

数据来源：《2014 年中国统计年鉴》，第 461 页。

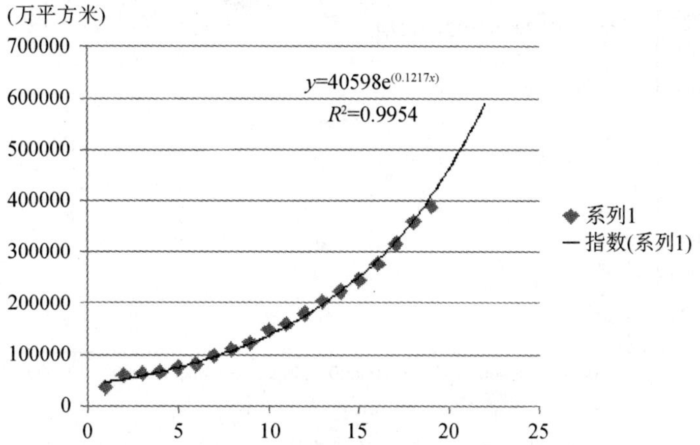

图 23－2 建筑竣工面积预测

核 算 点 评

2000 年，全国建筑竣工面积为 8.07 亿平方米；2013 年，建筑竣工面积上升为 38.9 亿平方米。增长了 4.82 倍。同期，平板玻璃产量从 2000 年的 18352 万重量箱上升为 2013 年的 77898 万重量箱，增长了 4.24 倍。平板玻璃产量和建筑竣工面积同步增长。在 2012 年之前，平板玻璃市场基本上实现了供求平衡。既没有出现平板玻璃短缺，也没有出现大量库存积压。

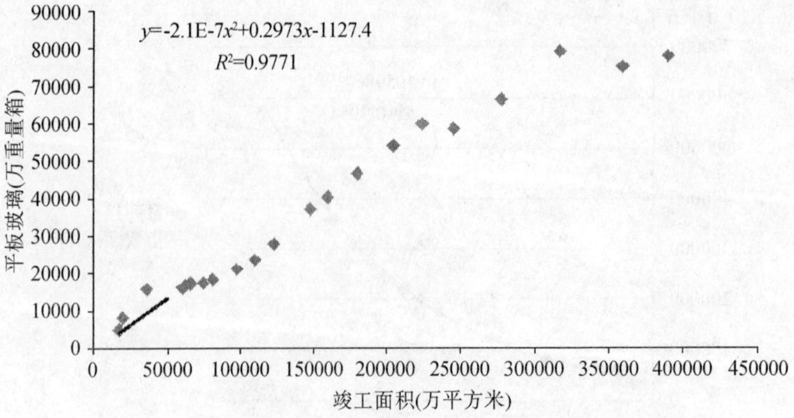

图 23－3　建筑竣工面积和平板玻璃产能之间的曲线拟合图

表 23－4　　2014—2016 年的平板玻璃产能预测量

年份	竣工面积（万平方米）	平板玻璃（万重量箱）
2014	456559	79261
2015	515284	96307
2016	581562	100746

数据来源：回归分析的结果。

核　算　点　评

根据竣工面积的历史数据预测未来几年的竣工面积。其中，x 代表年份 $t=1$，2，……，22。然后对竣工面积和平板玻璃产量两变量进行回归分析，根据散点图分布状况选择二次曲线。拟合曲线为 $y=-2.1E-7x^2+0.2973x-1127.4$，拟合优度为 0.9771，拟合程度较高。

根据竣工面积的变化趋势可以清楚地看到，只要今后居民住房的竣工面积还在继续增长，对平板玻璃的需求就会随之上升。如果中国经济还能保持过去 30 年的增长势头，对平板玻璃的需求将从 2014 年的 79261 万重量箱上升为 2016 年的 100746 万重量箱。

表 23－5　住房需求和平板玻璃产量预测

年份	住房总需求（亿平方米）	平板玻璃（万重量箱）
2001	—	20964
2002	2. 24	23446
2003	2. 68	27703
2004	3. 37	37026
2005	3. 82	40210
2006	5. 58	46575
2007	6. 18	53918
2008	7. 74	59890
2009	6. 59	58574
2010	9. 48	66331
2011	10. 35	79108
2012	9. 98	75051
2013	10. 34	77898
2014	10. 71	79261
2015	11. 09	80824
2016	11. 48	82887
2017	11. 87	84930
2018	12. 28	87059
2019	12. 70	89219
2020	13. 13	91412
2021	12. 84	89935
2022	13. 25	92020
2023	13. 66	94087
2024	14. 08	96187
2025	14. 50	98271
2026	14. 94	100436
2027	15. 39	102632
2028	15. 85	104860
2029	16. 32	107117
2030	16. 80	109405

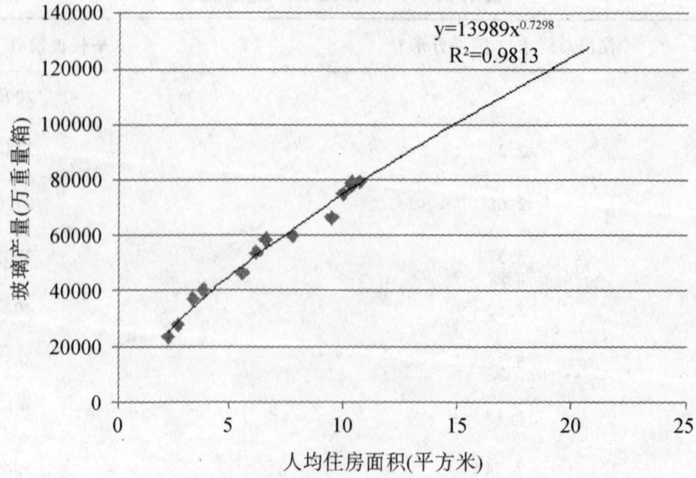

图 23-4 从住房需求预测平板玻璃产量

核 算 点 评

2014 年，住房总需求为 10.71 亿平方米，该年平板玻璃产量为 79261 万重量箱。由于城镇居民人均住房面积有可能从 2014 年的 21 平方米逐步增加到 2030 年的 30 平方米，与此同时，中国总人口在继续增加，城镇化率也继续增加，居民住房的要求非常旺盛。预计在 2030 年居民住房需求有可能达到 16.8 亿平方米，相应的对平板玻璃的需求将上升为 109405 万重量箱。

我们知道，平板玻璃的需求受到各种原因的影响，上下起伏波动。平板玻璃的主要用途是建筑住房。平板玻璃产能是否过剩的核心问题在于中国城镇居民的住房是否已经足够了。在错误的房价调控政策影响下，建筑业萧条，导致平板玻璃卖不动。倘若能够纠正这些错误政策，平板玻璃的市场需求会很快得到恢复。平板玻璃企业的产能取决于投资，具有较长的时间滞后。不能一见到市场需求波动就妄言产能过剩。否则很容易矫枉过正，从产能过剩跳到产能不足。

表 23－6　　各省平板玻璃产量　　单位：万重量箱

地区	2008 年	2009 年	2010 年	2011 年	2012 年	2013 年
河北省	8676	10965	12369	16942	14898	11836
广东省	6392	8103	7823	8391	8088	8587
山东省	5619	6092	8033	7794	7904	8280
湖北省	2602	3528	4653	6830	7365	8133
江苏省	5667	5258	5732	7595	6466	5931
福建省	1575	2092	2765	3507	4645	5243
四川省	3035	3368	4417	4924	4093	4008
浙江省	4333	3372	4137	4023	2992	3591
安徽省	576	1036	1044	2680	2388	3347
辽宁省	2275	1674	1262	2258	2523	3016
天津市	648	680	687	866	1651	2137
山西省	1324	1276	1673	1848	1976	2065
陕西省	1250	1453	1378	1442	1489	1838
湖南省	1411	1664	1757	1946	1806	1833
重庆市	208	292	679	731	791	1250
河南省	3209	2772	2420	2159	1219	1128
云南省	333	501	736	850	873	997
青海省	103	50	150	206	236	677
江西省	559	450	437	607	668	663
广西壮族自治区	533	454	519	327	608	638
甘肃省	576	512	658	577	497	600
内蒙古自治区	1458	1565	1197	1260	549	522
新疆维吾尔自治区	11	227	335	245	375	436
黑龙江省	596	777	693	558	400	416
吉林省	737	381	422	412	355	364
贵州省	0	32	177	126	195	364
上海市	770	1	2	1	0	0
北京市	91	0	0	0	0	0
海南省	601	0	176	0	0	0
西藏自治区	0	0	0	0	0	0
宁夏回族自治区	15	0	1	0	0	0

数据来源：2010 年到 2014 年的《中国统计年鉴》。

核 算 点 评

从平板玻璃生产的布局来看，第一梯队包括河北、广东、山东、湖北四省，平板玻璃产量都在8000万重量箱以上。第二梯队的产量在3000万到8000万之间，包括江苏、福建、四川、浙江、安徽、辽宁6个省。低于3000万重量箱的省市属于第三梯队。北京、上海等大城市以及西藏、宁夏、海南等边远地区几乎不生产平板玻璃。

河北历来是平板玻璃生产大省，老企业较多，随着平板玻璃生产技术改造，许多格法生产线需要逐步下马。河北的平板玻璃产量从2011年的16942万重量箱逐步下降为2013年的11836万重量箱。其中有大量陈旧、落后生产线被停工、拆除。即便如此，河北改造落后生产线的任务依然很重。与此同时，广东、山东、湖北、福建以及多数省市的平板玻璃产量都在节节攀升。大批新建的平板玻璃生产线采用比较先进的浮法生产线，技术改造的压力不大，这些省的统计数字并不包括那些需要逐步淘汰的落后产能。如果仅仅观察河北的平板玻璃企业，也许得到"产能过剩"的印象，如果把眼光投向全国，平板玻璃"产能过剩"的结论就显得有些苍白无力。

按照发改委文件的数据，2008年全国平板玻璃的产能利用率为88.3%。

据中国玻璃信息网统计，截至2013年10月11日，全国共有浮法玻璃生产线309条，产能总计达到10.59亿重量箱，实际产出8.84亿重量箱，产能利用率约为84.7%①。世界主要平板玻璃生产国家的产能利用率都在80%以下。

数据表明，全国玻璃行业的产能利用率相当好。不知道文件中所说"产能明显过剩"从何而来?

讨论平板玻璃产能是否过剩，绝对不能脱离市场需求。2013年，中国城镇人均住房面积仅有20平方米左右，离开世界上发达国家的平均值还有很长的距离②。美国、加拿大人均住房面积60多平方米，人口密度和中国相仿的荷兰、英国、日本的人均住房面积为40平方米。如果中国在2030年将城镇人均住房面积提高到30平方米，由于城镇化加速，尚需在现有居民住房的基础上翻一番。在2013年竣工的居民住房大约8万平方米，今后需要将居民住房竣工面积提高到10万平方米以上才有可能满足不断增长的城镇居民的需要。

为低收入家庭盖住房是今后的基建重点。只要廉租房建设大发展，平板玻璃的需求就跟着发展。现存的平板玻璃产能不仅没有过剩还会严重地供不应求。如果把眼光依然放在大城市的商品房上，完全不顾低收入家庭的住房需求，只要商品房卖不动，住房建设就会下滑，平板玻璃自然产能过剩。从总的形势来看，当前的平板玻璃产能并没有过剩。两种思路，两种结局，何去何从，现在到了选择的时候了。

---

① 有资料显示，全国平板玻璃在2012年的产能利用率为74.1%。显然，如果在统计产能上采用不同的标准，得到的结论也不同。关键在于，如果把那些需要淘汰的落后产能继续统计为企业的产能，势必大大降低产能利用率。

② 有关城镇居民住房面积请参阅《2013国民核算研究报告》，北京师范大学国民核算研究院。

专题二十四　原铝产能过剩[①]

子 目 录

表 24－1　全国原铝产量和增长速度 …………………………… (154)
表 24－2　中国原铝产量占世界份额 …………………………… (157)
表 24－3　中国和全球原铝增量 …………………………… (159)
表 24－4　中国原铝产量的赶超过程 …………………………… (160)
表 24－5　排名前 10 名的原铝生产国 …………………………… (162)
表 24－6　中国原铝进出口量 …………………………… (166)
表 24－7　人均 GDP 和原铝消费量 …………………………… (170)
表 24－8　世界主要发达经济体人均原铝消费出现拐点的相对经济发展水平 …………………………… (171)
表 24－9　原铝总产量预测 …………………………… (172)
表 24－10　排名前 20 名的各省原铝产量 …………………………… (173)
表 24－11　各省市人均发电量 …………………………… (176)
表 24－12　全球原铝库存 …………………………… (179)

图 24－1　1954—2013 全国原铝产量 …………………………… (156)
图 24－2　1954—2013 全国人均原铝产量 …………………………… (156)
图 24－3　中国铝业的赶超过程 …………………………… (162)
图 24－4　美国人均原铝消费量 …………………………… (168)
图 24－5　日本人均原铝消费量 …………………………… (168)
图 24－6　韩国人均原铝消费量 …………………………… (168)
图 24－7　原铝产量的冈波斯曲线 …………………………… (172)

① 本专题核算徐滇庆、杜立新，审核宋旭光。

表 24－1　全国原铝产量和增长速度　单位：万吨

年份	全国原铝产量	原铝净增量	原铝增长幅度（%）	人均原铝产量（公斤）
1954	0.2	0.15	78.95	0.0
1955	2.1	1.88	90.82	0.0
1956	2.2	0.08	3.72	0.0
1957	2.9	0.74	25.61	0.0
1958	4.8	1.88	39.41	0.1
1959	6.8	2.07	30.26	0.1
1960	11.4	4.57	40.05	0.2
1961	6.3	－5.11	－81.11	0.1
1962	7.4	1.11	14.98	0.1
1963	8.7	1.29	14.83	0.1
1964	10.4	1.65	15.94	0.1
1965	12.8	2.46	19.20	0.2
1966	16.5	3.73	22.55	0.2
1967	18.7	2.16	11.55	0.2
1968	12.1	－6.60	－54.55	0.2
1969	18.1	5.99	33.11	0.2
1970	23.2	5.12	22.06	0.3
1971	28.4	5.16	18.19	0.3
1972	28.3	－0.07	－0.25	0.3
1973	28.3	－0.03	－0.11	0.3
1974	21.2	－7.12	－33.66	0.2
1975	21.8	0.60	2.76	0.2
1976	21.3	－0.44	－2.06	0.2
1977	21.1	－0.19	－0.90	0.2
1978	29.6	8.49	28.67	0.3
1979	36.2	6.62	18.27	0.4
1980	39.6	3.37	8.51	0.4
1981	39.1	－0.55	－1.41	0.4
1982	39.6	0.59	1.49	0.4
1983	44.0	4.34	9.87	0.4
1984	47.2	3.22	6.82	0.5
1985	52.3	5.10	9.75	0.5

续表

年份	全国原铝产量	原铝净增量	原铝增长幅度（%）	人均原铝产量（公斤）
1986	55.5	3.24	5.83	0.5
1987	60.9	5.33	8.76	0.6
1988	71.2	10.34	14.52	0.6
1989	74.5	3.30	4.43	0.7
1990	84.7	10.20	12.04	0.7
1991	95.5	10.81	11.32	0.8
1992	109.1	13.58	12.45	0.9
1993	124.2	15.10	12.16	1.0
1994	146.2	22.02	15.06	1.2
1995	167.6	21.39	12.76	1.4
1996	177.1	9.49	5.36	1.4
1997	203.5	26.40	12.97	1.6
1998	233.6	30.10	12.89	1.9
1999	259.9	26.30	10.12	2.1
2000	279.4	19.51	6.98	2.2
2001	337.1	57.73	17.12	2.6
2002	432.1	94.99	21.98	3.4
2003	554.7	122.57	22.10	4.3
2004	669.0	114.30	17.09	5.1
2005	780.6	111.60	14.30	6.0
2006	935.8	155.23	16.59	7.1
2007	1234.0	298.17	24.16	9.3
2008	1317.7	83.66	6.35	9.9
2009	1296.5	-21.16	-1.63	9.7
2010	1577.1	280.60	17.79	11.8
2011	1767.9	190.80	10.79	13.1
2012	1985.8	217.90	10.97	14.7
2013	2205.9	220.05	11.08	16.2

资料来源：中国经济和社会发展数据库。2013 年数据来自《中国统计年鉴》。

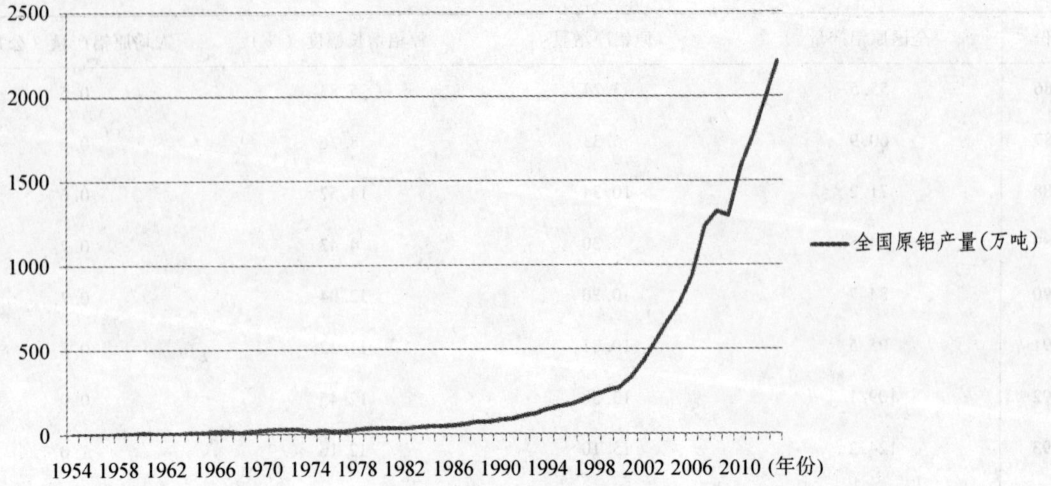

图 24－1　1954—2013 全国原铝产量

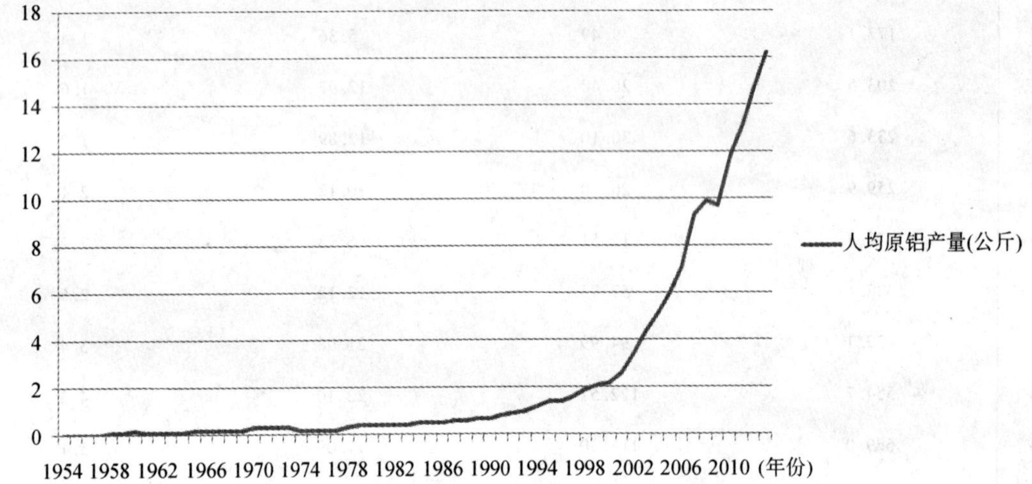

图 24－2　1954—2013 全国人均原铝产量

核　算　点　评

1979 年，全国原铝产量只有 36 万吨，人均原铝产量 0. 4 公斤，实在少得可怜。当时，很少有人料到，到了 2013 年，全国原铝产量发生翻天覆地的变化，总产量增长了 61. 25 倍，达到 2205. 9 万吨，人均原铝产量翻了 40. 5 倍，达到 16. 2 公斤。

表 24 - 2 **中国原铝产量占世界份额**

年份	全国原铝产量（万吨）	全球原铝产量（万吨）	中国所占份额（%）
1990	85	1930	4. 39
1991	96	1960	4. 87
1992	109	1950	5. 59
1993	124	1970	6. 30
1994	146	1920	7. 62
1995	168	1990	8. 42
1996	177	2080	8. 51
1997	204	2150	9. 47
1998	234	2250	10. 38
1999	260	2360	11. 01
2000	279	2440	11. 45
2001	337	2430	13. 87
2002	432	2600	16. 62
2003	555	2790	19. 88
2004	669	2990	22. 37
2005	781	3190	24. 47
2006	936	3390	27. 61
2007	1234	3800	32. 47
2008	1318	3960	33. 27
2009	1297	3690	35. 14
2010	1577	4120	38. 28
2011	1768	4440	39. 82
2012	1986	4580	43. 36
2013	2206	4760	46. 34

数据来源： http：//minerals. usgs. gov/minerals/pubs/commodity。

核算点评

在改革开放初期，中国原铝产量在全球的比重微乎其微。在世界各国铝业同行眼中，中国铝业无足轻重，不值一提。到了1990年，中国原铝产量只占全球产量的4.39%。可是，在近30年内，中国铝业突飞猛进，到了2013年，中国原铝产量占全球的46.34%，几乎占有全球的半壁江山。

表 24-3　中国和全球原铝增量　单位：万吨

年份	中国原铝总产量	中国原铝增量	世界原铝总产量	世界原铝增量
1991	96	11	1960	30
1992	109	14	1950	-10
1993	124	15	1970	20
1994	146	22	1920	-50
1995	168	21	1990	70
1996	177	9	2080	90
1997	204	26	2150	70
1998	234	30	2250	100
1999	260	26	2360	110
2000	279	20	2440	80
2001	337	58	2430	-10
2002	432	95	2600	170
2003	555	123	2790	190
2004	669	114	2990	200
2005	781	112	3190	200
2006	936	155	3390	200
2007	1234	298	3800	410
2008	1318	84	3960	160
2009	1297	-21	3690	-270
2010	1577	281	4120	430
2011	1768	191	4440	320
2012	1986	218	4580	140
2013	2206	220	4760	180

数据来源：http：//minerals. usgs. gov/minerals/pubs/commodity/aluminum/。

核　算　点　评

从原铝增量来看，2000 年以后，在许多年份中中国原铝占全球增量的一半以上。2012 年，中国原铝增量 218 万吨，全球原铝产量仅增加 140 万吨。也就是说，如果不计中国产量在内，其他国家的原铝产量非但没有增加反而减少了 78 万吨。2013 年，中国原铝增产 220 万吨，其他国家原铝产量下降了 40 万吨。在全球铝业一片萧条中，唯独中国的铝业生产一枝独秀。

表 24－4　　中国原铝产量的赶超过程　　单位：万吨

年份	中国	美国	英国	德国	日本
1953	0.0	113.6	2.9	9.7	4.1
1954	0.2	132.5	3.2	12.9	5.3
1955	2.1	142.0	2.5	13.7	5.8
1956	2.2	152.3	2.8	14.7	6.6
1957	2.9	149.5	3.0	15.4	6.8
1958	4.8	142.0	2.7	13.7	8.5
1959	6.8	177.3	2.5	15.1	10.0
1960	11.4	182.7	2.9	16.9	13.3
1961	6.3	172.7	3.3	17.3	15.4
1962	7.4	192.1	3.5	17.8	17.2
1963	8.7	209.8	3.1	20.9	22.4
1964	10.4	231.6	3.2	22.0	26.6
1965	12.8	249.8	3.6	23.4	29.4
1966	16.5	269.3	3.7	24.4	33.7
1967	18.7	296.6	3.9	25.3	38.2
1968	12.1	295.3	3.8	25.7	48.2
1969	18.1	344.1	3.4	26.3	56.9
1970	23.2	360.7	4.0	30.9	73.3
1971	28.4	356.1	11.9	42.8	89.3
1972	28.3	373.9	17.1	44.5	101.5
1973	28.3	410.9	25.2	53.2	110.3
1974	21.2	444.8	29.3	68.9	112.4
1975	21.8	351.9	30.8	67.8	101.6
1976	21.3	385.7	33.5	69.7	92.3
1977	21.1	411.8	35.0	74.2	119.3
1978	29.6	435.8	34.6	74.0	106.2
1979	36.2	455.7	36.0	74.1	101.4
1980	39.6	465.4	37.4	79.1	109.5
1981	39.1	448.9	33.9	72.9	77.7
1982	39.6	327.4	24.1	72.3	35.5
1983	44.0	335.3	25.3	74.3	25.9
1984	47.2	409.9	28.8	77.7	29.1

续表

年份	中国	美国	英国	德国	日本
1985	52. 3	350. 0	27. 5	74. 5	23. 2
1986	55. 5	303. 7	27. 6	76. 5	14. 8
1987	60. 9	334. 3	29. 4	79. 3	5. 3
1988	71. 2	394. 4	30. 0	75. 3	4. 9
1989	74. 5	403. 0	29. 8	73. 4	5. 1
1990	84. 7	404. 8	29. 0	71. 5	5. 0
1991	95. 5	412. 1	29. 4	69. 0	5. 2
1992	109. 1	404. 2	24. 4	60. 3	1. 9
1993	124. 2	369. 5	23. 9	55. 2	1. 8
1994	146. 2	329. 9	23. 1	50. 3	1. 7
1995	167. 6	337. 5	23. 8	57. 6	1. 8
1996	177. 1	357. 7	24. 0	57. 7	1. 7
1997	203. 5	360. 3	24. 8	57. 2	1. 7
1998	233. 6	371. 3	25. 8	61. 2	1. 6
1999	259. 9	377. 9	27. 0	63. 9	1. 1
2000	279. 4	366. 8	30. 5	64. 4	0. 7
2001	337. 1	263. 7	34. 1	51. 6	0. 7
2002	432. 1	270. 7	34. 4	65. 0	0. 6
2003	554. 7	270. 3	34. 3	66. 1	0. 6
2004	669. 0	251. 6	36. 0	66. 8	0. 6
2005	780. 6	248. 1	36. 9	53. 7	0. 7
2006	935. 8	228. 4	36. 0	51. 6	0. 7
2007	1234. 0	255. 4	36. 5	55. 1	0. 7
2008	1317. 7	265. 8	32. 6	60. 6	5. 9
2009	1296. 5	172. 7	25. 3	29. 2	3. 9
2010	1577. 1	172. 6	18. 6	40. 3	5. 4
2011	1767. 9	198. 6	21. 3	43. 3	4. 7
2012	1985. 8	207. 0	6. 0	41. 0	3. 1
2013	2205. 9	194. 6	4. 4	49. 2	3. 3

数据来源：http：//minerals. usgs. gov/minerals/pubs/commodity/aluminum/。

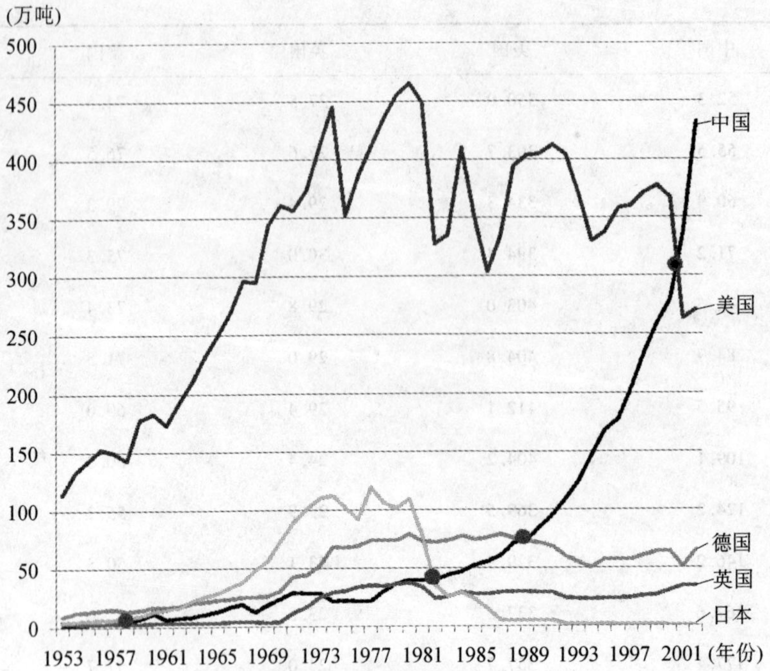

图 24－3　中国铝业的赶超过程

表 24－5　　排名前 10 名的原铝生产国　　单位：千吨

排名	1990 年		1991 年		1992 年		1993 年	
	国别	原铝产量	国别	原铝产量	国别	原铝产量	国别	原铝产量
1	美国	4030	美国	4121	美国	4042	美国	3695
2	俄罗斯	—	俄罗斯	—	俄罗斯	2700	俄罗斯	2820
3	加拿大	1567	加拿大	1822	加拿大	1972	加拿大	2309
4	澳大利亚	1234	澳大利亚	1228	澳大利亚	1194	澳大利亚	1306
5	巴西	931	巴西	1140	巴西	1193	中国	1255
6	中国	850	中国	963	中国	1096	巴西	1172
7	挪威	845	挪威	833	挪威	838	挪威	888
8	德国	740	德国	690	德国	603	委内瑞拉	568
9	委内瑞拉	590	委内瑞拉	601	委内瑞拉	508	德国	552
10	印度	433	印度	504	印度	499	印度	478

表 24－5 续表 1

排名	1994 年		1995 年		1996 年		1997 年	
	国别	原铝产量	国别	原铝产量	国别	原铝产量	国别	原铝产量
1	美国	3299	美国	3375	美国	3577	美国	3603
2	俄罗斯	2670	俄罗斯	2724	俄罗斯	2874	俄罗斯	2906
3	加拿大	2255	加拿大	2172	加拿大	2283	加拿大	2327
4	中国	1498	中国	1870	中国	1896	中国	2180
5	澳大利亚	1384	澳大利亚	1285	澳大利亚	1331	澳大利亚	1395
6	巴西	1185	巴西	1181	巴西	1197	巴西	1189
7	挪威	857	挪威	847	挪威	863	挪威	919
8	委内瑞拉	585	委内瑞拉	627	委内瑞拉	635	委内瑞拉	641
9	德国	503	德国	576	德国	577	德国	572
10	法国	482	印度	518	印度	516	印度	539

表 24－5 续表 2

排名	1998 年		1999 年		2000 年		2001 年	
	国别	原铝产量	国别	原铝产量	国别	原铝产量	国别	原铝产量
1	美国	3713	美国	3779	美国	3668	中国	3576
2	俄罗斯	3005	俄罗斯	3146	俄罗斯	3245	俄罗斯	3300
3	加拿大	2374	中国	2809	中国	2989	美国	2637
4	中国	2362	加拿大	2390	加拿大	2374	加拿大	2583
5	澳大利亚	1589	澳大利亚	1686	澳大利亚	1742	澳大利亚	1788
6	巴西	1209	巴西	1250	巴西	1271	巴西	1132
7	挪威	996	挪威	1020	挪威	1026	挪威	1068
8	德国	612	德国	634	印度	644	德国	652
9	委内瑞拉	584	印度	614	德国	644	印度	624
10	印度	542	委内瑞拉	567	委内瑞拉	569	委内瑞拉	572

表 24－5　　续表 3

排名	2002 年		2003 年		2004 年		2005 年	
	国别	原铝产量	国别	原铝产量	国别	原铝产量	国别	原铝产量
1	中国	4511	中国	5450	中国	6670	中国	7800
2	俄罗斯	3347	俄罗斯	3478	俄罗斯	3592	俄罗斯	3647
3	加拿大	2709	加拿大	2792	加拿大	2592	加拿大	2894
4	美国	2707	美国	2703	美国	2516	美国	2481
5	澳大利亚	1809	澳大利亚	1858	澳大利亚	1894	澳大利亚	1903
6	巴西	1318	巴西	1381	巴西	1457	巴西	1499
7	挪威	1095	挪威	1192	挪威	1322	挪威	1372
8	印度	671	印度	799	南非	863	印度	942
9	德国	650	南非	738	印度	862	南非	846
10	委内瑞拉	570	德国	661	阿联酋	683	巴林	751

表 24－5　　续表 4

排名	2006 年		2007 年		2008 年		2009 年	
	国别	原铝产量	国别	原铝产量	国别	原铝产量	国别	原铝产量
1	中国	9360	中国	12600	中国	13200	中国	12900
2	俄罗斯	3718	俄罗斯	3955	俄罗斯	4190	俄罗斯	3815
3	加拿大	3051	加拿大	3083	加拿大	3120	加拿大	3030
4	美国	2284	美国	2554	美国	2658	澳大利亚	1943
5	澳大利亚	1932	澳大利亚	1957	澳大利亚	1974	美国	1727
6	巴西	1605	巴西	1655	巴西	1661	印度	1598
7	挪威	1331	挪威	1357	挪威	1358	巴西	1536
8	印度	1105	印度	1222	印度	1308	挪威	1139
9	南非	895	南非	899	阿联酋	948	阿联酋	1010
10	巴林	872	阿联酋	890	巴林	872	巴林	848

表 24－5 续表 5

排名	2010 年		2011 年		2012 年	
	国别	原铝产量	国别	原铝产量	国别	原铝产量
1	中国	16200	中国	18100	中国	20300
2	俄罗斯	3947	俄罗斯	3993	俄罗斯	3924
3	加拿大	2963	加拿大	2988	加拿大	2781
4	澳大利亚	1928	美国	1986	美国	2070
5	美国	1726	澳大利亚	1945	澳大利亚	1864
6	印度	1607	阿联酋	1800	阿联酋	1820
7	巴西	1536	印度	1667	印度	1700
8	阿联酋	1400	巴西	1440	巴西	1436
9	挪威	1109	挪威	1122	挪威	1145
10	巴林	851	巴林	881	巴林	890

数据来源：http：//minerals. usgs. gov/minerals/pubs/commodity/aluminum/index. html#mcs。

核 算 点 评

20 世纪 50 年代初，中国原铝产量连美国、英国、德国、日本的一个零头都赶不上。改革开放之后，中国铝业开始了非常精彩的赶超过程。

1979 年，中国原铝产量（36.2 万吨）超过了英国（36 万吨），

1982 年，中国原铝产量（39.6 万吨）超过了日本（35.5 万吨），

1989 年，中国原铝产量（74.5 万吨）超过了德国（73.4 万吨），

2001 年，中国原铝产量（337.1 万吨）超过了美国（263.7 万吨）。

此后，中国原铝产量一直稳居世界第一，把竞争对手远远地抛在身后。2013 年，中国的原铝产量是美国的 11.3 倍，是德国的 44.8 倍，是英国的 501 倍，是日本的 668 倍。

从原铝产量排名榜来看，1990 年中国在世界各国中排名第 6。1993 年，中国超越巴西，位居第 5。1994 年中国超越澳大利亚，位居第 4。1999 年中国超越加拿大，成为世界第 4 原铝生产大国。2001 年，中国原铝产量超越了俄罗斯和美国，跃居世界第一。从那个时候起，中国原铝产量不断飙升。2013 年，中国原铝产量占据全球的一半，几乎等于其他所有国家原铝产量的总和。在人类历史上，还从来没有一个国家的原铝产量在世界上占比如此之高。

表 24－6　　中国原铝进出口量　　单位：万吨

年份	总产量	出口量	进口量	净出口量	出口占比（%）	进口占比（%）	净出口占比（%）
1992	109.1	19.8	4.8	15.0	18.1%	4.4%	13.7%
1993	124.2	13.4	5.8	7.6	10.8%	4.7%	6.1%
1994	146.2	12.9	12.2	0.7	8.8%	8.3%	0.5%
1995	167.6	31.0	15.8	15.2	18.5%	9.4%	9.0%
1996	177.1	29.4	7.2	22.2	16.6%	4.1%	12.5%
1997	203.5	23.0	16.4	6.6	11.3%	8.1%	3.2%
1998	233.6	20.3	23.8	-3.5	8.7%	10.2%	-1.5%
1999	259.9	38.1	10.0	28.1	14.6%	3.8%	10.8%
2000	279.4	61.5	8.1	53.4	22.0%	2.9%	19.1%
2001	337.1	22.6	29.5	-6.9	6.7%	8.7%	-2.0%
2002	432.1	27.1	62.0	-35.0	6.3%	14.4%	-8.1%
2003	554.7	54.5	103.2	-48.7	9.8%	18.6%	-8.8%
2004	669.0	69.8	140.5	-70.7	10.4%	21.0%	-10.6%
2005	780.6	42.7	113.6	-70.9	5.5%	14.6%	-9.1%
2006	935.8	29.0	83.8	-54.8	3.1%	9.0%	-5.9%
2007	1234.0	11.1	16.1	-4.9	0.9%	1.3%	-0.4%
2008	1317.7	12.2	11.0	1.2	0.9%	0.8%	0.1%
2009	1296.5	149.6	4.6	145.0	11.5%	0.4%	11.2%
2010	1577.1	23.0	19.4	3.6	1.5%	1.2%	0.2%
2011	1767.9	22.5	8.2	14.3	1.3%	0.5%	0.8%
2012	1985.8	51.8	12.6	39.3	2.6%	0.6%	2.0%
2013	2205.9	37.1	11.6	25.5	1.7%	0.5%	1.2%

数据来源：http：//minerals.usgs.gov/minerals/pubs/commodity/aluminum/。

核 算 点 评

20 世纪 90 年代，中国原铝出口量大于进口。净出口量占总产量的 10% 左右。2001—2008 年，中国国内市场对原铝的需求急剧上升，中国摇身变为原铝净进口国。进口原铝数量曾高达国内产量的 10% 左右。在国内市场需求的刺激下，原铝生产高速增长，增幅高达两位数。2007 年，原铝产量增加 298 万吨，增幅 24.16%。2010 年以后，每年原铝增量都在 200 万吨上下。虽然中国再次变为原铝的净出口国，不过，净出口的原铝数量还不到国内生产总量的 2%。

能不能扩大出口以化解原铝产能过剩的压力？这条路可能行不通。生产原铝需要消耗大量电能，由于中国人均拥有的能源低于其他工业国，能源储备比较紧张，在沿海许多地方供电压力很大，出口原铝不符合中国的资源禀赋和比较优势。因此，今后大量出口原铝的可能性并不大。

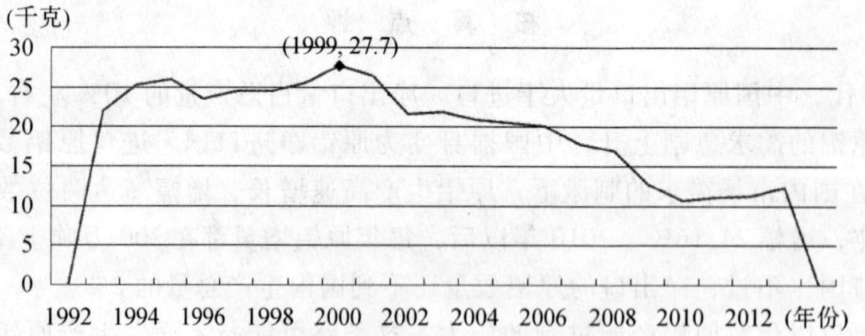

图 24－4　美国人均原铝消费量

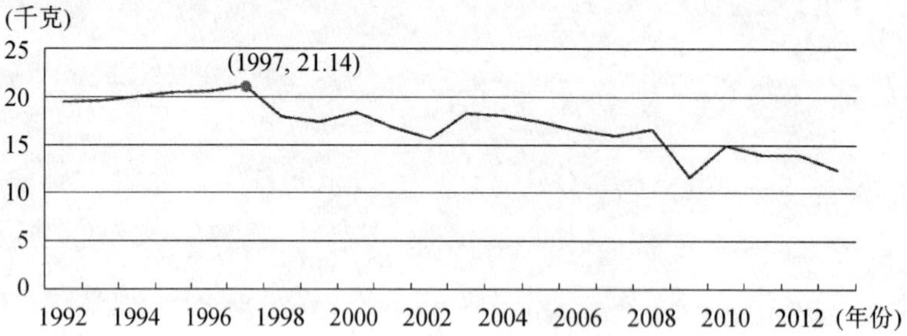

图 24－5　日本人均原铝消费量

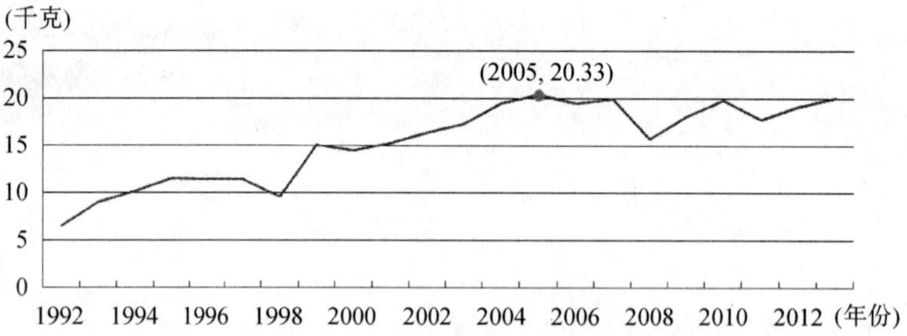

图 24－6　韩国人均原铝消费量

核 算 点 评

原铝被广泛地应用于机械制造、交通运输和住房建筑等领域。在经济发展的初期，随着制造业、建筑业的高速发展，原铝产业也随之增长，人均原铝产量不断上升。当经济发展到成熟期之后，制造业增速减缓，住房和基础建设逐渐趋于饱和，市场对原铝的需求自然而然从峰值下降。显然，并不是人均 GDP 越高，人均原铝消费量就越高。发达国家的人均原铝消费量呈现非常清楚的倒 U 型曲线。

美国的人均原铝产量在 1999 年达到峰值，人均原铝 27.8 公斤，随后逐年减少，2013 年减少为 14.3 公斤。英国人均原铝产量在 1993 年达到峰值 14.1 公斤，随之逐年减少。日本人均原铝产量在 1997 年达到峰值，21.14 公斤，随后逐年减少，2013 年人均原铝 12.4 公斤。韩国在 2005 年达到峰值，人均原铝产量为 20.33 公斤，近年来，人均原铝产量略有降低，2013 年韩国人均原铝产量 19.97 公斤。

迄今为止，中国的人均原铝产量一直呈现上升态势。在 2013 年人均原铝产量 16.4 公斤。虽说中国人均原铝产量已经超过了美国、英国、德国和日本，但是尚未超过这些工业国家历史峰值。和美国 1999 年人均原铝产量（27.7 公斤）和韩国 2005 年人均原铝产量（20.33 公斤）相比还有一段距离。从历史数据的变化趋势来看，似乎还看不出中国人均原铝产量已经接近峰值的征兆。

表 24 - 7　　人均 GDP 和原铝消费量　　单位：美元，千克

年份	中国		美国		日本		韩国	
	人均GDP	人均原铝消费量	人均GDP	人均原铝消费量	人均GDP	人均原铝消费量	人均GDP	人均原铝消费量
1992	362.8	1.1	25493.0	22.0	31013.6	19.52	8140.2	6.53
1993	373.8	1.1	26464.8	25.2	35451.3	19.65	8869.0	9.03
1994	469.2	1.2	27776.8	26.0	38814.9	20.04	10275.3	10.15
1995	604.2	1.5	28782.3	23.5	42522.1	20.46	12403.9	11.56
1996	703.1	1.6	30068.2	24.4	37421.7	20.60	13254.6	11.36
1997	774.5	1.7	31572.6	24.4	34294.9	21.14	12196.8	11.39
1998	820.9	1.8	32949.3	25.5	30967.3	17.97	8133.7	9.55
1999	864.7	2.3	34620.8	27.7	34998.8	17.43	10432.2	15.09
2000	949.2	2.6	36449.9	26.4	37291.7	18.37	11947.6	14.45
2001	1041.6	2.6	37273.5	21.6	32716.4	16.84	11255.9	15.22
2002	1135.4	3.1	38166.0	21.8	31235.6	15.71	12788.6	16.36
2003	1273.6	3.9	39677.3	20.9	33690.9	18.25	14219.2	17.31
2004	1490.4	4.6	41921.7	20.5	36441.5	18.06	15921.9	19.38
2005	1731.1	5.4	44307.8	20.1	35781.2	17.40	18657.5	20.33
2006	2069.3	6.7	46437.1	17.8	34102.1	16.54	20917.0	19.40
2007	2651.3	9.3	48061.4	17.0	34095.0	16.06	23101.4	19.88
2008	3413.6	9.9	48401.5	12.8	37972.1	16.71	20474.8	15.71
2009	3748.5	10.8	47001.4	10.7	39473.4	11.64	18338.7	18.04
2010	4433.3	11.8	48377.4	11.1	43117.8	14.93	22151.2	19.80
2011	5447.3	13.2	49803.5	11.3	46203.7	13.98	24155.8	17.72
2012	6092.8	15.0	51495.9	12.4	46679.3	13.97	24454.0	19.07
2013	6807.4	16.4	53042.0	—	38633.7	12.40	25977.0	19.97

资料来源：世界银行数据库，http：//minerals. usgs. gov/minerals/pubs/commodity/aluminum/。

表 24-8　　世界主要发达经济体人均原铝消费出现拐点的相对经济发展水平

	人均原铝消费量峰值（千克/人）	人均 GDP 水平（万美元）	峰值时间
美国	27.80	34620.8	1999 年
英国	14.10	18072.9	1993 年
德国	17.07	30318.5	2003 年
日本	21.77	34294.9	1997 年
韩国	20.33	18657.5	2005 年

数据来源：根据世界银行数据库和 http：//minerals.usgs.gov/minerals/pubs/commodity/aluminum/整理。

核 算 点 评

几乎所有的发达国家的人均原铝产量达到峰值时，人均 GDP 都超过了 20000 美元。换言之，在人均 GDP 达到 20000 美元之前，不可能达到人均原铝产量倒 U 型曲线的顶峰。在没有达到拐点之前，即使人口总数不变，原铝总产量也必定保持上升态势。有些研究预计中国在 2018 年前后人均 GDP 可能达到 10000 美元（汇率法），考虑到通货膨胀的因素，届时 10000 美元的购买力远不及当年各个工业国家人均 GDP 达到 10000 美元时的购买力。由于各国人均 GDP 达到 20000 美元的时间不同，相对应的美元的购买力不同，横向比较的意义不大。即便如此，可以大致判断，在 2018 年之前，中国人均原铝产量出现峰值的可能性不大。由于中国人口总数还在上升，因此，原铝总产量必定还处于上升态势。

表 24－9　　　　　　　　　　　　原铝总产量预测

年份	总人口（万人）	人均原铝产量（千克/人）	原铝总产量（万吨）
2013	136072	16.82	2288.53
2014	136752	18.12	2478.61
2015	137431	18.90	2597.18
2016	138113	19.41	2681.24
2017	138799	19.72	2736.76
2018	139488	19.88	2772.88
2019	140181	19.95	2797.24
2020	140877	19.99	2815.47
2021	141572	20.00	2830.87

数据来源：2014 年以前数据出自 IMF 数据库，2020 和 2021 年人口根据前三年移动平均增长率计算。

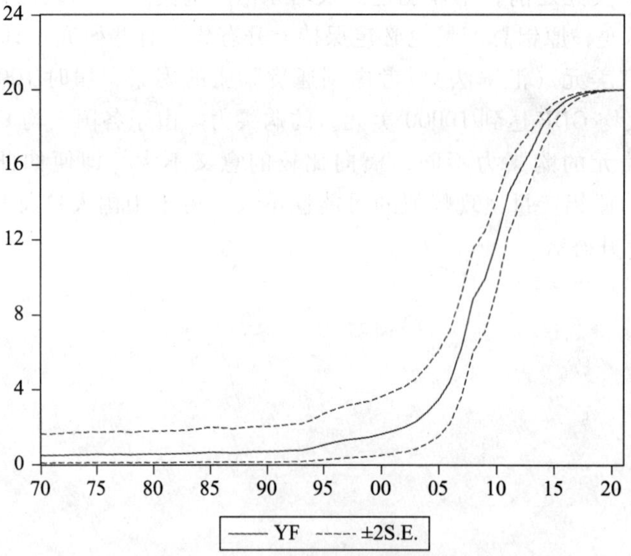

图 24－7　原铝产量的冈波斯曲线

核　算　点　评

因为中国人口总数还在继续上升，大概到 2024 年才达到峰值，因此，在人均原铝消费量趋于 20 公斤的假设下，从总量来说，中国原铝产量继续保持上升态势，从 2013 年的 2288 万吨上升到 2021 年的 2830 万吨。增产空间在 542 万吨左右。有些人认为中国原铝产能已经严重过剩，其根据不足。

表 24－10　　排名前 20 名的各省原铝产量　　单位：万吨

排名	2007 年		2008 年		2009 年		2010 年	
	省份	产量	省份	产量	省份	产量	省份	产量
1	河南	301.0	河南	327.5	河南	317.7	河南	365.5
2	山东	139.7	山东	148.4	山东	149.5	山东	163.9
3	山西	105.9	内蒙	127.3	内蒙	128.1	内蒙	148.7
4	内蒙	103.5	青海	102.4	甘肃	94.8	青海	146.8
5	青海	94.7	山西	97.3	青海	91.0	甘肃	108.4
6	贵州	75.1	甘肃	95.8	贵州	80.3	宁夏	91.5
7	甘肃	74.4	宁夏	60.4	山西	76.4	贵州	88.8
8	宁夏	60.0	贵州	58.1	宁夏	65.6	山西	80.6
9	云南	54.3	云南	53.1	云南	60.8	云南	67.6
10	四川	46.7	广西	49.8	广西	52.9	广西	66.7
11	湖北	40.1	四川	48.7	四川	44.8	四川	58.4
12	广西	31.8	湖北	40.9	陕西	29.5	湖北	40.1
13	陕西	20.1	湖南	28.5	湖北	28.2	陕西	29.5
14	湖南	18.2	陕西	26.5	湖南	18.8	湖南	28.5
15	辽宁	12.8	重庆	12.7	重庆	18.2	辽宁	20.6
16	重庆	12.2	辽宁	10.8	江苏	10.7	重庆	16.0
17	江苏	9.8	江苏	10.0	浙江	10.1	浙江	15.0
18	浙江	9.8	福建	7.6	辽宁	7.6	江苏	10.9
19	福建	7.5	浙江	6.1	福建	7.5	福建	10.6
20	新疆	5.4	新疆	5.4	新疆	5.4	新疆	6.6

数据来源： http：//www.chyxx.com/data/yousejinshu/。

表 24-10 续表 1

排名	2011 年		2012 年		2013 年		2014 年	
	省份	产量	省份	产量	省份	产量	省份	产量
1	河南	388.4	河南	368.8	河南	332.5	新疆	430.4
2	山东	191.0	青海	203.2	新疆	246.3	河南	339.4
3	青海	169.2	山东	196.9	青海	223.6	内蒙	238.7
4	内蒙	165.7	内蒙	179.4	山东	209.2	山东	234.9
5	宁夏	118.4	甘肃	176.0	内蒙	208.8	青海	231.4
6	甘肃	109.9	宁夏	152.4	甘肃	200.5	甘肃	219.5
7	山西	104.7	山西	105.6	宁夏	149.8	宁夏	140.0
8	云南	88.3	贵州	104.3	贵州	112.3	云南	97.6
9	贵州	87.7	新疆	93.2	山西	104.2	山西	83.7
10	广西	63.1	云南	89.5	云南	93.7	贵州	69.2
11	四川	58.0	广西	65.6	广西	65.9	陕西	63.5
12	湖北	35.5	四川	62.1	四川	63.1	重庆	63.0
13	陕西	31.3	湖南	33.6	陕西	44.4	广西	52.3
14	湖南	29.9	陕西	29.9	湖南	33.0	四川	48.0
15	新疆	29.4	湖北	28.6	辽宁	32.4	湖南	32.8
16	重庆	22.8	重庆	26.8	重庆	31.5	辽宁	26.5
17	辽宁	21.2	辽宁	26.3	湖北	23.1	湖北	19.9
18	浙江	15.3	浙江	15.3	福建	14.9	福建	14.4
19	福建	14.7	福建	15.0	浙江	7.7	河北	1.6
20	江苏	11.0	江苏	11.3	江苏	5.7	浙江	0.6

数据来源：http：//www.chyxx.com/data/yousejinshu/。

核 算 点 评

自从1998年中央提出西部大开发的号召以来，原铝产业的重心大幅度向西部转移，也许是西部大开发见效最为显著的一个行业。为什么其他行业向西部的转移远远不如原铝行业？道理很简单，原铝生产耗电量很大，而长途输送电力的成本较高，把原铝生产企业布置在电能充沛的地方，在水电站和坑口电站附近就近建设原铝企业，有利于节能减排，也有利于保护生态环境。

河南、山东是传统的原铝生产大省。2011年以前，河南和山东稳坐全国原铝生产的前两把交椅。2007年，新疆勉强进入了全国前20名，原铝产量仅仅是河南的1.7%，是山东的3.86%。可是，新疆原铝产量在全国各省的排名次不断上升，2013年，新疆的原铝产量超越了山东，位居全国第二。2014年，新疆成为全国原铝生产冠军。青海、内蒙、甘肃、宁夏、贵州等西部省的排名次也越来越高。山东从第二位退到第4位，在排名榜上的位置还在继续后退。显然，全国原铝产业的空间布局正在发生着巨大的变化。

有人认为，原铝企业利润率下跌是产能过剩的证据之一。只知其一不知其二。

能不能从原铝企业的利润率来判断产能过剩？或者说，原铝行业利润率下降是否意味着产能过剩？如此判断，不够严谨。产能过剩意味着一部分设备处于闲置状态，企业成本增加，必然导致利润下降。可是，反过来说却不一定成立。企业利润下降，甚至亏损，原因很多，不一定意味着产能过剩。

首先，2006年和2007年原铝生产企业的销售利润率曾经高达14.5%。那个时候正是有关部门大力整顿原铝产能过剩的时期。高回报率刺激了投资，西部许多地方纷纷新建铝厂。

其次，河南是原铝生产大省，2012年仅存的12家河南原铝企业中，没有一家盈利，其中有3家企业关门停业。许多人大喊产能过剩，强烈要求政府出面严格控制新建铝厂的审批。似乎只要减少新建的铝厂数目就可以让那些传统铝厂生存下去。近几年来，当河南、山东的原铝企业利润下降、陷入困境的时候，西部新建的原铝企业利润率依然相当高。其原因在于东部和西部原铝企业的成本大不相同。在山东、河南等地，人口密集，工业发达，供电偏紧。电力部门不得不实行电费差价，如果用电超过一定额度，收取较高的电费。电费是原铝企业生产成本的大头，只要电价增加1分钱，1吨原铝的成本就上升140元。东部地区的铝厂，如果不能自行发电，基本上都亏损。西部电力资源比较充沛，电费较低。如果能够建立坑口电厂或水电站自行发电，铝厂就可以大幅度降低生产成本。河南、山东铝厂的利润率很低，甚至全面亏损，不等于西部的铝厂亏损。恰恰相反，在西部大开发的政策鼓励下，当地民众利用充沛的水电和坑口电站资源，显著地降低了生产成本，取得很高的利润率。如果只看平均数，原铝行业的利润率一片黯淡，如果分开各个地区来看，西部地区铝厂的利润率一片光明。

表 24 - 11 **各省市人均发电量** 单位：千瓦小时

省份	2009 年	2010 年	2011 年	2012 年	2013 年
宁夏	7663	9276	14700	15605	16430
内蒙古	9154	10048	11978	12740	13915
青海	6481	8384	8154	10196	9787
山西	5468	6018	6524	7050	7173
新疆	2646	3109	3962	5540	6385
江苏	3821	4269	4763	5052	5402
浙江	4266	4715	5084	5127	5245
贵州	3902	3984	3976	4643	4626
甘肃	2755	3094	4009	4278	4422
福建	3194	3673	4249	4329	4354
天津	3388	4535	4583	4173	4240
云南	2568	2966	3358	3776	4170
上海	3543	4094	4044	3723	3973
陕西	2413	2978	3266	3575	3967
湖北	3178	3626	3623	3873	3654
山东	3032	3224	3288	3316	3596
广东	2723	2970	3620	3553	3567
辽宁	2678	2960	3126	3283	3453
河北	2508	2770	3214	3309	3392
安徽	2168	2456	2740	2958	3248
河南	2180	2319	2753	2810	3031
四川	1794	2093	2460	2663	3020

续表

省份	2009 年	2010 年	2011 年	2012 年	2013 年
吉林	1996	2202	2582	2515	2731
广西	1944	2254	2237	2533	2541
海南	1448	1717	1972	2238	2404
黑龙江	1913	2064	2177	2215	2155
重庆	1498	1583	1994	2029	1965
湖南	1605	1806	2042	2106	1909
江西	1120	1383	1626	1617	1743
北京	1328	1376	1303	1406	1587
西藏	608	805	897	852	705

数据来源：根据经济与社会发展数据库中发电量和各省市人口数据计算得到。

核 算 点 评

我国东部沿海地区人口密度很大，工业发达，尽管发电量很大，人均发电量并不高，经常供电能力不足。可是西部地区能源开发潜力很大，在近年来，在西部大开发的政策指导下，西部地区的发电能力迅速增加。例如，以 2000 年为基准，全国人均发电量增加了 3.44 倍。同期之内，内蒙的人均发电量增加了 6.76 倍，宁夏的人均发电量增加了 6.28 倍，新疆增加了 5.29 倍。由于当地人口密度低，工业基础相对薄弱，在局部地区发电能力过剩。

从各省市人均发电量数据可见，2013 年，宁夏人均发电量为 16430 千瓦小时，内蒙为 13915 千瓦小时，青海为 6797 千瓦小时，新疆为 6385 千瓦小时。相比之下，原铝生产大省河南的人均发电量只有 3031 千瓦小时，山东为 3596 千瓦小时。宁夏的人均发电量是河南的 5.4 倍，是山东的 4.6 倍。人均电能资源分布极为不均衡。当山东和河南闹电荒的时候，宁夏、内蒙和新疆等地发的电可能还用不了。

开发电力资源受到资源禀赋的约束。西南地区水电资源丰富，内蒙、山西、宁夏等地区的煤炭资源非常丰富，有了水电和火电的资源，就有可能发展原铝生产。因此，原铝产业的空间布局必然会向西部转移。资源禀赋的空间配置是不能改变的。为什么不把过剩的电能用来冶炼电解铝？原铝生产重心的转移符合经济规律，是不可阻挡的历史趋势。可以说，原铝产能过剩属于产业生产重心转移过程中必然现象。

原铝行业的产能过剩和其他行业并不一样。原铝的产能过剩属于局部产能过剩。从总体上来讲，原铝产能并不过剩。但在东部地区，受到电力供应的制约，原铝产能过剩。如果继续在这些地区投资建设新的铝厂无疑就是过度投资。过度投资必然导致产能过剩。如果东部地区的铝厂因为利润率太低，承受不起亏损，那就关门吧。由于西部的电价低廉，投资铝厂有利可图，新的铝厂不断建成投产，那就放手让他们发展。尊重市场规律比什么都重要。

原铝生产中心正在从传统的河南、山东向西部转移。这不仅符合西部大开发的战略部署，也能更有效地利用稀缺资源，提高能源利用效率。切切不可看到东部某些省份出现的原铝产能过剩就惊慌失措，采取一刀切的行政命令，阻碍西部新兴的原铝生产基地的发展。

当然，东部现有的电解铝厂下马，会给当地带来就业和税收等多方面的压力，需要政府在政策上给予扶持，通过调整税负、转移支付等手段帮助这些地方加快完成原铝产业的战略转移。

表 24-12 **全球原铝库存** 单位：万吨

年份	非洲	北美	南美	亚洲	欧洲	大洋洲	合计
2007	119	787	229	339	1243	131	2848
2008	98	668	237	394	1442	120	2959
2009	79	522	178	336	1004	108	2227
2010	137	544	178	423	1153	80	2515
2011	138	631	218	450	1118	92	2647
2012	—	—	—	—	—	—	—
2013	84	724	242	567	821	81	2519
期间变化率（%）	-29.4	-8.0	5.7	67.3	-34.0	-38.2	-11.6

数据来源：中铝网，“原铝库存统计”，2014 年 11 月 27 日。2012 年数据暂缺。

核 算 点 评

原铝用途广泛，化学性质稳定，便于储存，能够回收再生利用，因此，各工业大国都把原铝作为战略储备物资，保持较高的库存量。2008 年，金融危机爆发之后，全球经济不景气，原铝库存量略有下降。全球原铝库存总量从 2007 年的 2848 万吨下降为 2013 年的 2647 万吨，下降 7.1%。

如果分地区观察原铝库存，有的地区下降，而另外一些地区上升。非洲原铝库存下降 29.4%，欧洲下降 34%，北美下降 8%。与此同时，南美上升 5.7%，亚洲上升 67.3%。亚洲原铝库存量大幅度上升，恰恰反映了亚洲经济正在迅速崛起，对原铝的需求逐步增加。原铝库存正在由北美、欧洲向亚洲转移。

2013 年，全国纳入统计的库存原铝约 130 万吨，全社会原铝库存估计在 200 万吨左右。中国原铝库存占年产量 2206 万吨的 10% 左右，占全球原铝库存量的比重还不到 10%。无论从哪个角度来看，中国的原铝库存量并不算高。

近年来，中国的原铝库存量不断增加，除了满足市场需求之外，原铝库存还有更重要的能源战略储备作用。

众所周知，经济建设和民众生活须臾离不开能源。中国人均能源占有量偏低，能源危机始终是悬在头上的一把达摩克利斯之剑。近年来，中国大力拓展海外的能源供给基地，取得了很大的成绩，但是，为了防范能源危机，一方面不能过度依靠海外的能源供应；另一方面必须建立有效的能源储备机制。

无论居民生活还是各项工业生产都离不开电能。我国发电主要靠火电和水电。2013 年的发电量中，火电站 78.2%，水电占 16.94%，核电占 2.05%，风电占 2.59%。新型能源所占的比例不大。火力发电是主力，燃油电站很少，主要靠煤炭。煤炭资源的地理分布很不均衡，主要集中在西部地区，特别是在山西、宁夏、甘肃、内蒙等地有很丰富的煤炭资源。水力发电产能的分布也不均衡。在西南地区水电资源非常丰富，东部沿海的大型水电站很少。

众所周知，储存能源的难度很大。储存煤炭和原油不仅要解决一系列技术问题其成本也比较高。储存电能的主要方法是通过蓄电池将电能转化为化学能，在使用的时候再逆向转化回来。由于蓄电池容量有限，转换效率不高，设备成本很高。为什么不换个思路，与其储备煤炭、石油还不如储备原铝。生产电解铝耗电甚多。在原铝的生产成本中电费的比重超过48%。可以说，原铝就是被固化的电能。大幅度增加原铝库存就是建立战略能源储备的一个有效措施。在某种意义上来说，储备原铝就是储备能源。和水泥、钢材、木材相比，铝锭的价值较高，抗腐蚀能力强，既不生锈也没有自燃、挥发的危险。库存非常安全、简单，想放多久就放多久。2014年，全国库存原铝大约200万吨铝，相当于储备了1120万吨的煤，或者780万吨原油。黄金储备是金融系统的稳定器，原铝在很大程度上可以成为能源战略储存系统的稳定器。

此外，各个季度的降雨量并不均衡。雨季丰水，旱季缺水。在丰水季节，发电产能很高，可是发出电来用不掉。为了安全起见，许多电站只好泄洪，把水库蓄水白白放掉。事实上，可以通过生产电解铝来熨平水力发电产能波动，在雨季多发电，多生产原铝。将水能转换为电能，再转换为原铝，储存起来。

在建立能源战略储备体系的时候，不能完全依靠市场机制。显然，如果在雨季大幅度增加原铝产出，很可能在短时间内导致供大于求，原铝价格下跌，生产企业利润下降甚至出现亏损。因此，需要政府出面，专项收购原铝，纳入战略储备，熨平原铝价格波动。

随着科学技术进步，原铝的用途越来越宽。

第一，铝合金门窗。长期以来，铝制品被广泛地使用于航空、造船、汽车、机械制造等行业。近年来，随着人民生活水平不断提高，在建筑业中大量采用铝制门窗。铝制门窗重量轻、耐腐蚀、具有良好的隔音隔热功能，逐步取代了传统的木质门窗。

可以预料，如果能够把经济发展的突破口放在给低收入家庭修建廉租房上，中国的建筑业在未来五年将有一个很大的发展。每年的房屋竣工面积将从2013年的38亿平方米增加到43亿平方米以上。其中，住宅竣工面积将从2013年的25.9亿平方米增加到30亿平方米以上。毫无疑问，绝大部分廉租房将采用铝制门窗。中国对原铝的需求将出现一个新的高峰。原铝产能非但不过剩，还可能严重不足。

第二，铝合金挂车。除了建筑业大量采用铝制门窗之外，运输车辆使用的铝制品也越来越多。且不说应用在各类汽车和货车上铝制部件，仅以货车拖拉的载重挂车为例。2013年，全国民用载重汽车2010万辆，挂车保有量约300万辆。虽然载重挂车数量不多，但其燃油消耗量却占汽车燃油总消耗量的25%以上。为例实现节能减排，必须降低载重挂车重量。世界上许多发达国家中铝制挂车占比已经高达70%。可是，在中国铝制挂车还刚刚问世。别看铝制挂车造价较高，却远比钢木结构的挂车经久耐用，而且最大的优点是体重轻，可以显著地节能减排。譬如，普通挂车可载100吨货物，全铝挂车由于自重轻，可载重110吨。在不超载，并且不增加油耗和排放的情况下，提高了运输效率。如果将我国现有300万辆载重挂车当中的70%改为铝制挂车，1年可以减少燃油消耗766万吨，减少二氧化碳排放2200万吨①。

第三，原铝储备。如果国家把原铝储备当作能源战略储备的一个重要组成部分，有可能在未来几年内每年增加100万吨原铝库存。今后，一旦出现能源危机，就可以从容不迫地调整原铝产业用电，放在国库里的铝锭就能够起到保护能源市场的稳定器作用。

在实现原铝市场供求均衡的前提下，需要在西部增加原铝产能300万吨。让那些坑口电站就地利用质量较差的煤炭发电、炼铝，让西部水电站在丰水季节多发电，多炼铝。原铝产业任重而道远，期待着原铝行业在生产重心实现地域战略转移的同时出现另一次跨越式大发展。

---

① 参见中铝网，文献军："电解铝产能过剩现状及应对策略"。

专题二十五　造船产能过剩[①]

子　目　录

表 25－1　中国造船数量和载重吨位 ………………………………………………（182）
表 25－2　三大造船国比较（2013 年） ………………………………………（182）
表 25－3　中国造船业对外依存度 …………………………………………………（184）
表 25－4　世界货物进出口 ……………………………………………………………（185）
表 25－5　全球造船业三大指标 ……………………………………………………（187）
表 25－6　2013 年船厂接单情况 …………………………………………………（190）
表 25－7　世界各国（地区）造船完工量 ………………………………………（190）

① 本专题核算徐滇庆、蔡小芳，审核宋旭光。

表 25 - 1　　中国造船数量和载重吨位

年份	造船数量（艘）	艘数增长率	载重吨位（万吨）	载重吨位增长率
2005	1979	—	1356.4	—
2006	2034	2.8%	1587.0	17.0%
2007	1943	-4.5%	2163.8	36.3%
2008	2385	22.7%	3040.6	40.5%
2009	2525	5.9%	4307.3	41.7%
2010	3338	32.2%	6756.6	56.9%
2011	3401	1.9%	7696.1	13.9%
2012	2672	-21.4%	6021.2	-21.8%
2013	2119	-20.7%	4534.0	-24.7%

数据来源：《中国船舶工业统计年鉴》，2006—2014 年。《2013 年中国船舶工业年鉴》，第 187 页，《2014 年中国船舶工业年鉴》，第 191 页。

表 25 - 2　　三大造船国比较（2013 年）

		世界	中国	韩国	日本
完工量	载重吨（百万吨）	107.57	43.35	33.36	24.68
	占比（%）	100	40.3	31	22.9
新接订单量	载重吨（百万吨）	144.77	68.94	44.19	22.60
	占比（%）	100	47.6	30.5	15.6
手持订单量	载重吨（百万吨）	284.30	130.10	76.41	54.43
	占比（%）	100	45.8	26.9	19.1

数据来源：Clarkson Research Service，2014。

核 算 点 评

改革开放以后，中国造船业日新月异。中国的造船产量在超英赶美之后，1995 年超过德国，占世界市场份额超过 5%，成为居韩国和日本之后的第三造船大国。2003 年，中国造船完工量占全球比例 10%，新接订单占 16%，手持订单 15%。2003 年、2004 年和 2005 年每年的民用机动运输船舶载重吨位增长率都超过 20%。

2005 年，全国造船突破 1200 万载重吨。国内最大的造船基地江南长兴造船基地正式开工，同时在环渤海地区形成 400 万吨的造船能力。该年实际造船能力已经达到 1356 万吨。

2006 年以后，中国造船业继续以超常规的速度发展。中国造船总吨位在 2007 年突破 2000 万吨。

2008 年，中国造船完工量达到 2881 万载重吨，占世界造船完工量的 29.5%；新接订单 5818 万吨，占世界市场份额 37.7%；手持船舶订单超过两亿吨，占世界市场份额 35.5%①。中国在造船完工量、新船承接订单和手持订单均超过日本，跃居世界第二位。

2009 年上半年，中国造船厂新船订单量突破 4000 万吨，超越韩国，成为全球第一。

2010 年，中国造船业连上两个台阶，完工船舶载重吨位突破 6000 万吨，增长率高达 56.9%，创历史最高纪录。完工船舶载重吨位占全球 41.9%，新接订单占 48.5%，手持订单 40.8%。增长速度之快令世人瞠目结舌。在 2011 年完工船舶载重吨位已经达到 7696 万吨，超过了日本、韩国，登上了世界第一的位置。

① 在 2008 年以前，造船完工的总数和吨位都在持续增加。吨位增长率高于艘数，说明造的船越来越大。

表 25－3　　中国造船业对外依存度

年份	中国造船总产量（万载重吨）	出口量（万载重吨）	造船出口量占总产量比重
2001	390	305.7	78.4%
2002	417	332.2	79.6%
2003	641	411.7	64.2%
2004	880	560.5	63.7%
2005	1310	768.5	58.7%
2006	1587	1186.9	74.8%
2007	2164	1550.4	71.6%
2008	3041	2125.4	69.9%
2009	4243	3203.7	75.5%
2010	6560	5373.9	81.9%
2011	7665	6181.7	80.6%
2012	6021	—	—
2013	4534	3678.4	81.1%

数据来源：中国船舶工业行业协会、《2014 年中国船舶工业年鉴》。

核 算 点 评

航运市场需求是决定造船业景气的决定性因素。内河船舶的数量虽然很多，但是载重吨位较小。现代海运船舶动辄几万吨、十几万吨，甚至几十万吨。海运船舶和内河船舶的吨位不可同日而语。海运船舶占有了造船业的主要部分。海运船舶大部分用于出口。中国造船业的对外依存度一直在 80% 上下。换言之，80% 左右的新船是给外国海运公司造的。如果国际海运市场萧条，势必对中国造船行业产生很大的冲击。

表 25－4　　世界货物进出口　　单位：亿美元

年份	出口	出口变化率	进口	进口变化率
1991	35150	1.9%	36320	2.3%
1992	37660	7.1%	38810	6.9%
1993	37820	0.4%	38750	－0.2%
1994	43260	14.4%	44280	14.3%
1995	51640	19.4%	52830	19.3%
1996	54030	4.6%	55440	4.9%
1997	55910	3.5%	57370	3.5%
1998	55010	－1.6%	56810	－1.0%
1999	57120	3.8%	59210	4.2%
2000	64560	13.0%	67240	13.6%
2001	61910	－4.1%	64830	－3.6%
2002	64920	4.9%	67420	4.0%
2003	75860	16.9%	78670	16.7%
2004	92180	21.5%	95680	21.6%
2005	104950	13.9%	108600	13.5%
2006	121200	15.5%	124440	14.6%
2007	140120	15.6%	143110	15.0%
2008	161400	15.2%	165410	15.6%
2009	125420	－22.3%	127360	－23.0%
2010	152740	21.8%	154640	21.4%
2011	182550	19.5%	184380	19.2%

数据来源：《2013 年国际统计年鉴》，第 313 页。

核 算 点 评

造船业的景气随着国际经济周期变化，在经济衰退期出现造船业产能过剩势所难免。由于造船产能对于市场变化有一个明显的时间滞后，要求造船业对于市场的周期波动具有较强的前瞻能力，根据市场需求的波动适时调整投资。如果能够提前预测到经济周期的衰退期，在此之前，就理应适度收缩对造船企业的投资，千万不能在经济衰退期继续扩大造船业投资，否则，很容易导致严重产能过剩。2008 年以后，受到美国和欧洲金融危机的冲击，国际贸易额急剧下降，2009 年下降 22.3%。在这种情况下，造船业也应当适度收缩，减少投资。可是，中国却在大投资的旗号下大力扩充造船产能，犯了战略性错误。木匠做枷，自作自受。

表 25－5　　全球造船业三大指标　　单位：万载重吨

年份	造船完工量	新船订单	手持订单	新船订单和完工量之差	手持订单增长率
2004	6021	10253	21945	4232	—
2005	7129	7287	22017	158	0.3%
2006	7548	18110	34600	10562	57.2%
2007	8060	27050	53000	18990	53.2%
2008	9130	16500	59700	7370	12.6%
2009	11640	4110	51800	－7530	－13.2%
2010	15060	13050	47800	－2010	－7.7%
2011	16250	7210	37800	－9040	－20.9%
2012	15340	4900	26000	－10440	－31.2%
2013	10820	15820	29800	5000	14.6%

数据来源：《2014 年中国船舶工业年鉴》，第 248 页。

核　算　点　评

评价造船业景气有三大指标：造船完工量、新船承接订单和手持订单。

一般来说，造船厂根据手中持有的订单安排设计、备料和制造，从开工到完工需要 1—1.5 年。从理论上来讲，如果承接的新船订单数量和完工量相等，手持订单的数量基本稳定。只有不断拿到新的订单，船厂才能充分利用现有的产能，保持生产线稳定、连续地运行。

如果承接的新船订单数量大于完工量，手持订单总量增加，出现两种可能：第一，船厂扩张产能，按期交船；第二，维持原有产能，推迟交船时间。倘若不能按照合同交船，不仅需要赔偿对方的损失，还会损伤信誉，错失商机，把市场份额让给竞争对手。

如果承接的新船订单低于完工量，船厂手持订单数量就会逐渐减少。执行完现有合同之后，船厂只好部分停工，产能过剩。

新船承接订单的数量取决于国际贸易形势。如果国际贸易处于上升期，船舶需求量上升，新船订单纷沓而来。如果国际贸易衰退，新船订单数目下降，船厂手持订单的数量自然下降。

显然，即使眼下经济形势不佳，上了船台的工程必须进行下去直到完工。造船完工量有一定的时间滞后，并不一定立即随着国际贸易低迷而下降。特别是在金融危机之后，国际贸易量急剧下降，可是新船完工量依然在高位运行。船舶市场供大于求，新船订单急剧下降，很可能导致船厂产能过剩。倘若手持订单的数目下降到一定程度，船厂生产便难以为继。

2003—2007 年全球经济繁荣，国际贸易总量不断上升，国际贸易进口量和出口量都以两位数的速度持续增长。毫无疑问，国际贸易的繁荣拉动了海洋货运，海运能力跟不上市场需求，各大船运公司业务异常繁忙，利润不断上升，航运公司忙得不可开交，纷纷订购新船。新船订单从2004 年的 10253 万吨直线上升到 2007 年的 27050 万吨，翻了一番还多。

2007 年全球新船完工量仅仅 8060 万载重吨，新船订单数字是完工量的 3.35 倍。手持订单是完工量的 6.57 倍。各船厂的手持订单从 2006 年的 34600 万载重吨上升为 2007 年的 53000 万载重吨，增长率为空前的 57.2%。2008 年进一步上升为 59700 万载重吨。

2007—2008 年是国际造船业的黄金岁月。由于订单不断增加，要排到 3 年之后，新船才能交付船主。各国造船企业积极投资，扩大产能，新的造船厂和船台不断落成。中、日、韩三国的造船业迅猛发展。中国造船业的发展速度尤其迅猛，和日本、韩国之间的差距不断缩小。

2008 年，美国次贷危机和欧洲债务危机触发了一场全球金融危机，在很短的时间内席卷全球。国际宏观经济形势逆转，造船业很快就陷入困境。

第一，新船订单急剧下降。由于全球市场低迷，海运总量迅速萎缩。在 2009 年全球出口量萎缩 22.3%，进口量下降 23%。各家航运公司的运力过剩闲置，由于没有足够的货物可运，无需购买新船。新船订单从 2007 年的 27050 万载重吨急剧减少到 2008 年的 16500 万载重吨，到了 2009 年新船订单继续下降，只剩下可怜的 4110 万载重吨。

第二，在金融危机的冲击下，船价持续下滑，2013 年，散装船的价格从 2008 年的高峰下跌了 40%。造船企业普遍严重亏损。

第三，资金链异常紧张。造船业传统付款方式分为 5 个节点：签订合同生效，开工，上船台，下水，交船。每次支付 20%。可是在金融危机冲击下，船东只肯在交船前支付 30%。其余部分在交船之后才支付。造船企业资金回笼减慢。经常不得不垫付资金，融资压力增加。

第四，产能严重过剩。由于国际贸易萧条，市场萎缩，许多已经下了新船订单的海运公司纷纷要求减价，延期付款，或者宁可支付违约金也要撤销订单，干脆弃船。可是，已经在船台上干了一半的新船必须完工，船舶完工量居高不下，新船订单和完工量之间的差距越来越大。船厂手持订单的数量逐渐减少。许多造船企业在新船下水之后不得不闲置设备，甚至关门歇业。

不仅中国的造船行业产能过剩，其他主要造船国家也是哀鸿遍野。2008—2013 年，全球共有 138 家规模以上造船企业被市场淘汰出局，而在剩下的 480 多家企业中，有 86 家中国、韩国、日本、印度、巴西、俄罗斯、新加坡和越南的造船企业在 2013 年一季度末的手持订单量为零。产能过剩的现象尤其以中国最为严重。有些新建的船厂尚未拿到任何订单就被列入产能过剩的名单。

从 2011 年开始，全国造船完工量逐年下降，2013 年，全国造船完工量 4513.6 万载重吨，同比下降 29.9%。许多造船厂拿不到订单，设备闲置，产能严重过剩。船舶企业利润总额同比下降 21.4%。出口金额 290.2 亿美元，同比下降 25.3%[①]。交船难、盈利难、融资难困扰着大部分船厂。

2014 年，全球造船产能超过 2 亿载重吨，折合大约 6120 万修正吨（CGT，在船舶总吨基础上根据船舶复杂难度进行修正）。中、日、韩三大造船国的产能占全球 90%。而中国所占份额接近 40%。如果说在 2008 年以前中国造船业的成就可喜可贺，对于在 2008 年以后中国造船业逆周期而上的举动只能给出四个字的评定：不合时宜。

按照常理，如果世界经济不景气，造船业必须预测海运量的起伏波动，提前调整造船产能。2008 年，金融危机横扫全球，世界上主要造船国家见势不妙，迅速收敛造船产能。2009 年以后，日本和韩国的造船业都大幅度减少造船投资，进行结构调整。尽管在这些国家的造船行业也出现

① 数据来源：《2014 年中国船舶工业年鉴》，第 6 页。

了产能过剩，尚且不至于十分严重。唯独中国造船业依然保持着巨大的惯性，不顾一切地开足马力，大肆扩张产能。

2008年，中国推出了大规模投资计划。各个地方政府为了提高GDP增长率、创造更多的就业机会，千方百计寻找新的增长点。银行拿着钱到处寻找好的投资项目。许多企业纷纷掉进了陷阱。如果按照2003—2007年造船业的业绩，投资回报率相当高，于是，政府、企业和银行一拍即合，沿海各省纷纷制订计划，大张旗鼓地兴建新的造船基地。

中国在造船行业景气评价体系的三大指标上全部位居世界第一。殊不知就在盲目扩张的时候把枷锁套上了自己的脖子。虽然从造船数字上和GDP增长率上看起来很光鲜亮丽，可是，当这些新建的船厂投产之际，就是全国造船业产能严重过剩之时。在历史上，造船产能过剩出现过不止一次，不过以这次最为严重。中国是这次全球造船产能过剩的推波助澜者，也是最大的受害者。

2011年，中国造船载重吨位达到最高峰之后掉头向下，2011年中国造船载重吨位下降21.8%，2012年再下降24.7%。由2011年的7696万载重吨下降到2013年的4534万载重吨。近年来，中国船舶行业的产能利用率不断下滑，从2010年的75%下降至2013年的65%①。在2013年前三季度，中国造船业的产能利用率仅为50%—55%，比2012年75%的利用率下降了约20个百分点，远远低于国际造船业平均产能利用率②。2013年，我国前20家造船企业承接新船订单量占全国总量的80%。前10家船舶企业产能利用率为71%，前20家为69.5%，远高于全国平均水平。2012年以后，许多中小造船厂的产能利用率惨不忍睹。下滑趋势如此严重，让造船企业叫苦不迭，许多企业不得不关门倒闭。中国造船业正面临着严重的挑战。

---

① 数据来源：2014年3月24日，工业和信息化部副部长苏波在“中国发展高层论坛2014”年会上的讲话。

② 数据来源：“中国造船业前三季产能利用率仅50%”，《中国证券报》，2013年11月8日。

表 25－6　　2013 年船厂接单情况

地区	艘数	艘数占比	万载重吨	载重吨占比
中国	1151	46.4%	7420	46.9%
韩国	505	20.4%	4770	30.2%
日本	459	18.5%	2610	16.5%
其他	366	14.8%	1020	6.4%
全球	2481	100.0%	15820	100.0%

数据来源：《2014 年中国船舶工业年鉴》，第 247 页。

表 25－7　　世界各国（地区）造船完工量

地区	2012 年		2013 年	
	艘	万载重吨	艘	万载重吨
韩国	459	4850	379	3330
日本	451	2950	387	2470
中国大陆	1154	6530	806	4390
中国台湾	17	100	9	50
亚洲其他地区	163	660	222	390
亚洲合计	2244	15100	1803	10630
德国	13	10	9	10
丹麦	2	0	0	0
法国	3	0	0	0
意大利	9	0	9	0
荷兰	37	20	26	10
西班牙	14	0	0	0

续表

地区	2012 年		2013 年	
	艘	万载重吨	艘	万载重吨
芬兰	5	0	2	0
挪威	39	20	44	20
土耳其	15	20	21	20
波兰	12	0	0	0
乌克兰	1	0	0	0
克罗地亚	11	30	6	10
欧洲其他地区	36	80	71	70
欧洲合计	197	190	188	140
巴西	17	30	19	20
美国	22	20	33	10
其他地区	11	10	6	0
其他地区合计	50	50	58	40
世界合计	2491	15340	2049	10820

数据来源:《2014 年中国船舶工业年鉴》，第 249 页。

核 算 点 评

全球经济在 2011 年开始触底反弹，逐步复苏。随之，国际贸易和海运总量逐步走出谷底。在船舶市场低迷 3 年之后，人们普遍预期造船业的订单会有所增加。不过，由于造船的周期长，造船业的复苏明显滞后于宏观经济周期。造船业复苏之路并不平坦。

尽管国际市场各项宏观经济指标在 2012 年开始好转，可是，造船市场依然困难重重。该年全球造船完工量高达 1.5 亿载重吨，可是新船订单只有 7000 万—8000 万载重吨。由于供大于求，船舶价格下降，造船企业普遍亏损。受国际金融危机滞后效应的影响，船舶市场 2011 年以来新船订单量持续减少，造船完工量持续下滑，全球造船行业手持订单数量继续下降，普遍出现产能过剩。

2013 年，全球造船完工量同比下降 30.4%。中国造船完工量为 4534 万载重吨，同比下降 24.7%，与 2011 年高峰时期 7665 万载重吨的造船完工量相比，降幅达 40.8%。

从 2013 年开始，全球造船业逐渐复苏。2013 年前 3 季度，全球船厂总订单量较去年同期攀升 62.6% 至 3022 万修正吨。其中，中国造船厂得到 1168 万修正总吨订单，同比增加 83.4%，占全球订单总量的38.7%。韩国造船厂获得新船订单1087万修正总吨。

新船价格在2013年开始反弹。2013年9月末，18万载重吨级好望角型散货船平均新造船价为5000万美元，相比1年前的4600万美元上升8.7%；12800—13500TEU级集装箱船的价格也从同期1.09亿美元上升到1.11亿美元。

对于身陷困境的船厂不能袖手旁观，必须伸手拉一把。在寡头竞争中，有的时候寡头们之间比拼的就是资金实力。好在中国拥有较为充裕的资金，有必要由政府或银行给予亏损的船厂一定的资金扶助。在亏损的情况下咬牙挺住。不能太在意短期的利润率。很可能在短期内亏损，但是一旦保持住市场份额，待市场景气恢复之后很快就能赚回来。

提高产业集中度。按照经济周期理论，经济衰退的低谷时期恰恰给造船业提供了整顿、重组、提高竞争力的机会。

如同汽车、钢铁等行业一样，中国的造船企业数目太多。2010年，中国有3000多家船企，规模以上企业约400家。在过去几年内，中、小船厂完工的船舶中，七成都是低端的散装货船。技术水平不高，同质化的产能过多。这些缺乏竞争力的船厂在地方政府的支持下不断扩大生产规模，加剧了国内的造船业产能过剩。

2013年，全国船舶企业总数下降为1664家（包括船舶制造、配套、修理企业），其中，中小企业1541家（其中船舶制造中小企业717家）。2013年11月份，为了提高行业标准化，淘汰落后产能，化解产能过剩，工信部发布了《船舶行业规范条件》，对国内造船企业的生产设施、建造技术、质量保证体系、节能环保等多个环节提出要求。总体来说，造船企业的数量仍然过大，产业集中度偏低。经过兼并整合，2014年，船舶企业数目下降为1485家①。

毫无疑问，兼并重组，提高行业集中度，发挥规模效应，有利于投入国际竞争。国内造船行业的兼并重组主角无疑是中国船舶重工集团公司和中国船舶工业集团公司两大集团。中国重工和中国船舶作为这两大集团的上市旗舰，有可能成为承担并购整合的主体。有些颇具竞争力的民营造船企业也可能在兼并整合中起到重大的作用。

极地船舶制造。此外，中国造船行业需要拓展眼界，不断通过技术创新开辟新的市场。亚洲和欧洲之间有两条传统航线，在没有开通苏伊士运河之前，人们只能绕远经过非洲好望角。这条航线和经过苏伊士运河相比，航程长了几千海里，每艘船的运输成本至少增加上万美元。经过苏伊士运河的航线是目前欧洲到亚洲海运的最佳途径。可是，苏伊士运河沿岸各国政局动荡，索马里海盗猖獗，使得苏伊士运河航线的风险很高。

冰雪覆盖的北冰洋历来被视为海运禁区。近年来，各国都在探索开辟北极航道，极地船舶建造也随之升温。随着科学技术的进步，出现了新的船舶类型——极地船舶，穿越北冰洋的可行性越来越大。和传统航线相比，北极航道极大地缩短了亚洲与欧洲间的航程，比经苏伊士运河节省15天左右，比绕道好望角节省的时间更多。只要在船舶设计和制造上有所突破，北极航线的安全性并不低于其他航线。

2014年6月份，工业和信息化部在其官方网站发布《高技术船舶科研项目指南》，针对极地油气资源开采以及北极航道提出了发展极地甲板运输船、极地原油运输船、极地多用途集装箱船以及极地甲板机械的设想。如果能够有效地组织国内科技力量协同攻关，不断提升我国极地船舶和设备的自主研发能力，完全有可能迅速发展极地船舶，将大量造船企业投入到这一新的领域之中，有效地化解造船产能过剩。

海工装备制造。近海油田的勘探、开采需要大量海工设备。这是一个迅速增长的船舶市场。造船行业的过剩产能完全可以转移生产向海工装备，缓解产能过剩的压力。中国在全球海工市场

① 数据来源：中国船舶工业行业协会对2014年上半年船舶工业经济运行情况统计数字。

的份额在2013年已经达到29.5%，超越新加坡，位居世界第二。2014年以来，许多造船企业一窝蜂地转向海工装备制造。切切注意，千万不要矫枉过正，在今后又出现海工装备产能过剩情况。

高端和特殊船舶。当前对于中低端技术要求不高的船舶而言，确实产能过剩，可是真正高端的船舶的需求量依然很大。国内的大型造船企业理应加大对科研、发展的投入，不断采用先进技术，产业升级，向技术要求较高的高端船舶和特殊船舶制造转型。

更新改造。国务院印发的《船舶工业加快结构调整促进转型升级实施方案（2013—2015年）》，鼓励老旧运输船舶提前报废更新；支持行政执法、公务船舶建造和渔船更新改造。此举也可以部分化解造船业产能过剩。

在困难的时候，要看到成绩，要看到自身的比较优势，要对未来的竞争充满信心。

造船业是劳动力密集型产业。中国造船业拥有大量熟练的技术工人，在生产线上形成了各个工种的有效配合。尽管中国的劳动生产率尚且赶不上日本和韩国，但是，由于中国工人的平均工资较低，因此，在单位产品的劳动成本上仍然具有较强的竞争优势。近年来，中国工人的劳动生产率在不断提高，而劳动生产率增长速度超过了工资增长速度。因而，在单位产品劳动力成本上中国造船业具有显著的比较优势。中国的劳动力成本只占造船成本的10%，而韩国和日本的劳动力成本几乎占20%—30%。这是最近十几年造船业积累的竞争力。在经济衰退时期，不要轻易让造船生产线的工人改行。由国家补贴，帮助企业培训员工，提高技术水平。

造船业也是资金密集型产业。投资兴建新的造船企业需要投入大量资金。近年来，中国居民储蓄率很高，2015年3月外汇储备3.73万亿美元，位居世界第一。用好、用活这些外汇资源是一个新的挑战。由于经济面临困境，不少造船技术先进国家的企业和研发设计机构资金周转遇到难关，开始寻求新的合作伙伴，我国船企可以利用有利的市场和资金条件，与欧美先进造船企业开展合作，促进自主创新能力的提升，迅速补强自己在核心技术方面的短板。造船业应当主动地适应这个新竞争，从船舶设计到附属装备上发展自己独特的竞争优势。

专题二十六　出口产品结构变化和各地区产业升级

子目录

表 26－1　地区分类 …………………………………………………………………… (195)
表 26－2　部门分类 …………………………………………………………………… (196)
表 26－3　地区间中间产品出口 ……………………………………………………… (197)
表 26－4　地区间中间产品进口 ……………………………………………………… (223)
表 26－5　地区间最终产品出口 ……………………………………………………… (249)
表 26－6　地区间最终产品进口 ……………………………………………………… (275)

图 26－1　各省初级产品出口占各省总出口比重 …………………………………… (301)
图 26－2　地区间中间投入品使用占各地区中间投入品使用比重 ………………… (305)

核算数据：

表 26－1 **地区分类**

地区	东北	京津	北部沿海	东部沿海	南部沿海	中部	西北	西南
北京		√						
天津		√						
河北			√					
山西						√		
内蒙古							√	
辽宁	√							
吉林	√							
黑龙江	√							
上海				√				
江苏				√				
浙江				√				
安徽						√		
福建					√			
江西						√		
山东			√					
河南						√		
湖北						√		
湖南						√		
广东					√			
广西								√
海南					√			
重庆								√
四川								√
贵州								√
云南								√
西藏								√
陕西							√	
甘肃							√	
青海							√	
宁夏							√	
新疆							√	

表 26 - 2　　部门分类

代码	产业	sector
01	农业	Agriculture
02	采选业	Mining and quarrying
03	食品制造及烟草加工业	Food products and tobacco
04	纺织服装业	Textile and garment
05	木材加工及家具制造业	Wooden products and furniture
06	造纸印刷及文教用品制造业	Pulp, paper and printing
07	化学工业	Chemical
08	非金属矿物制品业	Non - metallic mineral products
09	金属冶炼及制品业	Metal products
10	机械工业	General mechinary
11	交通运输设备制造业	Transport equipment
12	电气机械及电子通信设备制造业	Electric apparatus, electronic and telecommunications equipment
13	其他制造业	Other manufacturing products
14	电力蒸气热水、煤气自来水生产供应业	Electricity, gas, and water supply
15	建筑业	Construction
16	商业、运输业	Trade and transportation
17	其他服务业	Other services

表 26－3　　地区间中间产品出口　　单位：万元

年份	地区	部门	东北	京津	北部沿海	东部沿海	南部沿海	中部	西北	西南
1997	东北	01	0	40129	103497	49548	30109	30168	13985	13469
1997	东北	02	0	58818	1402135	916198	244717	196193	116619	18909
1997	东北	03	0	38191	84960	59829	21702	42461	36032	20875
1997	东北	04	0	11267	23136	62717	22979	15258	19359	5836
1997	东北	05	0	24725	46949	15631	30541	8139	19642	1984
1997	东北	06	0	8185	14699	5346	7936	12914	14797	7052
1997	东北	07	0	74882	857907	375732	242218	328847	208209	131747
1997	东北	08	0	76233	64954	99734	38599	26914	32086	12260
1997	东北	09	0	169978	329140	775379	151366	182670	144325	75673
1997	东北	10	0	8349	30226	67042	4229	58720	49691	28427
1997	东北	11	0	16257	49250	24400	4139	37019	49904	22729
1997	东北	12	0	23012	19350	31745	33133	27278	30447	12210
1997	东北	13	0	55897	41220	38573	9985	12007	19354	20324
1997	东北	14	0	0	49781	0	0	0	18927	0
1997	东北	15	0	0	0	0	0	0	0	0
1997	东北	16	0	67264	150781	147359	40759	92543	128010	44413
1997	东北	17	0	0	0	0	0	0	0	0
1997	京津	01	17830	0	51109	13513	22986	8962	3278	3500
1997	京津	02	25692	0	34643	38950	11465	27004	2366	1861
1997	京津	03	53397	0	108356	44142	24504	33465	21507	12883
1997	京津	04	24193	0	33184	53662	32325	14062	13954	4700
1997	京津	05	17063	0	28004	5093	13953	5639	4792	643

续表

年份	地区	部门	东北	京津	北部沿海	东部沿海	南部沿海	中部	西北	西南
1997	京津	06	11839	0	27964	5890	13595	15616	13573	6830
1997	京津	07	192788	0	339675	435086	389878	250055	378795	97760
1997	京津	08	12679	0	48525	28789	11652	11720	5534	3979
1997	京津	09	179136	0	348793	584279	162075	158787	107140	45310
1997	京津	10	16197	0	16194	19984	1898	21372	13524	8397
1997	京津	11	41031	0	103350	33101	9553	46038	47932	22169
1997	京津	12	85341	0	80499	82602	123255	66565	43859	24735
1997	京津	13	11283	0	53299	25463	24295	10108	15537	9232
1997	京津	14	0	0	69312	0	0	0	0	0
1997	京津	15	0	0	0	0	0	0	0	0
1997	京津	16	121721	0	208107	117132	49551	82084	85377	31013
1997	京津	17	0	0	0	0	0	0	0	0
1997	北部沿海	01	271424	165272	0	294530	228855	242839	71362	61851
1997	北部沿海	02	685247	497375	0	2732946	673611	1276790	185696	221940
1997	北部沿海	03	318491	216870	0	515928	165771	460911	155243	140443
1997	北部沿海	04	232150	114515	0	935163	308434	309132	167101	81654
1997	北部沿海	05	73934	34215	0	47862	131151	59841	28033	5567
1997	北部沿海	06	91516	90520	0	84701	117013	275321	129158	98293
1997	北部沿海	07	777466	402048	0	2257316	1193090	2034562	683964	503581
1997	北部沿海	08	176837	402431	0	718826	302895	292125	119077	112523
1997	北部沿海	09	660726	472157	0	3557906	928298	1139163	377406	355687

续表

年份	地区	部门	东北	京津	北部沿海	东部沿海	南部沿海	中部	西北	西南
1997	北部沿海	10	195190	38996	0	513941	27366	596338	189620	177971
1997	北部沿海	11	58123	35330	0	87851	14098	160385	86566	59561
1997	北部沿海	12	131675	105804	0	228978	211105	282951	130409	79507
1997	北部沿海	13	74297	296719	0	318262	212622	113053	101888	96969
1997	北部沿海	14	152233	477781	0	314037	0	108613	0	0
1997	北部沿海	15	0	0	0	0	0	0	0	0
1997	北部沿海	16	591043	334996	0	1075769	274486	896005	502909	277304
1997	北部沿海	17	0	0	0	0	0	0	0	0
1997	东部沿海	01	87653	31081	165639	0	307302	129930	22985	32293
1997	东部沿海	02	18978	4752	169265	0	302900	104409	6875	4040
1997	东部沿海	03	158669	43339	473557	0	184209	299647	73775	99199
1997	东部沿海	04	302414	57544	444167	0	935969	535976	207869	142356
1997	东部沿海	05	97440	11613	154733	0	489761	88065	26705	10955
1997	东部沿海	06	57584	22645	175619	0	181725	233025	73181	87743
1997	东部沿海	07	728527	176274	1033117	0	3726583	2419645	501837	864281
1997	东部沿海	08	53909	51615	132760	0	231918	121247	34291	38855
1997	东部沿海	09	665033	172311	855836	0	1629045	1067578	296668	410544
1997	东部沿海	10	152097	12315	207389	0	48660	579928	137774	202909
1997	东部沿海	11	130575	28722	378642	0	79131	411292	132840	185806
1997	东部沿海	12	287988	92947	351530	0	1095481	708866	204475	235407

续表

年份	地区	部门	东北	京津	北部沿海	东部沿海	南部沿海	中部	西北	西南
1997	东部沿海	13	53885	65829	341827	0	313664	145192	82053	127304
1997	东部沿海	14	0	0	346554	0	47213	107051	0	0
1997	东部沿海	15	0	0	0	0	0	0	0	0
1997	东部沿海	16	447550	99352	1045286	0	485894	879174	339053	294748
1997	东部沿海	17	0	0	0	0	0	0	0	0
1997	南部沿海	01	64047	22015	111078	183842	0	100429	22214	64683
1997	南部沿海	02	60544	7497	53260	617301	0	235121	31096	62604
1997	南部沿海	03	113123	27549	132071	353922	0	188160	56618	158876
1997	南部沿海	04	107622	23426	116778	822469	0	213017	92926	164555
1997	南部沿海	05	72198	9875	45115	76834	0	60013	29390	11250
1997	南部沿海	06	52981	18382	70222	92271	0	183923	78589	191803
1997	南部沿海	07	99965	33137	148554	1039855	0	503751	105346	550032
1997	南部沿海	08	46857	44063	74396	405460	0	108524	49408	108342
1997	南部沿海	09	101362	26948	118766	1327142	0	216707	61151	155795
1997	南部沿海	10	14219	1037	8005	65047	0	48801	14907	43380
1997	南部沿海	11	38254	8117	55293	106173	0	118346	59135	134262
1997	南部沿海	12	208818	61456	108411	646041	0	449821	173933	416584
1997	南部沿海	13	46387	39507	115574	344256	0	115142	97470	191923
1997	南部沿海	14	0	0	0	305907	0	62718	0	113345
1997	南部沿海	15	0	0	0	0	0	0	0	0

续表

年份	地区	部门	东北	京津	北部沿海	东部沿海	南部沿海	中部	西北	西南
1997	南部沿海	16	287462	57328	276367	992718	0	499843	254118	448306
1997	南部沿海	17	0	0	0	0	0	0	0	0
1997	中部	01	172499	88605	371250	354848	698736	0	122876	176570
1997	中部	02	733631	227187	610215	3840499	1333762	0	506214	424212
1997	中部	03	283550	119179	531082	818453	458677	0	248780	369031
1997	中部	04	156162	41794	149067	1139281	554662	0	190523	145454
1997	中部	05	70878	18049	107859	105317	518022	0	49695	11918
1997	中部	06	49221	31117	112634	84257	197355	0	124002	151931
1997	中部	07	304734	149560	889235	2332354	2122606	0	512415	969722
1997	中部	08	173900	245827	464758	1444733	865857	0	263291	241118
1997	中部	09	397318	263489	1106902	5045732	1838076	0	599726	539018
1997	中部	10	113365	15313	113076	457074	41459	0	207490	288910
1997	中部	11	66735	23782	147359	191963	52186	0	168615	209568
1997	中部	12	63535	30704	52328	190378	319938	0	111504	114349
1997	中部	13	51594	138492	268925	524958	635370	0	133285	233997
1997	中部	14	0	461655	258943	425109	59151	0	97674	137965
1997	中部	15	0	0	0	0	0	0	0	0
1997	中部	16	435300	174194	785412	1429606	612217	0	661631	565491
1997	中部	17	0	0	0	0	0	0	0	0
1997	西北	01	78266	70754	98033	54048	88317	80839	0	87313
1997	西北	02	316749	147257	141414	398771	166714	651576	0	119201
1997	西北	03	51750	47401	70696	59719	23939	89180	0	58466

续表

年份	地区	部门	东北	京津	北部沿海	东部沿海	南部沿海	中部	西北	西南
1997	西北	04	26728	14979	16245	81620	30724	36658	0	21443
1997	西北	05	17717	8051	15360	3504	14103	4922	0	1243
1997	西北	06	5340	5949	8923	4533	7620	23068	0	17768
1997	西北	07	75254	56495	143776	364127	302330	556071	0	528666
1997	西北	08	11014	53339	25778	47788	27146	25040	0	25439
1997	西北	09	124447	196103	290103	750559	214811	1270866	0	215219
1997	西北	10	15541	3920	10525	29333	2078	58246	0	41131
1997	西北	11	7172	5091	14418	11092	2079	33394	0	23320
1997	西北	12	26102	16848	22235	65982	73559	120622	0	72738
1997	西北	13	7008	37814	21575	23562	13119	15565	0	37899
1997	西北	14	57334	0	42091	0	0	24619	0	33935
1997	西北	15	0	0	0	0	0	0	0	0
1997	西北	16	112216	83614	1126345	150810	47113	203233	0	139026
1997	西北	17	0	0	0	0	0	0	0	0
1997	西南	01	30767	13789	50963	59248	192666	79690	29058	0
1997	西南	02	76102	14027	77023	447914	444999	396211	234438	0
1997	西南	03	60660	21062	81192	147837	215752	193912	107709	0
1997	西南	04	10104	2617	8709	66596	95485	33118	29498	0
1997	西南	05	33655	5149	25699	28539	294053	40977	25668	0
1997	西南	06	8640	4235	13442	13137	87902	60889	39748	0
1997	西南	07	40899	18561	88128	290706	774792	279310	208642	0
1997	西南	08	15414	17747	32167	114656	219943	46880	49081	0

续表

年份	地区	部门	东北	京津	北部沿海	东部沿海	南部沿海	中部	西北	西南
1997	西南	09	98768	39356	130462	988065	980349	343708	163603	0
1997	西南	10	11857	1301	8162	43833	10096	83973	51212	0
1997	西南	11	13226	4459	26086	38658	21964	121139	92939	0
1997	西南	12	20130	9496	13457	50843	150817	86832	71551	0
1997	西南	13	7359	15596	24937	60590	156556	30302	35950	0
1997	西南	14	0	0	0	0	24167	33022	34917	0
1997	西南	15	0	0	0	0	0	0	0	0
1997	西南	16	74390	21656	85913	219210	1249262	272688	236540	0
1997	西南	17	0	0	0	0	0	0	0	0
2002	东北	01	0	61669	89719	36657	15557	69377	140110	13332
2002	东北	02	0	179594	205017	139099	53128	111962	54354	61247
2002	东北	03	0	108178	445294	19394	24844	90280	122730	11700
2002	东北	04	0	21984	8567	14906	6679	4491	10575	2361
2002	东北	05	0	62039	38794	922	2145	5497	9334	310
2002	东北	06	0	37358	3573	1502	29464	3850	9445	1304
2002	东北	07	0	1209754	2693113	476674	587246	850318	706198	737536
2002	东北	08	0	29316	0	11546	4790	7257	44302	2803
2002	东北	09	0	1147383	1181226	568874	200095	439634	362060	130761
2002	东北	10	0	420778	221544	11544	97471	68196	117048	26519
2002	东北	11	0	550347	440330	17035	363794	432776	497025	182797
2002	东北	12	0	58631	15373	10479	113829	5058	11585	3915
2002	东北	13	0	15215	5679	7287	5785	14373	15494	73936

续表

年份	地区	部门	东北	京津	北部沿海	东部沿海	南部沿海	中部	西北	西南
2002	东北	14	0	13434	3820	4764	559	473	1341	463
2002	东北	15	0	7304	560	24	71	0	698	314
2002	东北	16	0	607513	172504	87427	178634	186253	218561	156563
2002	东北	17	0	416620	247201	4491	92851	18549	119209	282491
2002	京津	01	17821	0	48260	6036	945	9421	12724	656
2002	京津	02	199377	0	329788	94905	4186	59386	8902	4360
2002	京津	03	18423	0	176487	2099	1226	8632	9482	439
2002	京津	04	17182	0	36478	17487	3978	5203	9717	1165
2002	京津	05	4043	0	55180	337	372	1925	2220	38
2002	京津	06	36136	0	31353	4139	36227	8923	19381	1226
2002	京津	07	103214	0	1723187	104380	61289	165813	115043	45712
2002	京津	08	25927	0	0	6074	1025	3315	18659	529
2002	京津	09	30369	0	719116	141005	20924	87100	68725	12418
2002	京津	10	13681	0	231868	4085	15274	23725	23060	3460
2002	京津	11	245045	0	306904	4063	33461	59892	50153	12261
2002	京津	12	363136	0	1064586	305837	1206238	96284	152462	33573
2002	京津	13	21849	0	60832	3326	583	10027	10835	9626
2002	京津	14	15022	0	15676	7130	1840	12187	12429	4465
2002	京津	15	29596	0	48084	976	3716	8170	9199	1824
2002	京津	16	32479	0	437730	148388	90718	179953	82444	65961
2002	京津	17	158222	0	1778175	9060	69499	36543	129331	213879
2002	北部沿海	01	213156	344318	0	186513	37699	275430	245595	24112

续表

年份	地区	部门	东北	京津	北部沿海	东部沿海	南部沿海	中部	西北	西南
2002	北部沿海	02	300154	496558	0	588485	28608	570771	182913	76295
2002	北部沿海	03	310063	557869	0	161133	63852	350109	215707	21476
2002	北部沿海	04	111618	511566	0	258088	77957	134624	106108	22153
2002	北部沿海	05	2199	52077	0	383	630	5632	2738	63
2002	北部沿海	06	198279	1538129	0	85041	650998	161758	188556	19483
2002	北部沿海	07	255525	1731575	0	703826	343589	988295	434298	188599
2002	北部沿海	08	235904	547475	0	118579	28897	113762	433378	14657
2002	北部沿海	09	69542	1703141	0	787613	141845	985645	449285	100059
2002	北部沿海	10	50082	1301031	0	71285	185947	289477	167680	39593
2002	北部沿海	11	62331	87504	0	3287	29419	73023	32521	9344
2002	北部沿海	12	74319	343163	0	60314	187482	38717	42124	11026
2002	北部沿海	13	28307	118020	0	14680	3412	41086	21075	55812
2002	北部沿海	14	143478	1296125	0	64966	25693	18891	48363	2558
2002	北部沿海	15	458	18003	0	61	51	0	573	260
2002	北部沿海	16	8712	901723	0	82144	139922	320254	155012	84721
2002	北部沿海	17	33806	528661	0	8687	43328	25897	64641	140557
2002	东部沿海	01	5928	2157	14763	0	3980	165133	7186	2106
2002	东部沿海	02	8929	9994	70191	0	2921	69612	7454	3277
2002	东部沿海	03	31936	17568	455372	0	25486	921110	30929	6502
2002	东部沿海	04	221375	214104	316081	0	771103	1034038	261463	143941

续表

年份	地区	部门	东北	京津	北部沿海	东部沿海	南部沿海	中部	西北	西南
2002	东部沿海	05	21129	103648	268853	0	27091	136111	47389	2205
2002	东部沿海	06	99306	206134	77461	0	1313169	1131340	154529	29491
2002	东部沿海	07	189009	391437	2568994	0	1051619	6056736	606507	459984
2002	东部沿海	08	8703	4107	0	0	3445	53286	21777	1249
2002	东部沿海	09	48078	483253	485677	0	371116	3397356	395305	84266
2002	东部沿海	10	54474	463041	1376570	0	967771	2322359	469180	149003
2002	东部沿海	11	262632	94287	295212	0	491135	1341415	274211	116186
2002	东部沿海	12	481145	634570	709365	0	2922110	719706	533600	204919
2002	东部沿海	13	61925	94590	140895	0	22686	640460	121319	118661
2002	东部沿海	14	10445	24723	688	0	9024	24642	6878	1044
2002	东部沿海	15	7710	80594	16196	0	2388	0	23882	11663
2002	东部沿海	16	9092	166285	157826	0	508631	1435980	200758	266804
2002	东部沿海	17	116119	491024	1644681	0	505581	588861	538169	1473162
2002	南部沿海	01	100320	15069	82967	311855	0	245272	117542	68976
2002	南部沿海	02	248943	85616	237630	851794	0	1138454	154480	182630
2002	南部沿海	03	69597	19931	299971	71671	0	188916	61985	59183
2002	南部沿海	04	90505	51157	65377	941043	0	181687	116278	140881
2002	南部沿海	05	176501	342732	827397	231822	0	274417	360824	36343
2002	南部沿海	06	292321	342119	104468	241707	0	661808	424887	264099
2002	南部沿海	07	214813	257309	1035673	1141592	0	1577693	677611	1903872

续表

年份	地区	部门	东北	京津	北部沿海	东部沿海	南部沿海	中部	西北	西南
2002	南部沿海	08	21036	5576	0	38024	0	37651	44269	16495
2002	南部沿海	09	124037	663869	414948	2224371	0	959966	876444	762289
2002	南部沿海	10	29341	131405	244840	77284	0	367476	256622	285285
2002	南部沿海	11	471758	95712	276823	36449	0	659161	464486	901776
2002	南部沿海	12	749375	843226	749242	1446217	0	1146334	1197272	1468674
2002	南部沿海	13	291692	310454	481595	32073	0	404776	547181	396691
2002	南部沿海	14	20946	6311	23011	65490	0	14199	12923	27680
2002	南部沿海	15	48	182	44	5	0	0	116	200
2002	南部沿海	16	13104	140038	97734	581660	0	587701	308067	998045
2002	南部沿海	17	32366	50177	115824	14956	0	46155	119731	733960
2002	中部	01	272762	97608	487137	1466737	356455	0	326394	155355
2002	中部	02	529579	515394	2712887	1782872	359455	0	180497	366730
2002	中部	03	179176	113509	1504872	309040	235115	0	194252	50690
2002	中部	04	75105	120022	237742	730834	339451	0	141268	64636
2002	中部	05	62197	265870	453328	133052	175666	0	119538	9671
2002	中部	06	51106	135978	50816	197526	657954	0	84977	13011
2002	中部	07	147120	412437	2617810	1829990	1235651	0	621623	464037
2002	中部	08	198054	109817	0	577091	139837	0	653355	54098
2002	中部	09	74419	620609	2374616	3367244	1170806	0	934819	465967
2002	中部	10	28702	317140	555717	242408	416504	0	231470	64695
2002	中部	11	166878	63340	215043	187421	646006	0	180507	118955

续表

年份	地区	部门	东北	京津	北部沿海	东部沿海	南部沿海	中部	西北	西南
2002	中部	12	120036	139122	102632	227192	543986	0	98308	57194
2002	中部	13	19884	38702	74990	40187	80082	0	60669	78291
2002	中部	14	318451	773833	3079	346335	248942	0	247660	21468
2002	中部	15	0	0	0	0	0	0	0	0
2002	中部	16	13198	317131	419427	840529	623107	0	333307	311576
2002	中部	17	42957	165829	274122	109492	176207	0	144975	546820
2002	西北	01	223463	63804	192846	134854	50602	202723	0	44190
2002	西北	02	822319	305522	596852	1192976	113016	954950	0	174100
2002	西北	03	72144	28965	236631	18710	20425	70509	0	10527
2002	西北	04	14761	18920	16331	56547	22888	18886	0	9490
2002	西北	05	4774	26228	34924	1346	2487	11938	0	343
2002	西北	06	23608	49287	12439	11053	169526	28213	0	10747
2002	西北	07	76239	138651	712254	328319	382989	563139	0	653907
2002	西北	08	69503	29928	0	45061	12519	27275	0	8929
2002	西北	09	55804	230498	532705	703396	172072	394811	0	177411
2002	西北	10	2780	19459	23067	2922	19771	19245	0	6657
2002	西北	11	23163	9461	30066	2020	31823	49057	0	15336
2002	西北	12	12868	18206	12800	27638	186924	14916	0	16599
2002	西北	13	4044	5030	8549	2646	1114	10082	0	14817
2002	西北	14	103856	244106	0	23396	17238	8875	0	3163
2002	西北	15	1635	10722	3459	282	467	0	0	2185
2002	西北	16	8050	137367	94097	87796	169021	195475	0	140048

续表

年份	地区	部门	东北	京津	北部沿海	东部沿海	南部沿海	中部	西北	西南
2002	西北	17	26370	78855	137881	6516	88550	24123	0	264125
2002	西南	01	99044	15869	74402	103295	111974	131831	150369	0
2002	西南	02	290229	103299	333628	391403	191086	441118	264900	0
2002	西南	03	195876	42820	500925	76944	217667	230213	255523	0
2002	西南	04	13718	9243	11608	59757	64387	19300	45442	0
2002	西南	05	63219	151629	271514	22850	145234	74547	274020	0
2002	西南	06	107535	108899	28567	37557	1521527	91239	329180	0
2002	西南	07	81345	69147	220208	190338	663208	221744	421680	0
2002	西南	08	119609	23182	0	91862	83623	72301	437571	0
2002	西南	09	49431	147066	408977	985465	681208	663093	850667	0
2002	西南	10	19937	82948	116877	22093	407450	117825	357630	0
2002	西南	11	94903	14393	37499	3646	225494	67727	185867	0
2002	西南	12	20196	13047	9063	9456	299755	9050	45977	0
2002	西南	13	9178	8429	12378	3151	14254	22031	33160	0
2002	西南	14	370540	372062	869	192175	302747	73381	509075	0
2002	西南	15	5002	14605	5048	1087	5268	2048	13855	0
2002	西南	16	4020	36714	33861	73225	561053	108484	117208	0
2002	西南	17	13028	22474	46067	2501	144428	9283	50277	0
2007	东北	01	0	381080	2370817	562493	104394	489778	322907	82006
2007	东北	02	0	856801	1625900	6792580	4271909	4707570	414422	901199
2007	东北	03	0	402357	518471	360611	360157	318652	395207	152681
2007	东北	04	0	5981	12270	15865	18005	3003	3846	1603

续表

年份	地区	部门	东北	京津	北部沿海	东部沿海	南部沿海	中部	西北	西南
2007	东北	05	0	210067	465558	378911	175470	139639	105373	234919
2007	东北	06	0	127483	43721	25473	149513	32631	29810	32995
2007	东北	07	0	2980582	5905293	4323185	3911440	4604303	1729970	3828109
2007	东北	08	0	491014	216878	637499	242112	241067	283702	276473
2007	东北	09	0	1430767	2553776	2569906	1050376	951713	730295	400238
2007	东北	10	0	391001	632946	45647	38213	289117	423375	306241
2007	东北	11	0	1858367	1587001	226394	1424613	1653845	895750	982144
2007	东北	12	0	194594	36470	9416	374928	19075	33317	22858
2007	东北	13	0	15919	33224	3982	120383	16634	12410	8315
2007	东北	14	0	827168	3212351	1078560	101184	651480	152399	65693
2007	东北	15	0	612017	224892	4544	60261	236329	171353	65502
2007	东北	16	0	1100171	384175	87415	139502	553318	372929	116301
2007	东北	17	0	69464	136652	102449	66085	66602	135184	158591
2007	京津	01	5077	0	322964	24700	1682	16711	9748	939
2007	京津	02	1399816	0	928942	2485506	575366	881057	24933	44418
2007	京津	03	242458	0	1234625	228172	81744	180984	216680	28556
2007	京津	04	95087	0	288942	147185	83760	33244	35340	7895
2007	京津	05	2038	0	114348	19635	3980	5873	3369	3947
2007	京津	06	48637	0	99631	14615	36632	16621	12231	5504
2007	京津	07	764638	0	7428533	1259125	917951	1320658	566507	408606
2007	京津	08	99606	0	287004	354723	54699	96516	123615	62595
2007	京津	09	1338609	0	3901192	2392677	367640	647434	345254	110367

续表

年份	地区	部门	东北	京津	北部沿海	东部沿海	南部沿海	中部	西北	西南
2007	京津	10	946713	0	2283979	60680	18666	257699	372350	113874
2007	京津	11	107322	0	2747532	125494	357787	907923	341589	211335
2007	京津	12	468743	0	529749	98988	1766111	113866	128018	36646
2007	京津	13	85823	0	804537	35560	389102	111274	79640	18898
2007	京津	14	67595	0	868866	77902	11782	21642	5395	1592
2007	京津	15	35909	0	52043	380	2340	18590	12469	1873
2007	京津	16	50883	0	3740225	200329	210016	682934	738483	118111
2007	京津	17	867080	0	10641295	1990159	436699	1430887	1931810	1268327
2007	北部沿海	01	132991	1526690	0	735955	139382	1735279	810090	76499
2007	北部沿海	02	383919	702212	0	1193629	441333	2389157	437285	328509
2007	北部沿海	03	526198	2049495	0	757236	522525	2467145	1026768	184730
2007	北部沿海	04	772418	1285351	0	1615355	1948027	1408401	525339	173885
2007	北部沿海	05	59142	1121166	0	806071	355491	835344	360173	354191
2007	北部沿海	06	172825	1173082	0	74145	416957	372036	99249	61667
2007	北部沿海	07	803835	4340467	0	1239465	3141422	5701101	1153456	826584
2007	北部沿海	08	705604	4589247	0	3858618	1166948	2240672	2915651	1382526
2007	北部沿海	09	4949869	9779588	0	11337984	4448459	13887682	3990301	1243480
2007	北部沿海	10	957559	1295042	0	76058	53341	1894900	894976	389540
2007	北部沿海	11	13827	488570	0	19550	146263	794194	116402	81362
2007	北部沿海	12	299842	1539682	0	28954	993130	381667	206992	93231
2007	北部沿海	13	29652	281294	0	16393	281933	164371	86055	35496

续表

年份	地区	部门	东北	京津	北部沿海	东部沿海	南部沿海	中部	西北	西南
2007	北部沿海	14	22200	82745	0	46915	386	30911	12507	1979
2007	北部沿海	15	0	0	0	0	0	0	0	0
2007	北部沿海	16	59271	6243544	0	272414	607273	2233682	1423897	352543
2007	北部沿海	17	257685	1325233	0	759935	453655	2195156	1974613	1095454
2007	东部沿海	01	932	2778	72488	0	2332	239292	7778	962
2007	东部沿海	02	17458	41568	108285	0	146507	851628	231856	170960
2007	东部沿海	03	44696	42416	171496	0	311214	446368	106915	44350
2007	东部沿海	04	202789	116370	319872	0	3718913	841684	193594	162451
2007	东部沿海	05	1472	9446	32091	0	51981	163952	19663	25550
2007	东部沿海	06	107363	175931	104015	0	973172	769800	105292	94866
2007	东部沿海	07	754967	1131734	6447640	0	13005665	14480281	1884410	2385637
2007	东部沿海	08	7983	20379	13119	0	82160	498044	63667	37133
2007	东部沿海	09	249901	259774	1050875	0	1042466	6550299	583821	428916
2007	东部沿海	10	1344690	704809	2921919	0	498807	6112819	1945434	1347040
2007	东部沿海	11	28531	304006	728131	0	2255061	4221324	543475	677549
2007	东部沿海	12	954700	1924959	682949	0	19863707	3672052	926226	564361
2007	东部沿海	13	36184	56694	362311	0	1781673	2079831	103743	83653
2007	东部沿海	14	25332	25806	568609	0	15279	160812	18098	3678
2007	东部沿海	15	5015	6691	5288	0	2737	97229	4243	1054
2007	东部沿海	16	13870	568778	549605	0	1355571	3104983	450285	297671

续表

年份	地区	部门	东北	京津	北部沿海	东部沿海	南部沿海	中部	西北	西南
2007	东部沿海	17	40952	58376	301356	0	648271	890986	633679	525693
2007	南部沿海	01	4301	4928	98198	131072	0	62513	22347	17024
2007	南部沿海	02	31047	35219	83612	575255	0	270115	249615	532951
2007	南部沿海	03	56946	23251	92848	344947	0	259962	102640	135835
2007	南部沿海	04	1054472	772994	1692929	3301353	0	3423577	1298215	2711472
2007	南部沿海	05	46017	145992	1011320	2208577	0	669237	532637	1829296
2007	南部沿海	06	1118102	964799	1011814	1874059	0	2653281	962773	2767383
2007	南部沿海	07	491210	355420	1738837	2050897	0	4041038	1070940	3540294
2007	南部沿海	08	63052	70121	83099	1775978	0	1207454	373728	927544
2007	南部沿海	09	765801	408881	2698717	11284544	0	3925534	1708392	3090467
2007	南部沿海	10	3108244	711647	3629538	796648	0	5892970	3783217	8126611
2007	南部沿海	11	10563	55975	152033	113077	0	451378	155971	702281
2007	南部沿海	12	2920149	4345577	1501764	2803889	0	3202555	2280578	4981962
2007	南部沿海	13	584277	349647	747099	890424	0	1417501	880593	904990
2007	南部沿海	14	38347	13603	142355	242515	0	126828	12151	27615
2007	南部沿海	15	4714	1841	2226	361	0	9106	2770	1920
2007	南部沿海	16	13472	469840	546497	680325	0	2627253	616586	1759089
2007	南部沿海	17	24729	14029	79939	514498	0	312882	255240	589529
2007	中部	01	67139	137439	3059801	4840030	953822	0	489872	261280
2007	中部	02	623777	439610	8097836	9416664	973222	0	914458	1555459

续表

年份	地区	部门	东北	京津	北部沿海	东部沿海	南部沿海	中部	西北	西南
2007	中部	03	191427	188941	1205897	3447973	1305316	0	564601	319761
2007	中部	04	113863	58865	572129	2669292	2106413	0	111410	106670
2007	中部	05	4814	24928	197723	1218393	415289	0	55901	141392
2007	中部	06	126169	249921	545735	648964	1806817	0	140398	132672
2007	中部	07	425350	734533	6502178	8019712	8663687	0	1486635	1705009
2007	中部	08	132797	327158	1058420	5541392	858965	0	1589861	714340
2007	中部	09	1369273	964464	9195039	23970062	6984014	0	2743315	898607
2007	中部	10	610090	308247	2521521	1268535	165950	0	953043	645165
2007	中部	11	28817	275069	543159	1462989	1434928	0	374071	455885
2007	中部	12	511343	598722	421016	1697056	5580065	0	418046	275084
2007	中部	13	61134	157665	538973	451862	1594780	0	206986	225421
2007	中部	14	310280	213678	3744175	2714972	96938	0	193841	31834
2007	中部	15	41157	52153	109188	2652	29723	0	38109	42468
2007	中部	16	12538	1380478	1143652	4335367	1004874	0	884878	533789
2007	中部	17	37845	41421	232859	1796518	475141	0	431126	888587
2007	西北	01	131463	290918	3893801	1508654	212720	1200871	0	203029
2007	西北	02	1614805	490647	2142976	8276868	3371269	5487512	0	1677774
2007	西北	03	583691	569766	1239698	1051971	728584	1163687	0	399378
2007	西北	04	330836	143662	449090	1255659	1207961	251826	0	178979
2007	西北	05	2848	18135	54765	47844	17221	30840	0	25243
2007	西北	06	44855	63896	50831	42404	191432	67209	0	70771

续表

年份	地区	部门	东北	京津	北部沿海	东部沿海	南部沿海	中部	西北	西南
2007	西北	07	512428	620008	2539734	3222398	3867814	3934067	0	3919198
2007	西北	08	92598	201110	138103	770755	221384	249775	0	495959
2007	西北	09	1847999	1087362	2501311	6949006	2386089	2401473	0	1023653
2007	西北	10	103660	38916	245585	36988	16791	238012	0	360699
2007	西北	11	5871	66381	218352	73639	268504	679157	0	539564
2007	西北	12	105009	156220	96755	50323	1311141	148086	0	237256
2007	西北	13	16771	32436	220418	17142	178580	120148	0	62483
2007	西北	14	420126	366867	2148675	893190	346886	337540	0	71764
2007	西北	15	238273	341419	533194	15933	87195	1180949	0	262097
2007	西北	16	39914	1695023	1790794	646973	881445	2985505	0	785262
2007	西北	17	58743	70732	521938	947642	304411	694381	0	1945751
2007	西南	01	89424	91131	1718182	1041792	899035	812282	659973	0
2007	西南	02	84524	21277	134283	732617	456917	805973	141227	0
2007	西南	03	491593	174063	670800	1123263	3167271	1348479	1045495	0
2007	西南	04	10554	2772	13213	83559	279833	14810	14361	0
2007	西南	05	3940	11345	74734	152919	485817	43989	41995	0
2007	西南	06	20330	14379	14989	21074	643801	27752	23755	0
2007	西南	07	108062	69231	314330	256091	4289500	469311	355035	0
2007	西南	08	15019	14914	17377	225944	279061	147370	97432	0
2007	西南	09	970449	267657	1048917	7293785	9406414	1892312	1679167	0
2007	西南	10	165358	31429	148549	23651	46641	154605	353511	0

续表

年份	地区	部门	东北	京津	北部沿海	东部沿海	南部沿海	中部	西北	西南
2007	西南	11	25351	125828	316198	134605	2140291	799314	985663	0
2007	西南	12	31585	26897	11850	10892	1235630	17267	41497	0
2007	西南	13	9390	8644	17009	10050	541118	39652	38624	0
2007	西南	14	487650	151768	1962432	2093362	16041	1388333	212847	0
2007	西南	15	546857	255835	290078	11984	146477	949401	763734	0
2007	西南	16	7408	348084	318319	339128	538985	1470282	645713	0
2007	西南	17	23869	12464	71250	184634	185227	129353	404929	0
2010	东北	01	0	525589	2534004	453703	76930	449625	411456	78277
2010	东北	02	0	1359424	1920953	6781533	3835824	5500905	589437	1072543
2010	东北	03	0	520651	524622	279047	232331	277104	471206	135849
2010	东北	04	0	10534	16889	16196	23160	3527	6214	2059
2010	东北	05	0	233086	433436	273164	127568	118078	111180	201006
2010	东北	06	0	126631	33908	15647	87254	22570	27142	23541
2010	东北	07	0	4242986	6650671	3925198	3310589	4636956	2222584	3746640
2010	东北	08	0	821031	312320	769142	309764	314372	435926	352556
2010	东北	09	0	1813578	2627512	2302419	888027	953311	844020	406879
2010	东北	10	0	497040	635227	40101	34365	271252	477400	295455
2010	东北	11	0	3903112	3034243	335975	1910439	2798386	1567791	1558111
2010	东北	12	0	332926	55553	12177	354245	26344	54076	31693
2010	东北	13	0	19936	33372	3283	89507	15714	14210	8515
2010	东北	14	0	1116406	3425694	925941	103394	610587	197410	66273
2010	东北	15	0	884553	242550	3894	41495	207282	204431	58475

续表

年份	地区	部门	东北	京津	北部沿海	东部沿海	南部沿海	中部	西北	西南
2010	东北	16	0	893571	252253	45975	73573	331204	286923	73255
2010	东北	17	0	179735	272390	168211	99216	114105	324275	281673
2010	京津	01	9601	0	442660	25246	1576	19508	15822	1139
2010	京津	02	2887039	0	1393834	3130115	638610	1293223	46396	65313
2010	京津	03	393065	0	1498847	211784	63248	189877	310121	30486
2010	京津	04	139474	0	326679	123412	88272	33780	46324	8225
2010	京津	05	3276	0	136041	18093	3686	6349	4538	4315
2010	京津	06	78026	0	123912	14393	34280	18467	17639	6300
2010	京津	07	1297725	0	9450772	1275943	865178	1511421	824524	450921
2010	京津	08	190775	0	451132	467252	76370	137365	207246	87179
2010	京津	09	2343471	0	5224363	2788506	404838	845310	518215	146802
2010	京津	10	1782813	0	3346437	77894	24543	354151	611289	160584
2010	京津	11	231801	0	5560100	197571	507387	1639219	626985	355876
2010	京津	12	1375539	0	1280343	203202	2551679	245628	322136	80791
2010	京津	13	138382	0	1020957	36971	365083	131800	116536	24199
2010	京津	14	87122	0	934091	67090	12347	20432	7027	1617
2010	京津	15	72747	0	89773	523	2586	25813	23582	2679
2010	京津	16	42781	0	2622728	111233	118568	435792	615087	78746
2010	京津	17	1131126	0	11690537	1804222	362215	1377138	2577025	1244254
2010	北部沿海	01	233660	2512130	0	696979	121184	1877350	1213586	86152
2010	北部沿海	02	903766	1627126	0	1731718	625210	4113228	879705	582302
2010	北部沿海	03	1412099	5358591	0	1163560	669374	4311549	2449643	326574

续表

年份	地区	部门	东北	京津	北部沿海	东部沿海	南部沿海	中部	西北	西南
2010	北部沿海	04	1351642	2246401	0	1613090	2451608	1683559	843120	215741
2010	北部沿海	05	113509	1906351	0	887159	393291	1087795	578967	462376
2010	北部沿海	06	313998	2140065	0	82698	441844	468740	164010	79933
2010	北部沿海	07	1555164	8031615	0	1440415	3332167	7591290	1950873	1051374
2010	北部沿海	08	1508038	9369588	0	5671583	1816624	3574526	5411791	2149760
2010	北部沿海	09	7106223	13347353	0	10832741	4011507	14878714	4895372	1363272
2010	北部沿海	10	2118312	2853375	0	114792	81668	3089757	1723114	647036
2010	北部沿海	11	28555	1041451	0	29447	198009	1375237	206501	131153
2010	北部沿海	12	730347	3623343	0	49682	1303049	704952	449327	172232
2010	北部沿海	13	71482	652269	0	25050	401757	282985	187075	67736
2010	北部沿海	14	32529	129654	0	46686	470	33857	19141	2321
2010	北部沿海	15	0	0	0	0	0	0	0	0
2010	北部沿海	16	73574	7932020	0	223006	505522	2109677	1742878	344459
2010	北部沿海	17	557010	3200536	0	1141164	623205	3569162	4371510	1780973
2010	东部沿海	01	2939	8048	166155	0	3635	465070	20842	1946
2010	东部沿海	02	36397	84219	169088	0	207712	1279420	404054	266522
2010	东部沿海	03	134417	121753	390567	0	449078	857947	287738	88039
2010	东部沿海	04	513117	293216	619609	0	6733053	1396512	455761	292977
2010	东部沿海	05	3925	22218	63430	0	80624	288024	43985	46428
2010	东部沿海	06	236586	381136	177299	0	1247491	1176584	212589	148763

续表

年份	地区	部门	东北	京津	北部沿海	东部沿海	南部沿海	中部	西北	西南
2010	东部沿海	07	1639532	2331466	10646485	0	15421650	21252878	3630516	3412190
2010	东部沿海	08	18142	44168	24485	0	136892	837253	125594	61528
2010	东部沿海	09	503779	488519	1637125	0	1321043	9820186	1011715	644175
2010	东部沿海	10	2906204	1515288	4945429	0	772825	9497881	3701450	2198404
2010	东部沿海	11	85955	941853	2037650	0	4450369	10678876	1421776	1584414
2010	东部沿海	12	2017748	3760448	1204944	0	21503800	5929686	1749879	905544
2010	东部沿海	13	93042	141308	731649	0	2685292	4039140	241304	171164
2010	东部沿海	14	48431	52696	924809	0	24264	225398	36075	5639
2010	东部沿海	15	14605	22096	13051	0	4351	183375	12166	2210
2010	东部沿海	16	15261	639265	499802	0	998255	2556703	486034	258257
2010	东部沿海	17	121885	189507	766277	0	1227475	1908215	1930155	1175080
2010	南部沿海	01	16539	17407	270737	275047	0	147838	72992	41938
2010	南部沿海	02	72946	80576	151913	881679	0	456460	492531	926141
2010	南部沿海	03	277112	107798	340305	967861	0	807419	445928	435029
2010	南部沿海	04	1685850	1298956	2085475	3070382	0	3838446	1972632	3121534
2010	南部沿海	05	97947	274550	1595582	2688980	0	941510	951379	2646103
2010	南部沿海	06	2382262	2036778	1666641	2443766	0	3872144	1882825	4197592
2010	南部沿海	07	1465738	1007153	3904543	3689812	0	8288237	2836833	7200322
2010	南部沿海	08	150135	159367	162651	2912763	0	2147512	774061	1609323
2010	南部沿海	09	1601940	796564	4352842	15730519	0	6025566	3073226	4804985

续表

年份	地区	部门	东北	京津	北部沿海	东部沿海	南部沿海	中部	西北	西南
2010	南部沿海	10	3794942	866161	3483839	671166	0	5206815	4074496	7430900
2010	南部沿海	11	41838	228206	563534	324540	0	1475176	538228	2164127
2010	南部沿海	12	8427536	11432259	3598556	5706996	0	6924299	5841247	10881523
2010	南部沿海	13	864527	510541	907261	866510	0	1525788	1212634	1012299
2010	南部沿海	14	69408	26260	217822	300051	0	170494	22783	40558
2010	南部沿海	15	12450	5481	5022	647	0	16908	7064	3655
2010	南部沿海	16	16964	613038	575987	574546	0	2497734	766552	1796741
2010	南部沿海	17	87982	54299	241223	1277125	0	763277	926330	1576803
2010	中部	01	174997	331207	5703036	6736142	1228501	0	1084289	436212
2010	中部	02	1509474	1119051	15165642	15068813	1841448	0	2112355	3067187
2010	中部	03	588487	560118	2774674	6076408	1917841	0	1555491	647453
2010	中部	04	328995	168661	1269665	4384009	4362199	0	302596	219213
2010	中部	05	11885	54371	361885	1726992	592453	0	115797	237987
2010	中部	06	297399	586314	995183	937198	2479593	0	303801	222882
2010	中部	07	969582	1602963	11076883	11307695	11053075	0	2945792	2574263
2010	中部	08	313870	738195	2054530	9011765	1478046	0	3250304	1229156
2010	中部	09	2702286	1809725	13704688	31483364	8648025	0	4622343	1361634
2010	中部	10	1765586	886721	5730701	2512752	330484	0	2409401	1403205
2010	中部	11	84498	829238	1492842	3164762	2752553	0	948544	1039023
2010	中部	12	1500910	1684586	1034472	3504904	8822554	0	1104726	615335

续表

年份	地区	部门	东北	京津	北部沿海	东部沿海	南部沿海	中部	西北	西南
2010	中部	13	165363	403778	1103076	759235	2572990	0	494206	479476
2010	中部	14	597030	436937	6001618	3515826	153391	0	386460	48783
2010	中部	15	128765	187739	292414	5633	50739	0	118249	95358
2010	中部	16	13819	1577210	1053603	3259890	751260	0	957447	478732
2010	中部	17	133284	159584	693715	4389544	1065156	0	1554243	2346346
2010	西北	01	261682	537172	5550369	1625958	209615	1473415	0	258724
2010	西北	02	2878486	851658	2770884	9098608	3462409	7101518	0	2255809
2010	西北	03	1307530	1229153	2086480	1354411	782062	1692201	0	593368
2010	西北	04	652555	276179	676636	1402959	1701447	335637	0	247615
2010	西北	05	5695	32018	81106	54861	19933	42009	0	34356
2010	西北	06	81587	115201	71423	47204	202402	84349	0	91447
2010	西北	07	1047640	1225179	3931713	3977186	4439086	5506011	0	5181171
2010	西北	08	197330	409315	241963	1131285	344878	396611	0	769196
2010	西北	09	3958698	2221988	4067720	9947559	3230831	3856403	0	1700504
2010	西北	10	283978	106536	530085	69822	32146	483601	0	751820
2010	西北	11	17420	202897	608201	158959	521733	1695866	0	1257246
2010	西北	12	280645	392669	216072	95263	1839088	299846	0	482466
2010	西北	13	34393	63165	338860	21750	220214	177390	0	100717
2010	西北	14	576063	536254	2485069	834139	394876	343765	0	78845
2010	西北	15	581020	958332	1112771	26381	116014	2008724	0	427342
2010	西北	16	38280	1676287	1435181	414176	569054	2187394	0	597641

续表

年份	地区	部门	东北	京津	北部沿海	东部沿海	南部沿海	中部	西北	西南
2010	西北	17	129823	172899	974090	1459779	428605	1145902	0	3267766
2010	西南	01	247782	232909	3404628	1567713	1229550	1383239	1551418	0
2010	西南	02	216400	54448	255230	1158218	804642	1514984	317379	0
2010	西南	03	1265119	430213	1300489	1667564	3906408	2223257	2405823	0
2010	西南	04	36652	9551	35023	164598	691638	33528	46657	0
2010	西南	05	9154	23290	128798	203664	648908	68160	81958	0
2010	西南	06	47717	33298	27141	30202	877028	44614	51031	0
2010	西南	07	274852	167531	602328	391581	5957244	820534	802704	0
2010	西南	08	37541	35609	35732	389373	505665	274996	212190	0
2010	西南	09	1746918	459409	1437809	8794627	10655357	2546800	2589244	0
2010	西南	10	451686	86182	321672	44814	88047	311043	855508	0
2010	西南	11	72777	371390	849869	280122	4013409	1897126	2458403	0
2010	西南	12	107264	85076	33680	26312	2169332	44465	126730	0
2010	西南	13	21924	19541	31146	15175	745063	67028	83386	0
2010	西南	14	906035	301372	3079575	2640838	24678	1930127	413069	0
2010	西南	15	1213213	648748	550363	18052	177316	1537892	1693052	0
2010	西南	16	7954	387956	287121	246869	390700	1203757	684059	0
2010	西南	17	81542	46726	206287	440153	404071	316031	1417294	0

表 26－4 **地区间中间产品进口** 单位：万元

年份	地区	部门	东北	京津	北部沿海	东部沿海	南部沿海	中部	西北	西南
1997	东北	01	0	17830	271424	87653	64047	172499	78266	30767
1997	东北	02	0	25692	685247	18978	60544	733631	316749	76102
1997	东北	03	0	53397	318491	158669	113123	283550	51750	60660
1997	东北	04	0	24193	232150	302414	107622	156162	26728	10104
1997	东北	05	0	17063	73934	97440	72198	70878	17717	33655
1997	东北	06	0	11839	91516	57584	52981	49221	5340	8640
1997	东北	07	0	192788	777466	728527	99965	304734	75254	40899
1997	东北	08	0	12679	176837	53909	46857	173900	11014	15414
1997	东北	09	0	179136	660726	665033	101362	397318	124447	98768
1997	东北	10	0	16197	195190	152097	14219	113365	15541	11857
1997	东北	11	0	41031	58123	130575	38254	66735	7172	13226
1997	东北	12	0	85341	131675	287988	208818	63535	26102	20130
1997	东北	13	0	11283	74297	53885	46387	51594	7008	7359
1997	东北	14	0	0	152233	0	0	0	57334	0
1997	东北	15	0	0	0	0	0	0	0	0
1997	东北	16	0	121721	591043	447550	287462	435300	112216	74390
1997	东北	17	0	0	0	0	0	0	0	0
1997	京津	01	40129	0	165272	31081	22015	88605	70754	13789
1997	京津	02	58818	0	497375	4752	7497	227187	147257	14027
1997	京津	03	38191	0	216870	43339	27549	119179	47401	21062
1997	京津	04	11267	0	114515	57544	23426	41794	14979	2617
1997	京津	05	24725	0	34215	11613	9875	18049	8051	5149

续表

年份	地区	部门	东北	京津	北部沿海	东部沿海	南部沿海	中部	西北	西南
1997	京津	06	8185	0	90520	22645	18382	31117	5949	4235
1997	京津	07	74882	0	402048	176274	33137	149560	56495	18561
1997	京津	08	76233	0	402431	51615	44063	245827	53339	17747
1997	京津	09	169978	0	472157	172311	26948	263489	196103	39356
1997	京津	10	8349	0	38996	12315	1037	15313	3920	1301
1997	京津	11	16257	0	35330	28722	8117	23782	5091	4459
1997	京津	12	23012	0	105804	92947	61456	30704	16848	9496
1997	京津	13	55897	0	296719	65829	39507	138492	37814	15596
1997	京津	14	0	0	477781	0	0	461655	0	0
1997	京津	15	0	0	0	0	0	0	0	0
1997	京津	16	67264	0	334996	99352	57328	174194	83614	21656
1997	京津	17	0	0	0	0	0	0	0	0
1997	北部沿海	01	103497	51109	0	165639	111078	371250	98033	50963
1997	北部沿海	02	1402135	34643	0	169265	53260	610215	141414	77023
1997	北部沿海	03	84960	108356	0	473557	132071	531082	70696	81192
1997	北部沿海	04	23136	33184	0	444167	116778	149067	16245	8709
1997	北部沿海	05	46949	28004	0	154733	45115	107859	15360	25699
1997	北部沿海	06	14699	27964	0	175619	70222	112634	8923	13442
1997	北部沿海	07	857907	339675	0	1033117	148554	889235	143776	88128
1997	北部沿海	08	64954	48525	0	132760	74396	464758	25778	32167
1997	北部沿海	09	329140	348793	0	855836	118766	1106902	290103	130462

续表

年份	地区	部门	东北	京津	北部沿海	东部沿海	南部沿海	中部	西北	西南
1997	北部沿海	10	30226	16194	0	207389	8005	113076	10525	8162
1997	北部沿海	11	49250	103350	0	378642	55293	147359	14418	26086
1997	北部沿海	12	19350	80499	0	351530	108411	52328	22235	13457
1997	北部沿海	13	41220	53299	0	341827	115574	268925	21575	24937
1997	北部沿海	14	49781	69312	0	346554	0	258943	42091	0
1997	北部沿海	15	0	0	0	0	0	0	0	0
1997	北部沿海	16	150781	208107	0	1045286	276367	785412	1126345	85913
1997	北部沿海	17	0	0	0	0	0	0	0	0
1997	东部沿海	01	49548	13513	294530	0	183842	354848	54048	59248
1997	东部沿海	02	916198	38950	2732946	0	617301	3840499	398771	447914
1997	东部沿海	03	59829	44142	515928	0	353922	818453	59719	147837
1997	东部沿海	04	62717	53662	935163	0	822469	1139281	81620	66596
1997	东部沿海	05	15631	5093	47862	0	76834	105317	3504	28539
1997	东部沿海	06	5346	5890	84701	0	92271	84257	4533	13137
1997	东部沿海	07	375732	435086	2257316	0	1039855	2332354	364127	290706
1997	东部沿海	08	99734	28789	718826	0	405460	1444733	47788	114656
1997	东部沿海	09	775379	584279	3557906	0	1327142	5045732	750559	988065
1997	东部沿海	10	67042	19984	513941	0	65047	457074	29333	43833
1997	东部沿海	11	24400	33101	87851	0	106173	191963	11092	38658
1997	东部沿海	12	31745	82602	228978	0	646041	190378	65982	50843

续表

年份	地区	部门	东北	京津	北部沿海	东部沿海	南部沿海	中部	西北	西南
1997	东部沿海	13	38573	25463	318262	0	344256	524958	23562	60590
1997	东部沿海	14	0	0	314037	0	305907	425109	0	0
1997	东部沿海	15	0	0	0	0	0	0	0	0
1997	东部沿海	16	147359	117132	1075769	0	992718	1429606	150810	219210
1997	东部沿海	17	0	0	0	0	0	0	0	0
1997	南部沿海	01	30109	22986	228855	307302	0	698736	88317	192666
1997	南部沿海	02	244717	11465	673611	302900	0	1333762	166714	444999
1997	南部沿海	03	21702	24504	165771	184209	0	458677	23939	215752
1997	南部沿海	04	22979	32325	308434	935969	0	554662	30724	95485
1997	南部沿海	05	30541	13953	131151	489761	0	518022	14103	294053
1997	南部沿海	06	7936	13595	117013	181725	0	197355	7620	87902
1997	南部沿海	07	242218	389878	1193090	3726583	0	2122606	302330	774792
1997	南部沿海	08	38599	11652	302895	231918	0	865857	27146	219943
1997	南部沿海	09	151366	162075	928298	1629045	0	1838076	214811	980349
1997	南部沿海	10	4229	1898	27366	48660	0	41459	2078	10096
1997	南部沿海	11	4139	9553	14098	79131	0	52186	2079	21964
1997	南部沿海	12	33133	123255	211105	1095481	0	319938	73559	150817
1997	南部沿海	13	9985	24295	212622	313664	0	635370	13119	156556
1997	南部沿海	14	0	0	0	47213	0	59151	0	24167
1997	南部沿海	15	0	0	0	0	0	0	0	0

续表

年份	地区	部门	东北	京津	北部沿海	东部沿海	南部沿海	中部	西北	西南
1997	南部沿海	16	40759	49551	274486	485894	0	612217	47113	1249262
1997	南部沿海	17	0	0	0	0	0	0	0	0
1997	中部	01	30168	8962	242839	129930	100429	0	80839	79690
1997	中部	02	196193	27004	1276790	104409	235121	0	651576	396211
1997	中部	03	42461	33465	460911	299647	188160	0	89180	193912
1997	中部	04	15258	14062	309132	535976	213017	0	36658	33118
1997	中部	05	8139	5639	59841	88065	60013	0	4922	40977
1997	中部	06	12914	15616	275321	233025	183923	0	23068	60889
1997	中部	07	328847	250055	2034562	2419645	503751	0	556071	279310
1997	中部	08	26914	11720	292125	121247	108524	0	25040	46880
1997	中部	09	182670	158787	1139163	1067578	216707	0	1270866	343708
1997	中部	10	58720	21372	596338	579928	48801	0	58246	83973
1997	中部	11	37019	46038	160385	411292	118346	0	33394	121139
1997	中部	12	27278	66565	282951	708866	449821	0	120622	86832
1997	中部	13	12007	10108	113053	145192	115142	0	15565	30302
1997	中部	14	0	0	108613	107051	62718	0	24619	33022
1997	中部	15	0	0	0	0	0	0	0	0
1997	中部	16	92543	82084	896005	879174	499843	0	203233	272688
1997	中部	17	0	0	0	0	0	0	0	0
1997	西北	01	13985	3278	71362	22985	22214	122876	0	29058
1997	西北	02	116619	2366	185696	6875	31096	506214	0	234438
1997	西北	03	36032	21507	155243	73775	56618	248780	0	107709

续表

年份	地区	部门	东北	京津	北部沿海	东部沿海	南部沿海	中部	西北	西南
1997	西北	04	19359	13954	167101	207869	92926	190523	0	29498
1997	西北	05	19642	4792	28033	26705	29390	49695	0	25668
1997	西北	06	14797	13573	129158	73181	78589	124002	0	39748
1997	西北	07	208209	378795	683964	501837	105346	512415	0	208642
1997	西北	08	32086	5534	119077	34291	49408	263291	0	49081
1997	西北	09	144325	107140	377406	296668	61151	599726	0	163603
1997	西北	10	49691	13524	189620	137774	14907	207490	0	51212
1997	西北	11	49904	47932	86566	132840	59135	168615	0	92939
1997	西北	12	30447	43859	130409	204475	173933	111504	0	71551
1997	西北	13	19354	15537	101888	82053	97470	133285	0	35950
1997	西北	14	18927	0	0	0	0	97674	0	34917
1997	西北	15	0	0	0	0	0	0	0	0
1997	西北	16	128010	85377	502909	339053	254118	661631	0	236540
1997	西北	17	0	0	0	0	0	0	0	0
1997	西南	01	13469	3500	61851	32293	64683	176570	87313	0
1997	西南	02	18909	1861	221940	4040	62604	424212	119201	0
1997	西南	03	20875	12883	140443	99199	158876	369031	58466	0
1997	西南	04	5836	4700	81654	142356	164555	145454	21443	0
1997	西南	05	1984	643	5567	10955	11250	11918	1243	0
1997	西南	06	7052	6830	98293	87743	191803	151931	17768	0
1997	西南	07	131747	97760	503581	864281	550032	969722	528666	0
1997	西南	08	12260	3979	112523	38855	108342	241118	25439	0

续表

年份	地区	部门	东北	京津	北部沿海	东部沿海	南部沿海	中部	西北	西南
1997	西南	09	75673	45310	355687	410544	155795	539018	215219	0
1997	西南	10	28427	8397	177971	202909	43380	288910	41131	0
1997	西南	11	22729	22169	59561	185806	134262	209568	23320	0
1997	西南	12	12210	24735	79507	235407	416584	114349	72738	0
1997	西南	13	20324	9232	96969	127304	191923	233997	37899	0
1997	西南	14	0	0	0	0	113345	137965	33935	0
1997	西南	15	0	0	0	0	0	0	0	0
1997	西南	16	44413	31013	277304	294748	448306	565491	139026	0
1997	西南	17	0	0	0	0	0	0	0	0
2002	东北	01	0	17821	213156	5928	100320	272762	223463	99044
2002	东北	02	0	199377	300154	8929	248943	529579	822319	290229
2002	东北	03	0	18423	310063	31936	69597	179176	72144	195876
2002	东北	04	0	17182	111618	221375	90505	75105	14761	13718
2002	东北	05	0	4043	2199	21129	176501	62197	4774	63219
2002	东北	06	0	36136	198279	99306	292321	51106	23608	107535
2002	东北	07	0	103214	255525	189009	214813	147120	76239	81345
2002	东北	08	0	25927	235904	8703	21036	198054	69503	119609
2002	东北	09	0	30369	69542	48078	124037	74419	55804	49431
2002	东北	10	0	13681	50082	54474	29341	28702	2780	19937
2002	东北	11	0	245045	62331	262632	471758	166878	23163	94903
2002	东北	12	0	363136	74319	481145	749375	120036	12868	20196
2002	东北	13	0	21849	28307	61925	291692	19884	4044	9178

续表

年份	地区	部门	东北	京津	北部沿海	东部沿海	南部沿海	中部	西北	西南
2002	东北	14	0	15022	143478	10445	20946	318451	103856	370540
2002	东北	15	0	29596	458	7710	48	0	1635	5002
2002	东北	16	0	32479	8712	9092	13104	13198	8050	4020
2002	东北	17	0	158222	33806	116119	32366	42957	26370	13028
2002	京津	01	61669	0	344318	2157	15069	97608	63804	15869
2002	京津	02	179594	0	496558	9994	85616	515394	305522	103299
2002	京津	03	108178	0	557869	17568	19931	113509	28965	42820
2002	京津	04	21984	0	511566	214104	51157	120022	18920	9243
2002	京津	05	62039	0	52077	103648	342732	265870	26228	151629
2002	京津	06	37358	0	1538129	206134	342119	135978	49287	108899
2002	京津	07	1209754	0	1731575	391437	257309	412437	138651	69147
2002	京津	08	29316	0	547475	4107	5576	109817	29928	23182
2002	京津	09	1147383	0	1703141	483253	663869	620609	230498	147066
2002	京津	10	420778	0	1301031	463041	131405	317140	19459	82948
2002	京津	11	550347	0	87504	94287	95712	63340	9461	14393
2002	京津	12	58631	0	343163	634570	843226	139122	18206	13047
2002	京津	13	15215	0	118020	94590	310454	38702	5030	8429
2002	京津	14	13434	0	1296125	24723	6311	773833	244106	372062
2002	京津	15	7304	0	18003	80594	182	0	10722	14605
2002	京津	16	607513	0	901723	166285	140038	317131	137367	36714
2002	京津	17	416620	0	528661	491024	50177	165829	78855	22474
2002	北部沿海	01	89719	48260	0	14763	82967	487137	192846	74402

续表

年份	地区	部门	东北	京津	北部沿海	东部沿海	南部沿海	中部	西北	西南
2002	北部沿海	02	205017	329788	0	70191	237630	2712887	596852	333628
2002	北部沿海	03	445294	176487	0	455372	299971	1504872	236631	500925
2002	北部沿海	04	8567	36478	0	316081	65377	237742	16331	11608
2002	北部沿海	05	38794	55180	0	268853	827397	453328	34924	271514
2002	北部沿海	06	3573	31353	0	77461	104468	50816	12439	28567
2002	北部沿海	07	2693113	1723187	0	2568994	1035673	2617810	712254	220208
2002	北部沿海	08	0	0	0	0	0	0	0	0
2002	北部沿海	09	1181226	719116	0	485677	414948	2374616	532705	408977
2002	北部沿海	10	221544	231868	0	1376570	244840	555717	23067	116877
2002	北部沿海	11	440330	306904	0	295212	276823	215043	30066	37499
2002	北部沿海	12	15373	1064586	0	709365	749242	102632	12800	9063
2002	北部沿海	13	5679	60832	0	140895	481595	74990	8549	12378
2002	北部沿海	14	3820	15676	0	688	23011	3079	0	869
2002	北部沿海	15	560	48084	0	16196	44	0	3459	5048
2002	北部沿海	16	172504	437730	0	157826	97734	419427	94097	33861
2002	北部沿海	17	247201	1778175	0	1644681	115824	274122	137881	46067
2002	东部沿海	01	36657	6036	186513	0	311855	1466737	134854	103295
2002	东部沿海	02	139099	94905	588485	0	851794	1782872	1192976	391403
2002	东部沿海	03	19394	2099	161133	0	71671	309040	18710	76944
2002	东部沿海	04	14906	17487	258088	0	941043	730834	56547	59757

续表

年份	地区	部门	东北	京津	北部沿海	东部沿海	南部沿海	中部	西北	西南
2002	东部沿海	05	922	337	383	0	231822	133052	1346	22850
2002	东部沿海	06	1502	4139	85041	0	241707	197526	11053	37557
2002	东部沿海	07	476674	104380	703826	0	1141592	1829990	328319	190338
2002	东部沿海	08	11546	6074	118579	0	38024	577091	45061	91862
2002	东部沿海	09	568874	141005	787613	0	2224371	3367244	703396	985465
2002	东部沿海	10	11544	4085	71285	0	77284	242408	2922	22093
2002	东部沿海	11	17035	4063	3287	0	36449	187421	2020	3646
2002	东部沿海	12	10479	305837	60314	0	1446217	227192	27638	9456
2002	东部沿海	13	7287	3326	14680	0	32073	40187	2646	3151
2002	东部沿海	14	4764	7130	64966	0	65490	346335	23396	192175
2002	东部沿海	15	24	976	61	0	5	0	282	1087
2002	东部沿海	16	87427	148388	82144	0	581660	840529	87796	73225
2002	东部沿海	17	4491	9060	8687	0	14956	109492	6516	2501
2002	南部沿海	01	15557	945	37699	3980	0	356455	50602	111974
2002	南部沿海	02	53128	4186	28608	2921	0	359455	113016	191086
2002	南部沿海	03	24844	1226	63852	25486	0	235115	20425	217667
2002	南部沿海	04	6679	3978	77957	771103	0	339451	22888	64387
2002	南部沿海	05	2145	372	630	27091	0	175666	2487	145234
2002	南部沿海	06	29464	36227	650998	1313169	0	657954	169526	1521527
2002	南部沿海	07	587246	61289	343589	1051619	0	1235651	382989	663208

续表

年份	地区	部门	东北	京津	北部沿海	东部沿海	南部沿海	中部	西北	西南
2002	南部沿海	08	4790	1025	28897	3445	0	139837	12519	83623
2002	南部沿海	09	200095	20924	141845	371116	0	1170806	172072	681208
2002	南部沿海	10	97471	15274	185947	967771	0	416504	19771	407450
2002	南部沿海	11	363794	33461	29419	491135	0	646006	31823	225494
2002	南部沿海	12	113829	1206238	187482	2922110	0	543986	186924	299755
2002	南部沿海	13	5785	583	3412	22686	0	80082	1114	14254
2002	南部沿海	14	559	1840	25693	9024	0	248942	17238	302747
2002	南部沿海	15	71	3716	51	2388	0	0	467	5268
2002	南部沿海	16	178634	90718	139922	508631	0	623107	169021	561053
2002	南部沿海	17	92851	69499	43328	505581	0	176207	88550	144428
2002	中部	01	69377	9421	275430	165133	245272	0	202723	131831
2002	中部	02	111962	59386	570771	69612	1138454	0	954950	441118
2002	中部	03	90280	8632	350109	921110	188916	0	70509	230213
2002	中部	04	4491	5203	134624	1034038	181687	0	18886	19300
2002	中部	05	5497	1925	5632	136111	274417	0	11938	74547
2002	中部	06	3850	8923	161758	1131340	661808	0	28213	91239
2002	中部	07	850318	165813	988295	6056736	1577693	0	563139	221744
2002	中部	08	7257	3315	113762	53286	37651	0	27275	72301
2002	中部	09	439634	87100	985645	3397356	959966	0	394811	663093
2002	中部	10	68196	23725	289477	2322359	367476	0	19245	117825
2002	中部	11	432776	59892	73023	1341415	659161	0	49057	67727

续表

年份	地区	部门	东北	京津	北部沿海	东部沿海	南部沿海	中部	西北	西南
2002	中部	12	5058	96284	38717	719706	1146334	0	14916	9050
2002	中部	13	14373	10027	41086	640460	404776	0	10082	22031
2002	中部	14	473	12187	18891	24642	14199	0	8875	73381
2002	中部	15	0	8170	0	0	0	0	0	2048
2002	中部	16	186253	179953	320254	1435980	587701	0	195475	108484
2002	中部	17	18549	36543	25897	588861	46155	0	24123	9283
2002	西北	01	140110	12724	245595	7186	117542	326394	0	150369
2002	西北	02	54354	8902	182913	7454	154480	180497	0	264900
2002	西北	03	122730	9482	215707	30929	61985	194252	0	255523
2002	西北	04	10575	9717	106108	261463	116278	141268	0	45442
2002	西北	05	9334	2220	2738	47389	360824	119538	0	274020
2002	西北	06	9445	19381	188556	154529	424887	84977	0	329180
2002	西北	07	706198	115043	434298	606507	677611	621623	0	421680
2002	西北	08	44302	18659	433378	21777	44269	653355	0	437571
2002	西北	09	362060	68725	449285	395305	876444	934819	0	850667
2002	西北	10	117048	23060	167680	469180	256622	231470	0	357630
2002	西北	11	497025	50153	32521	274211	464486	180507	0	185867
2002	西北	12	11585	152462	42124	533600	1197272	98308	0	45977
2002	西北	13	15494	10835	21075	121319	547181	60669	0	33160
2002	西北	14	1341	12429	48363	6878	12923	247660	0	509075
2002	西北	15	698	9199	573	23882	116	0	0	13855
2002	西北	16	218561	82444	155012	200758	308067	333307	0	117208

续表

年份	地区	部门	东北	京津	北部沿海	东部沿海	南部沿海	中部	西北	西南
2002	西北	17	119209	129331	64641	538169	119731	144975	0	50277
2002	西南	01	13332	656	24112	2106	68976	155355	44190	0
2002	西南	02	61247	4360	76295	3277	182630	366730	174100	0
2002	西南	03	11700	439	21476	6502	59183	50690	10527	0
2002	西南	04	2361	1165	22153	143941	140881	64636	9490	0
2002	西南	05	310	38	63	2205	36343	9671	343	0
2002	西南	06	1304	1226	19483	29491	264099	13011	10747	0
2002	西南	07	737536	45712	188599	459984	1903872	464037	653907	0
2002	西南	08	2803	529	14657	1249	16495	54098	8929	0
2002	西南	09	130761	12418	100059	84266	762289	465967	177411	0
2002	西南	10	26519	3460	39593	149003	285285	64695	6657	0
2002	西南	11	182797	12261	9344	116186	901776	118955	15336	0
2002	西南	12	3915	33573	11026	204919	1468674	57194	16599	0
2002	西南	13	73936	9626	55812	118661	396691	78291	14817	0
2002	西南	14	463	4465	2558	1044	27680	21468	3163	0
2002	西南	15	314	1824	260	11663	200	0	2185	0
2002	西南	16	156563	65961	84721	266804	998045	311576	140048	0
2002	西南	17	282491	213879	140557	1473162	733960	546820	264125	0
2007	东北	01	0	5077	132991	932	4301	67139	131463	89424
2007	东北	02	0	1399816	383919	17458	31047	623777	1614805	84524
2007	东北	03	0	242458	526198	44696	56946	191427	583691	491593
2007	东北	04	0	95087	772418	202789	1054472	113863	330836	10554

续表

年份	地区	部门	东北	京津	北部沿海	东部沿海	南部沿海	中部	西北	西南
2007	东北	05	0	2038	59142	1472	46017	4814	2848	3940
2007	东北	06	0	48637	172825	107363	1118102	126169	44855	20330
2007	东北	07	0	764638	803835	754967	491210	425350	512428	108062
2007	东北	08	0	99606	705604	7983	63052	132797	92598	15019
2007	东北	09	0	1338609	4949869	249901	765801	1369273	1847999	970449
2007	东北	10	0	946713	957559	1344690	3108244	610090	103660	165358
2007	东北	11	0	107322	13827	28531	10563	28817	5871	25351
2007	东北	12	0	468743	299842	954700	2920149	511343	105009	31585
2007	东北	13	0	85823	29652	36184	584277	61134	16771	9390
2007	东北	14	0	67595	22200	25332	38347	310280	420126	487650
2007	东北	15	0	35909	0	5015	4714	41157	238273	546857
2007	东北	16	0	50883	59271	13870	13472	12538	39914	7408
2007	东北	17	0	867080	257685	40952	24729	37845	58743	23869
2007	京津	01	381080	0	1526690	2778	4928	137439	290918	91131
2007	京津	02	856801	0	702212	41568	35219	439610	490647	21277
2007	京津	03	402357	0	2049495	42416	23251	188941	569766	174063
2007	京津	04	5981	0	1285351	116370	772994	58865	143662	2772
2007	京津	05	210067	0	1121166	9446	145992	24928	18135	11345
2007	京津	06	127483	0	1173082	175931	964799	249921	63896	14379
2007	京津	07	2980582	0	4340467	1131734	355420	734533	620008	69231
2007	京津	08	491014	0	4589247	20379	70121	327158	201110	14914
2007	京津	09	1430767	0	9779588	259774	408881	964464	1087362	267657

续表

年份	地区	部门	东北	京津	北部沿海	东部沿海	南部沿海	中部	西北	西南
2007	京津	10	391001	0	1295042	704809	711647	308247	38916	31429
2007	京津	11	1858367	0	488570	304006	55975	275069	66381	125828
2007	京津	12	194594	0	1539682	1924959	4345577	598722	156220	26897
2007	京津	13	15919	0	281294	56694	349647	157665	32436	8644
2007	京津	14	827168	0	82745	25806	13603	213678	366867	151768
2007	京津	15	612017	0	0	6691	1841	52153	341419	255835
2007	京津	16	1100171	0	6243544	568778	469840	1380478	1695023	348084
2007	京津	17	69464	0	1325233	58376	14029	41421	70732	12464
2007	北部沿海	01	2370817	322964	0	72488	98198	3059801	3893801	1718182
2007	北部沿海	02	1625900	928942	0	108285	83612	8097836	2142976	134283
2007	北部沿海	03	518471	1234625	0	171496	92848	1205897	1239698	670800
2007	北部沿海	04	12270	288942	0	319872	1692929	572129	449090	13213
2007	北部沿海	05	465558	114348	0	32091	1011320	197723	54765	74734
2007	北部沿海	06	43721	99631	0	104015	1011814	545735	50831	14989
2007	北部沿海	07	5905293	7428533	0	6447640	1738837	6502178	2539734	314330
2007	北部沿海	08	216878	287004	0	13119	83099	1058420	138103	17377
2007	北部沿海	09	2553776	3901192	0	1050875	2698717	9195039	2501311	1048917
2007	北部沿海	10	632946	2283979	0	2921919	3629538	2521521	245585	148549
2007	北部沿海	11	1587001	2747532	0	728131	152033	543159	218352	316198
2007	北部沿海	12	36470	529749	0	682949	1501764	421016	96755	11850
2007	北部沿海	13	33224	804537	0	362311	747099	538973	220418	17009

续表

年份	地区	部门	东北	京津	北部沿海	东部沿海	南部沿海	中部	西北	西南
2007	北部沿海	14	3212351	868866	0	568609	142355	3744175	2148675	1962432
2007	北部沿海	15	224892	52043	0	5288	2226	109188	533194	290078
2007	北部沿海	16	384175	3740225	0	549605	546497	1143652	1790794	318319
2007	北部沿海	17	136652	10641295	0	301356	79939	232859	521938	71250
2007	东部沿海	01	562493	24700	735955	0	131072	4840030	1508654	1041792
2007	东部沿海	02	6792580	2485506	1193629	0	575255	9416664	8276868	732617
2007	东部沿海	03	360611	228172	757236	0	344947	3447973	1051971	1123263
2007	东部沿海	04	15865	147185	1615355	0	3301353	2669292	1255659	83559
2007	东部沿海	05	378911	19635	806071	0	2208577	1218393	47844	152919
2007	东部沿海	06	25473	14615	74145	0	1874059	648964	42404	21074
2007	东部沿海	07	4323185	1259125	1239465	0	2050897	8019712	3222398	256091
2007	东部沿海	08	637499	354723	3858618	0	1775978	5541392	770755	225944
2007	东部沿海	09	2569906	2392677	11337984	0	11284544	23970062	6949006	7293785
2007	东部沿海	10	45647	60680	76058	0	796648	1268535	36988	23651
2007	东部沿海	11	226394	125494	19550	0	113077	1462989	73639	134605
2007	东部沿海	12	9416	98988	28954	0	2803889	1697056	50323	10892
2007	东部沿海	13	3982	35560	16393	0	890424	451862	17142	10050
2007	东部沿海	14	1078560	77902	46915	0	242515	2714972	893190	2093362
2007	东部沿海	15	4544	380	0	0	361	2652	15933	11984
2007	东部沿海	16	87415	200329	272414	0	680325	4335367	646973	339128

续表

年份	地区	部门	东北	京津	北部沿海	东部沿海	南部沿海	中部	西北	西南
2007	东部沿海	17	102449	1990159	759935	0	514498	1796518	947642	184634
2007	南部沿海	01	104394	1682	139382	2332	0	953822	212720	899035
2007	南部沿海	02	4271909	575366	441333	146507	0	973222	3371269	456917
2007	南部沿海	03	360157	81744	522525	311214	0	1305316	728584	3167271
2007	南部沿海	04	18005	83760	1948027	3718913	0	2106413	1207961	279833
2007	南部沿海	05	175470	3980	355491	51981	0	415289	17221	485817
2007	南部沿海	06	149513	36632	416957	973172	0	1806817	191432	643801
2007	南部沿海	07	3911440	917951	3141422	13005665	0	8663687	3867814	4289500
2007	南部沿海	08	242112	54699	1166948	82160	0	858965	221384	279061
2007	南部沿海	09	1050376	367640	4448459	1042466	0	6984014	2386089	9406414
2007	南部沿海	10	38213	18666	53341	498807	0	165950	16791	46641
2007	南部沿海	11	1424613	357787	146263	2255061	0	1434928	268504	2140291
2007	南部沿海	12	374928	1766111	993130	19863707	0	5580065	1311141	1235630
2007	南部沿海	13	120383	389102	281933	1781673	0	1594780	178580	541118
2007	南部沿海	14	101184	11782	386	15279	0	96938	346886	16041
2007	南部沿海	15	60261	2340	0	2737	0	29723	87195	146477
2007	南部沿海	16	139502	210016	607273	1355571	0	1004874	881445	538985
2007	南部沿海	17	66085	436699	453655	648271	0	475141	304411	185227
2007	中部	01	489778	16711	1735279	239292	62513	0	1200871	812282
2007	中部	02	4707570	881057	2389157	851628	270115	0	5487512	805973

续表

年份	地区	部门	东北	京津	北部沿海	东部沿海	南部沿海	中部	西北	西南
2007	中部	03	318652	180984	2467145	446368	259962	0	1163687	1348479
2007	中部	04	3003	33244	1408401	841684	3423577	0	251826	14810
2007	中部	05	139639	5873	835344	163952	669237	0	30840	43989
2007	中部	06	32631	16621	372036	769800	2653281	0	67209	27752
2007	中部	07	4604303	1320658	5701101	14480281	4041038	0	3934067	469311
2007	中部	08	241067	96516	2240672	498044	1207454	0	249775	147370
2007	中部	09	951713	647434	13887682	6550299	3925534	0	2401473	1892312
2007	中部	10	289117	257699	1894900	6112819	5892970	0	238012	154605
2007	中部	11	1653845	907923	794194	4221324	451378	0	679157	799314
2007	中部	12	19075	113866	381667	3672052	3202555	0	148086	17267
2007	中部	13	16634	111274	164371	2079831	1417501	0	120148	39652
2007	中部	14	651480	21642	30911	160812	126828	0	337540	1388333
2007	中部	15	236329	18590	0	97229	9106	0	1180949	949401
2007	中部	16	553318	682934	2233682	3104983	2627253	0	2985505	1470282
2007	中部	17	66602	1430887	2195156	890986	312882	0	694381	129353
2007	西北	01	322907	9748	810090	7778	22347	489872	0	659973
2007	西北	02	414422	24933	437285	231856	249615	914458	0	141227
2007	西北	03	395207	216680	1026768	106915	102640	564601	0	1045495
2007	西北	04	3846	35340	525339	193594	1298215	111410	0	14361
2007	西北	05	105373	3369	360173	19663	532637	55901	0	41995
2007	西北	06	29810	12231	99249	105292	962773	140398	0	23755

续表

年份	地区	部门	东北	京津	北部沿海	东部沿海	南部沿海	中部	西北	西南
2007	西北	07	1729970	566507	1153456	1884410	1070940	1486635	0	355035
2007	西北	08	283702	123615	2915651	63667	373728	1589861	0	97432
2007	西北	09	730295	345254	3990301	583821	1708392	2743315	0	1679167
2007	西北	10	423375	372350	894976	1945434	3783217	953043	0	353511
2007	西北	11	895750	341589	116402	543475	155971	374071	0	985663
2007	西北	12	33317	128018	206992	926226	2280578	418046	0	41497
2007	西北	13	12410	79640	86055	103743	880593	206986	0	38624
2007	西北	14	152399	5395	12507	18098	12151	193841	0	212847
2007	西北	15	171353	12469	0	4243	2770	38109	0	763734
2007	西北	16	372929	738483	1423897	450285	616586	884878	0	645713
2007	西北	17	135184	1931810	1974613	633679	255240	431126	0	404929
2007	西南	01	82006	939	76499	962	17024	261280	203029	0
2007	西南	02	901199	44418	328509	170960	532951	1555459	1677774	0
2007	西南	03	152681	28556	184730	44350	135835	319761	399378	0
2007	西南	04	1603	7895	173885	162451	2711472	106670	178979	0
2007	西南	05	234919	3947	354191	25550	1829296	141392	25243	0
2007	西南	06	32995	5504	61667	94866	2767383	132672	70771	0
2007	西南	07	3828109	408606	826584	2385637	3540294	1705009	3919198	0
2007	西南	08	276473	62595	1382526	37133	927544	714340	495959	0
2007	西南	09	400238	110367	1243480	428916	3090467	898607	1023653	0
2007	西南	10	306241	113874	389540	1347040	8126611	645165	360699	0

续表

年份	地区	部门	东北	京津	北部沿海	东部沿海	南部沿海	中部	西北	西南
2007	西南	11	982144	211335	81362	677549	702281	455885	539564	0
2007	西南	12	22858	36646	93231	564361	4981962	275084	237256	0
2007	西南	13	8315	18898	35496	83653	904990	225421	62483	0
2007	西南	14	65693	1592	1979	3678	27615	31834	71764	0
2007	西南	15	65502	1873	0	1054	1920	42468	262097	0
2007	西南	16	116301	118111	352543	297671	1759089	533789	785262	0
2007	西南	17	158591	1268327	1095454	525693	589529	888587	1945751	0
2010	东北	01	0	9601	233660	2939	16539	174997	261682	247782
2010	东北	02	0	2887039	903766	36397	72946	1509474	2878486	216400
2010	东北	03	0	393065	1412099	134417	277112	588487	1307530	1265119
2010	东北	04	0	139474	1351642	513117	1685850	328995	652555	36652
2010	东北	05	0	3276	113509	3925	97947	11885	5695	9154
2010	东北	06	0	78026	313998	236586	2382262	297399	81587	47717
2010	东北	07	0	1297725	1555164	1639532	1465738	969582	1047640	274852
2010	东北	08	0	190775	1508038	18142	150135	313870	197330	37541
2010	东北	09	0	2343471	7106223	503779	1601940	2702286	3958698	1746918
2010	东北	10	0	1782813	2118312	2906204	3794942	1765586	283978	451686
2010	东北	11	0	231801	28555	85955	41838	84498	17420	72777
2010	东北	12	0	1375539	730347	2017748	8427536	1500910	280645	107264
2010	东北	13	0	138382	71482	93042	864527	165363	34393	21924
2010	东北	14	0	87122	32529	48431	69408	597030	576063	906035

续表

年份	地区	部门	东北	京津	北部沿海	东部沿海	南部沿海	中部	西北	西南
2010	东北	15	0	72747	0	14605	12450	128765	581020	1213213
2010	东北	16	0	42781	73574	15261	16964	13819	38280	7954
2010	东北	17	0	1131126	557010	121885	87982	133284	129823	81542
2010	京津	01	525589	0	2512130	8048	17407	331207	537172	232909
2010	京津	02	1359424	0	1627126	84219	80576	1119051	851658	54448
2010	京津	03	520651	0	5358591	121753	107798	560118	1229153	430213
2010	京津	04	10534	0	2246401	293216	1298956	168661	276179	9551
2010	京津	05	233086	0	1906351	22218	274550	54371	32018	23290
2010	京津	06	126631	0	2140065	381136	2036778	586314	115201	33298
2010	京津	07	4242986	0	8031615	2331466	1007153	1602963	1225179	167531
2010	京津	08	821031	0	9369588	44168	159367	738195	409315	35609
2010	京津	09	1813578	0	13347353	488519	796564	1809725	2221988	459409
2010	京津	10	497040	0	2853375	1515288	866161	886721	106536	86182
2010	京津	11	3903112	0	1041451	941853	228206	829238	202897	371390
2010	京津	12	332926	0	3623343	3760448	11432259	1684586	392669	85076
2010	京津	13	19936	0	652269	141308	510541	403778	63165	19541
2010	京津	14	1116406	0	129654	52696	26260	436937	536254	301372
2010	京津	15	884553	0	0	22096	5481	187739	958332	648748
2010	京津	16	893571	0	7932020	639265	613038	1577210	1676287	387956
2010	京津	17	179735	0	3200536	189507	54299	159584	172899	46726
2010	北部沿海	01	2534004	442660	0	166155	270737	5703036	5550369	3404628

续表

年份	地区	部门	东北	京津	北部沿海	东部沿海	南部沿海	中部	西北	西南
2010	北部沿海	02	1920953	1393834	0	169088	151913	15165642	2770884	255230
2010	北部沿海	03	524622	1498847	0	390567	340305	2774674	2086480	1300489
2010	北部沿海	04	16889	326679	0	619609	2085475	1269665	676636	35023
2010	北部沿海	05	433436	136041	0	63430	1595582	361885	81106	128798
2010	北部沿海	06	33908	123912	0	177299	1666641	995183	71423	27141
2010	北部沿海	07	6650671	9450772	0	10646485	3904543	11076883	3931713	602328
2010	北部沿海	08	312320	451132	0	24485	162651	2054530	241963	35732
2010	北部沿海	09	2627512	5224363	0	1637125	4352842	13704688	4067720	1437809
2010	北部沿海	10	635227	3346437	0	4945429	3483839	5730701	530085	321672
2010	北部沿海	11	3034243	5560100	0	2037650	563534	1492842	608201	849869
2010	北部沿海	12	55553	1280343	0	1204944	3598556	1034472	216072	33680
2010	北部沿海	13	33372	1020957	0	731649	907261	1103076	338860	31146
2010	北部沿海	14	3425694	934091	0	924809	217822	6001618	2485069	3079575
2010	北部沿海	15	242550	89773	0	13051	5022	292414	1112771	550363
2010	北部沿海	16	252253	2622728	0	499802	575987	1053603	1435181	287121
2010	北部沿海	17	272390	11690537	0	766277	241223	693715	974090	206287
2010	东部沿海	01	453703	25246	696979	0	275047	6736142	1625958	1567713
2010	东部沿海	02	6781533	3130115	1731718	0	881679	15068813	9098608	1158218
2010	东部沿海	03	279047	211784	1163560	0	967861	6076408	1354411	1667564
2010	东部沿海	04	16196	123412	1613090	0	3070382	4384009	1402959	164598

续表

年份	地区	部门	东北	京津	北部沿海	东部沿海	南部沿海	中部	西北	西南
2010	东部沿海	05	273164	18093	887159	0	2688980	1726992	54861	203664
2010	东部沿海	06	15647	14393	82698	0	2443766	937198	47204	30202
2010	东部沿海	07	3925198	1275943	1440415	0	3689812	11307695	3977186	391581
2010	东部沿海	08	769142	467252	5671583	0	2912763	9011765	1131285	389373
2010	东部沿海	09	2302419	2788506	10832741	0	15730519	31483364	9947559	8794627
2010	东部沿海	10	40101	77894	114792	0	671166	2512752	69822	44814
2010	东部沿海	11	335975	197571	29447	0	324540	3164762	158959	280122
2010	东部沿海	12	12177	203202	49682	0	5706996	3504904	95263	26312
2010	东部沿海	13	3283	36971	25050	0	866510	759235	21750	15175
2010	东部沿海	14	925941	67090	46686	0	300051	3515826	834139	2640838
2010	东部沿海	15	3894	523	0	0	647	5633	26381	18052
2010	东部沿海	16	45975	111233	223006	0	574546	3259890	414176	246869
2010	东部沿海	17	168211	1804222	1141164	0	1277125	4389544	1459779	440153
2010	南部沿海	01	76930	1576	121184	3635	0	1228501	209615	1229550
2010	南部沿海	02	3835824	638610	625210	207712	0	1841448	3462409	804642
2010	南部沿海	03	232331	63248	669374	449078	0	1917841	782062	3906408
2010	南部沿海	04	23160	88272	2451608	6733053	0	4362199	1701447	691638
2010	南部沿海	05	127568	3686	393291	80624	0	592453	19933	648908
2010	南部沿海	06	87254	34280	441844	1247491	0	2479593	202402	877028
2010	南部沿海	07	3310589	865178	3332167	15421650	0	11053075	4439086	5957244

续表

年份	地区	部门	东北	京津	北部沿海	东部沿海	南部沿海	中部	西北	西南
2010	南部沿海	08	309764	76370	1816624	136892	0	1478046	344878	505665
2010	南部沿海	09	888027	404838	4011507	1321043	0	8648025	3230831	10655357
2010	南部沿海	10	34365	24543	81668	772825	0	330484	32146	88047
2010	南部沿海	11	1910439	507387	198009	4450369	0	2752553	521733	4013409
2010	南部沿海	12	354245	2551679	1303049	21503800	0	8822554	1839088	2169332
2010	南部沿海	13	89507	365083	401757	2685292	0	2572990	220214	745063
2010	南部沿海	14	103394	12347	470	24264	0	153391	394876	24678
2010	南部沿海	15	41495	2586	0	4351	0	50739	116014	177316
2010	南部沿海	16	73573	118568	505522	998255	0	751260	569054	390700
2010	南部沿海	17	99216	362215	623205	1227475	0	1065156	428605	404071
2010	中部	01	449625	19508	1877350	465070	147838	0	1473415	1383239
2010	中部	02	5500905	1293223	4113228	1279420	456460	0	7101518	1514984
2010	中部	03	277104	189877	4311549	857947	807419	0	1692201	2223257
2010	中部	04	3527	33780	1683559	1396512	3838446	0	335637	33528
2010	中部	05	118078	6349	1087795	288024	941510	0	42009	68160
2010	中部	06	22570	18467	468740	1176584	3872144	0	84349	44614
2010	中部	07	4636956	1511421	7591290	21252878	8288237	0	5506011	820534
2010	中部	08	314372	137365	3574526	837253	2147512	0	396611	274996
2010	中部	09	953311	845310	14878714	9820186	6025566	0	3856403	2546800
2010	中部	10	271252	354151	3089757	9497881	5206815	0	483601	311043

续表

年份	地区	部门	东北	京津	北部沿海	东部沿海	南部沿海	中部	西北	西南
2010	中部	11	2798386	1639219	1375237	10678876	1475176	0	1695866	1897126
2010	中部	12	26344	245628	704952	5929686	6924299	0	299846	44465
2010	中部	13	15714	131800	282985	4039140	1525788	0	177390	67028
2010	中部	14	610587	20432	33857	225398	170494	0	343765	1930127
2010	中部	15	207282	25813	0	183375	16908	0	2008724	1537892
2010	中部	16	331204	435792	2109677	2556703	2497734	0	2187394	1203757
2010	中部	17	114105	1377138	3569162	1908215	763277	0	1145902	316031
2010	西北	01	411456	15822	1213586	20842	72992	1084289	0	1551418
2010	西北	02	589437	46396	879705	404054	492531	2112355	0	317379
2010	西北	03	471206	310121	2449643	287738	445928	1555491	0	2405823
2010	西北	04	6214	46324	843120	455761	1972632	302596	0	46657
2010	西北	05	111180	4538	578967	43985	951379	115797	0	81958
2010	西北	06	27142	17639	164010	212589	1882825	303801	0	51031
2010	西北	07	2222584	824524	1950873	3630516	2836833	2945792	0	802704
2010	西北	08	435926	207246	5411791	125594	774061	3250304	0	212190
2010	西北	09	844020	518215	4895372	1011715	3073226	4622343	0	2589244
2010	西北	10	477400	611289	1723114	3701450	4074496	2409401	0	855508
2010	西北	11	1567791	626985	206501	1421776	538228	948544	0	2458403
2010	西北	12	54076	322136	449327	1749879	5841247	1104726	0	126730
2010	西北	13	14210	116536	187075	241304	1212634	494206	0	83386
2010	西北	14	197410	7027	19141	36075	22783	386460	0	413069

续表

年份	地区	部门	东北	京津	北部沿海	东部沿海	南部沿海	中部	西北	西南
2010	西北	15	204431	23582	0	12166	7064	118249	0	1693052
2010	西北	16	286923	615087	1742878	486034	766552	957447	0	684059
2010	西北	17	324275	2577025	4371510	1930155	926330	1554243	0	1417294
2010	西南	01	78277	1139	86152	1946	41938	436212	258724	0
2010	西南	02	1072543	65313	582302	266522	926141	3067187	2255809	0
2010	西南	03	135849	30486	326574	88039	435029	647453	593368	0
2010	西南	04	2059	8225	215741	292977	3121534	219213	247615	0
2010	西南	05	201006	4315	462376	46428	2646103	237987	34356	0
2010	西南	06	23541	6300	79933	148763	4197592	222882	91447	0
2010	西南	07	3746640	450921	1051374	3412190	7200322	2574263	5181171	0
2010	西南	08	352556	87179	2149760	61528	1609323	1229156	769196	0
2010	西南	09	406879	146802	1363272	644175	4804985	1361634	1700504	0
2010	西南	10	295455	160584	647036	2198404	7430900	1403205	751820	0
2010	西南	11	1558111	355876	131153	1584414	2164127	1039023	1257246	0
2010	西南	12	31693	80791	172232	905544	10881523	615335	482466	0
2010	西南	13	8515	24199	67736	171164	1012299	479476	100717	0
2010	西南	14	66273	1617	2321	5639	40558	48783	78845	0
2010	西南	15	58475	2679	0	2210	3655	95358	427342	0
2010	西南	16	73255	78746	344459	258257	1796741	478732	597641	0
2010	西南	17	281673	1244254	1780973	1175080	1576803	2346346	3267766	0

表 26－5　　地区间最终产品出口　　单位：万元

年份	地区	部门	东北	京津	北部沿海	东部沿海	南部沿海	中部	西北	西南
1997	东北	01	0	26577	57625	39389	35705	32052	14265	19077
1997	东北	02	0	1746	524	48	220	1739	1380	614
1997	东北	03	0	38227	73249	67969	28505	65145	57616	30027
1997	东北	04	0	11152	12484	8987	5901	23151	38171	17228
1997	东北	05	0	13127	18742	3494	6152	2990	9211	868
1997	东北	06	0	664	1138	249	856	1051	1521	390
1997	东北	07	0	3246	9773	10126	6471	21501	20704	4993
1997	东北	08	0	4040	4584	5390	2154	2434	3715	1588
1997	东北	09	0	571	2212	3875	1258	2138	4278	1515
1997	东北	10	0	12217	7302	69217	5715	61127	47854	35627
1997	东北	11	0	11186	61261	20641	5155	39758	41711	9553
1997	东北	12	0	11347	19222	9768	15409	29607	15223	9300
1997	东北	13	0	1731	4661	2654	2233	1368	5324	1221
1997	东北	14	0	0	4658	0	0	0	2564	0
1997	东北	15	0	0	0	0	0	0	0	0
1997	东北	16	0	9531	21456	16158	8761	19717	32630	9823
1997	东北	17	0	0	0	0	0	0	0	0
1997	京津	01	16392	0	28457	10742	27256	9524	3343	4957
1997	京津	02	215	0	78	2	13	211	36	89
1997	京津	03	92988	0	93419	50148	32188	51343	34383	18527
1997	京津	04	23494	0	17730	7411	8030	21384	27483	14052
1997	京津	05	2973	0	11178	1139	2810	2073	2247	282

续表

年份	地区	部门	东北	京津	北部沿海	东部沿海	南部沿海	中部	西北	西南
1997	京津	06	1344	0	2166	274	1466	1271	1395	377
1997.	京津	07	14518	0	16411	14621	14309	21940	46369	6270
1997	京津	08	344	0	3424	1555	650	1060	641	516
1997	京津	09	671	0	2916	3857	2109	2229	3602	1371
1997	京津	10	7979	0	3912	20635	2565	22249	13025	10523
1997	京津	11	15439	0	128554	28002	11892	49446	40064	9318
1997	京津	12	57196	0	89870	26214	32223	91592	27253	19326
1997	京津	13	2900	0	13892	4525	6177	1771	6203	1284
1997	京津	14	0	0	6485	0	0	0	0	0
1997	京津	15	0	0	0	0	0	0	0	0
1997	京津	16	31557	0	29613	12846	10650	17488	21764	6858
1997	京津	17	0	0	0	0	0	0	0	0
1997	北部沿海	01	249532	109452	0	234136	271384	258029	72779	87581
1997	北部沿海	02	18358	6277	0	1186	3864	24880	5649	5256
1997	北部沿海	03	554629	217063	0	586131	217738	707166	248210	201988
1997	北部沿海	04	197495	96450	0	110639	68633	409516	283687	215125
1997	北部沿海	05	12884	18167	0	10699	26417	21983	13146	2436
1997	北部沿海	06	10389	7335	0	3946	12621	22412	13272	5435
1997	北部沿海	07	62277	19318	0	74573	42942	199410	78779	31094
1997	北部沿海	08	4803	21325	0	38846	16905	26422	13788	14573
1997	北部沿海	09	3119	3108	0	34116	10368	25091	21392	12261

续表

年份	地区	部门	东北	京津	北部沿海	东部沿海	南部沿海	中部	西北	西南
1997	北部沿海	10	96152	57054	0	530635	36964	620787	182614	223052
1997	北部沿海	11	21870	24308	0	74317	17551	172256	72357	25034
1997	北部沿海	12	64305	61284	0	69627	115368	281768	61150	59995
1997	北部沿海	13	17385	27768	0	56583	53813	20315	49538	13548
1997	北部沿海	14	52700	139411	0	37350	0	25619	0	0
1997	北部沿海	15	0	0	0	0	0	0	0	0
1997	北部沿海	16	153231	47467	0	117967	58993	190889	128194	61329
1997	北部沿海	17	0	0	0	0	0	0	0	0
1997	东部沿海	01	80582	20584	92225	0	364411	138060	23442	45726
1997	东部沿海	02	162	107	962	0	103	943	185	51
1997	东部沿海	03	276307	43377	408279	0	241954	459745	117956	142668
1997	东部沿海	04	217718	39123	191571	0	184868	594177	277692	313711
1997	东部沿海	05	16981	6168	61766	0	98649	32351	12524	4792
1997	东部沿海	06	6536	1835	13601	0	19601	18968	7520	4852
1997	东部沿海	07	63020	8749	53565	0	158448	308327	61226	78818
1997	东部沿海	08	1464	2735	9369	0	12944	10967	3970	5032
1997	东部沿海	09	1960	788	9260	0	14946	19977	11709	10647
1997	东部沿海	10	74925	18019	50095	0	65730	603706	132681	254307
1997	东部沿海	11	49130	19763	470986	0	98506	441732	111036	78092
1997	东部沿海	12	165103	41052	359949	0	449957	814296	106544	180374

续表

年份	地区	部门	东北	京津	北部沿海	东部沿海	南部沿海	中部	西北	西南
1997	东部沿海	13	14065	6941	81464	0	79115	25132	32367	16494
1997	东部沿海	14	0	0	32422	0	7043	25251	0	0
1997	东部沿海	15	0	0	0	0	0	0	0	0
1997	东部沿海	16	116029	14078	148736	0	104430	187303	86428	65189
1997	东部沿海	17	0	0	0	0	0	0	0	0
1997	南部沿海	01	58885	14582	61846	146147	0	106713	22656	91598
1997	南部沿海	02	234	221	251	69	0	1675	801	1283
1997	南部沿海	03	196989	27573	113867	402082	0	288690	90527	228499
1997	南部沿海	04	154532	32014	72753	174452	0	437772	265541	658787
1997	南部沿海	05	12581	5244	18009	17176	0	22047	13785	4923
1997	南部沿海	06	6014	1490	5438	4298	0	14971	8076	10605
1997	南部沿海	07	7492	1612	7556	36062	0	54282	11768	40727
1997	南部沿海	08	1272	2336	5250	21912	0	9815	5721	14032
1997	南部沿海	09	1091	370	1950	21303	0	9825	8190	15104
1997	南部沿海	10	7004	1520	1934	67159	0	50802	14357	54368
1997	南部沿海	11	14394	5583	68777	89819	0	127107	49429	56429
1997	南部沿海	12	125130	24521	113830	201895	0	543806	94560	320660
1997	南部沿海	13	14780	6070	35586	75742	0	23918	38378	40942
1997	南部沿海	14	0	0	0	35679	0	14793	0	14427
1997	南部沿海	15	0	0	0	0	0	0	0	0

续表

年份	地区	部门	东北	京津	北部沿海	东部沿海	南部沿海	中部	西北	西南
1997	南部沿海	16	74527	8122	39325	108860	0	106489	64777	99149
1997	南部沿海	17	0	0	0	0	0	0	0	0
1997	中部	01	158586	58679	206703	282087	828592	0	125313	250034
1997	中部	02	17648	3770	6421	1193	12537	0	9953	9090
1997	中部	03	493776	119286	457874	929822	602458	0	397762	530752
1997	中部	04	109310	26780	65078	111725	107255	0	255810	313378
1997	中部	05	12352	9584	43054	23543	104341	0	23306	5213
1997	中部	06	5588	2521	8723	3925	21287	0	12742	8401
1997	中部	07	21973	6870	42403	78036	79675	0	55597	70828
1997	中部	08	4723	13027	32799	66781	43934	0	30486	31228
1997	中部	09	1339	1124	8071	25044	12305	0	16006	14051
1997	中部	10	55844	22404	27314	471920	56005	0	199820	362091
1997	中部	11	25109	16365	183297	162391	64968	0	140938	88080
1997	中部	12	32081	17332	49602	58054	161402	0	53184	86721
1997	中部	13	12725	13607	75908	93538	161782	0	63442	29686
1997	中部	14	0	72414	24226	49582	8825	0	13230	17563
1997	中部	15	0	0	0	0	0	0	0	0
1997	中部	16	112857	24682	111759	156767	131578	0	168656	125065
1997	中部	17	0	0	0	0	0	0	0	0
1997	西北	01	71954	46857	54583	42966	104731	85896	0	123641
1997	西北	02	8121	2382	901	85	349	6620	0	5373
1997	西北	03	90119	47443	60951	67842	31443	136827	0	84087

续表

年份	地区	部门	东北	京津	北部沿海	东部沿海	南部沿海	中部	西北	西南
1997	西北	04	15024	7432	5990	5689	4097	27328	0	32402
1997	西北	05	3086	4273	6133	784	2841	1809	0	543
1997	西北	06	606	482	691	212	822	1878	0	983
1997	西北	07	3990	2551	6376	10224	8926	32031	0	24717
1997	西北	08	299	2827	1819	2583	1514	2265	0	3295
1997	西北	09	268	470	1556	1853	660	2413	0	2490
1997	西北	10	7657	5737	2542	30285	2805	60634	0	51548
1997	西北	11	2698	3504	17933	9384	2587	35869	0	9801
1997	西北	12	14891	7657	22825	20502	29861	140194	0	55726
1997	西北	13	1089	1933	4107	3103	3200	2245	0	3296
1997	西北	14	9999	0	3939	0	0	5806	0	4319
1997	西北	15	0	0	0	0	0	0	0	0
1997	西北	16	29093	11848	18159	16538	10126	43298	0	30749
1997	西北	17	0	0	0	0	0	0	0	0
1997	西南	01	28285	9131	28376	47097	228474	84674	29636	0
1997	西南	02	696	266	336	86	3224	4431	2028	0
1997	西南	03	105634	21082	70001	167953	283382	297514	172209	0
1997	西南	04	8527	2142	4288	7880	22717	42854	46035	0
1997	西南	05	5864	2733	10259	6381	59228	15052	12036	0
1997	西南	06	980	343	1040	612	9482	4956	4084	0
1997	西南	07	3548	928	4833	10778	33787	37031	26116	0
1997	西南	08	419	941	2270	6196	12275	4240	5683	0

续表

年份	地区	部门	东北	京津	北部沿海	东部沿海	南部沿海	中部	西北	西南
1997	西南	09	173	102	771	2789	3298	3115	4330	0
1997	西南	10	5840	1902	1972	45257	13641	87416	49321	0
1997	西南	11	4976	3070	32446	32704	27342	130104	77684	0
1997	西南	12	12466	3425	14409	15918	60307	107369	41508	0
1997	西南	13	1575	1290	6293	9170	39378	4724	16550	0
1997	西南	14	0	0	0	0	3607	7789	4730	0
1997	西南	15	0	0	0	0	0	0	0	0
1997	西南	16	19288	3068	12224	24039	53762	58095	60297	0
1997	西南	17	0	0	0	0	0	0	0	0
2002	东北	01	0	112853	60354	59442	15465	91957	343941	15807
2002	东北	02	0	5310	11941	2528	1145	7537	3850	3139
2002	东北	03	0	185044	132670	23805	14418	77247	69470	8479
2002	东北	04	0	16330	4918	816	772	4386	11035	5977
2002	东北	05	0	43689	28327	426	538	2857	4757	162
2002	东北	06	0	9257	774	235	1822	638	1420	229
2002	东北	07	0	119289	156687	35185	7872	54042	38570	29660
2002	东北	08	0	8783	0	2900	2135	957	3210	410
2002	东北	09	0	87612	21414	4615	10276	9162	13881	5918
2002	东北	10	0	233045	321767	9743	208156	64184	117245	20386
2002	东北	11	0	183558	226432	8244	176210	276320	181888	137024
2002	东北	12	0	50586	37251	7373	16439	24393	21885	10546
2002	东北	13	0	16968	7756	951	365	4391	7272	1334

续表

年份	地区	部门	东北	京津	北部沿海	东部沿海	南部沿海	中部	西北	西南
2002	东北	14	0	4570	191	531	120	145	123	96
2002	东北	15	0	53213	8504	3286	542	0	8419	8119
2002	东北	16	0	342144	60432	56442	52609	106134	181347	72272
2002	东北	17	0	534990	634731	19936	151958	72940	321807	638969
2002	京津	01	13789	0	23994	7521	688	10593	24281	689
2002	京津	02	170	0	1161	80	1	246	5	10
2002	京津	03	9493	0	114968	6151	1312	19156	16457	840
2002	京津	04	18624	0	19978	650	327	5018	10157	1688
2002	京津	05	615	0	32749	129	99	801	572	11
2002	京津	06	1996	0	2815	282	910	678	1149	84
2002	京津	07	7054	0	97940	5495	900	13764	7130	1545
2002	京津	08	3016	0	0	612	206	166	474	30
2002	京津	09	638	0	14754	978	849	2110	1893	391
2002	京津	10	17860	0	650954	6606	56996	46581	35324	5352
2002	京津	11	10560	0	74299	746	6609	17321	7372	3707
2002	京津	12	136069	0	815695	99488	167024	241650	132354	67823
2002	京津	13	10829	0	92213	605	120	15436	9850	987
2002	京津	14	2393	0	11052	6172	517	4746	2131	1909
2002	京津	15	43978	0	282437	29566	2052	2459	29557	23066
2002	京津	16	29444	0	110159	57705	24110	75476	64309	22694
2002	京津	17	264715	0	4146909	35778	111743	152224	366704	494424
2002	北部沿海	01	125464	323030	0	153112	20231	211423	333379	18286

续表

年份	地区	部门	东北	京津	北部沿海	东部沿海	南部沿海	中部	西北	西南
2002	北部沿海	02	0	4815	0	0	0	0	0	0
2002	北部沿海	03	98574	1103916	0	239535	39051	422510	186087	19761
2002	北部沿海	04	170535	498945	0	14795	7427	153520	117964	29547
2002	北部沿海	05	237	18403	0	95	81	1559	588	15
2002	北部沿海	06	12664	109646	0	5215	11785	13555	8153	1049
2002	北部沿海	07	23974	180022	0	38630	4778	87650	23947	6641
2002	北部沿海	08	31501	95236	0	13785	8336	6528	15177	1060
2002	北部沿海	09	20	9448	0	2166	1881	1175	2593	136
2002	北部沿海	10	42493	1097474	0	61125	463576	467361	199178	37020
2002	北部沿海	11	6448	43101	0	1144	9759	44347	10977	4875
2002	北部沿海	12	19605	164233	0	27899	31587	114755	27187	13361
2002	北部沿海	13	2174	51698	0	735	134	7540	41688	175
2002	北部沿海	14	12262	154454	0	11959	1686	2225	2945	271
2002	北部沿海	15	3794	126429	0	8000	373	0	6701	6293
2002	北部沿海	16	4237	140730	0	19156	14999	92694	76199	11152
2002	北部沿海	17	38785	408267	0	22731	42666	73277	107581	176493
2002	东部沿海	01	2267	1543	3711	0	1689	83763	6458	1135
2002	东部沿海	02	26	125	285	0	1	659	7	9
2002	东部沿海	03	7659	40225	124992	0	18415	738969	33501	5894
2002	东部沿海	04	271730	213223	216583	0	72706	623471	289443	120022

续表

年份	地区	部门	东北	京津	北部沿海	东部沿海	南部沿海	中部	西北	西南
2002	东部沿海	05	1493	25122	62009	0	2512	14967	7154	326
2002	东部沿海	06	3328	12128	4815	0	17167	35821	5702	1128
2002	东部沿海	07	8648	33643	122670	0	10227	246779	28476	17380
2002	东部沿海	08	774	365	0	0	745	2118	467	53
2002	东部沿海	09	1364	15052	43650	0	11535	60406	13064	5704
2002	东部沿海	10	29560	193358	1427603	0	2404853	1133428	384919	89789
2002	东部沿海	11	19683	38554	139770	0	179798	508055	91172	58782
2002	东部沿海	12	84436	226905	459830	0	509768	728846	281642	168261
2002	东部沿海	13	22313	35560	168787	0	3324	263054	128398	15727
2002	东部沿海	14	529	2556	205	0	431	5754	532	275
2002	东部沿海	15	74537	678245	497458	0	18225	0	302820	277038
2002	东部沿海	16	6669	31458	32642	0	75209	335076	91206	55336
2002	东部沿海	17	88691	322253	1820929	0	567339	851370	700800	1595074
2002	南部沿海	01	66640	21953	47003	253705	0	193239	196765	75063
2002	南部沿海	02	87	4610	65	10443	0	1621	721	339
2002	南部沿海	03	72163	202344	391261	364055	0	647068	265207	192102
2002	南部沿海	04	101181	41902	33968	23378	0	142506	104605	215711
2002	南部沿海	05	7126	59398	130030	14371	0	20995	32607	4937
2002	南部沿海	06	22397	62508	16713	20887	0	66343	48959	38410
2002	南部沿海	07	17533	69491	119864	90258	0	184305	85392	178417

续表

年份	地区	部门	东北	京津	北部沿海	东部沿海	南部沿海	中部	西北	西南
2002	南部沿海	08	9094	1918	0	12241	0	7669	4446	3138
2002	南部沿海	09	5141	80375	57446	56784	0	75637	57560	89493
2002	南部沿海	10	25601	75525	403878	89773	0	320091	344356	146444
2002	南部沿海	11	63691	151487	154349	19825	0	357135	147979	501400
2002	南部沿海	12	226402	317855	463612	477201	0	1524863	882371	1762276
2002	南部沿海	13	28001	60173	154910	15834	0	132692	161405	81069
2002	南部沿海	14	470	2542	6923	20870	0	15676	5604	32661
2002	南部沿海	15	477	1509	763	661	0	0	1528	5251
2002	南部沿海	16	20467	75650	30137	297491	0	269435	196893	595808
2002	南部沿海	17	24518	33538	125901	16475	0	49281	130884	832590
2002	中部	01	205097	126866	277556	1645044	294575	0	552519	160075
2002	中部	02	24228	7801	123843	30826	1578	0	5250	7118
2002	中部	03	79321	405360	766852	700096	251503	0	322011	81815
2002	中部	04	105028	151529	146220	73453	24557	0	184877	125679
2002	中部	05	9283	133838	227404	48720	28522	0	33351	3027
2002	中部	06	2963	12695	4278	11253	16411	0	4848	870
2002	中部	07	19063	87001	213555	115272	28614	0	73359	28996
2002	中部	08	28552	14686	0	69207	35442	0	22710	4616
2002	中部	09	1290	50919	39676	50570	22158	0	17636	9852
2002	中部	10	17933	165169	754458	257301	702256	0	198591	39949
2002	中部	11	23421	47161	95331	118022	190954	0	74358	61181

续表

年份	地区	部门	东北	京津	北部沿海	东部沿海	南部沿海	中部	西北	西南
2002	中部	12	31075	105576	82382	137182	155654	0	62757	47192
2002	中部	13	9239	48674	77125	25353	10926	0	138461	7868
2002	中部	14	37397	126128	784	73481	18237	0	19665	2625
2002	中部	15	0	0	0	0	0	0	0	0
2002	中部	16	11864	94083	74742	299900	99110	0	161203	81142
2002	中部	17	44364	132408	415034	338683	209488	0	217323	644371
2002	西北	01	270430	152702	172469	224384	50339	298041	0	55206
2002	西北	02	21177	5177	24876	7519	7518	20145	0	6318
2002	西北	03	51310	192514	207970	80763	33996	232492	0	29397
2002	西北	04	16425	17280	10840	3538	2602	26242	0	20588
2002	西北	05	816	15544	21192	600	567	5254	0	141
2002	西北	06	1935	5923	1321	1051	5392	2959	0	745
2002	西北	07	13333	26468	47993	26094	5612	54249	0	13485
2002	西北	08	8888	4910	0	5557	3268	1727	0	665
2002	西北	09	275	4246	2419	12893	5846	1866	0	1754
2002	西北	10	2515	13061	40396	3075	50621	22051	0	9083
2002	西北	11	3397	6145	15786	1124	16442	45056	0	18172
2002	西北	12	7365	12418	25235	18315	36755	69275	0	55785
2002	西北	13	1397	5267	10787	784	229	13248	0	2883
2002	西北	14	7781	37164	0	5407	1677	1180	0	442
2002	西北	15	98249	386645	182928	188062	21763	0	0	406229
2002	西北	16	10505	58029	31610	54537	45072	95664	0	54152

续表

年份	地区	部门	东北	京津	北部沿海	东部沿海	南部沿海	中部	西北	西南
2002	西北	17	44060	95541	331754	27637	125677	95178	0	533955
2002	西南	01	169051	36799	114798	237298	153407	290623	500120	0
2002	西南	02	12562	1807	8186	6461	2865	14343	14871	0
2002	西南	03	224117	304476	590061	364391	369875	762015	990545	0
2002	西南	04	63573	18873	14978	6093	12458	44417	104309	0
2002	西南	05	11317	78897	151737	9290	34486	29855	98529	0
2002	西南	06	7019	8312	2081	2023	37690	6532	15552	0
2002	西南	07	15463	19321	32222	21494	20507	45294	66411	0
2002	西南	08	29072	4688	0	20865	30742	10072	35320	0
2002	西南	09	639	6375	3228	4298	9384	4685	10463	0
2002	西南	10	7212	23704	91047	8754	442501	54355	164960	0
2002	西南	11	6878	3043	7513	863	35177	15337	21434	0
2002	西南	12	13999	14693	24479	16211	103921	59730	110836	0
2002	西南	13	4865	9995	12785	2729	2030	16637	66662	0
2002	西南	14	74958	93676	675	73912	40142	18452	70133	0
2002	西南	15	73381	135861	73961	51423	31510	10785	190518	0
2002	西南	16	9172	16778	11455	57193	162014	58861	90101	0
2002	西南	17	47491	42559	190572	16668	298963	53604	165742	0
2007	东北	01	0	109633	1200373	1346196	636528	862809	140844	611023
2007	东北	02	0	623	3490	11002	4931	116245	4011	62223
2007	东北	03	0	140716	1102292	601432	767761	1341956	311297	610361
2007	东北	04	0	139	244	58	414	587	412	536

续表

年份	地区	部门	东北	京津	北部沿海	东部沿海	南部沿海	中部	西北	西南
2007	东北	05	0	29706	61885	43957	47668	48788	60072	137855
2007	东北	06	0	996	574	1405	6006	9603	2148	16182
2007	东北	07	0	43157	156786	491340	737641	451541	235972	307046
2007	东北	08	0	1150	3289	8531	15004	20536	7820	30395
2007	东北	09	0	12911	73934	100156	16623	97004	146902	238955
2007	东北	10	0	122832	275320	15109	50891	282100	203149	238763
2007	东北	11	0	164276	363280	145708	1712655	2097384	232223	567495
2007	东北	12	0	18258	10468	2565	126086	28629	23097	21594
2007	东北	13	0	2001	4438	3438	40467	5596	5337	1365
2007	东北	14	0	77434	590489	437767	148202	1899114	80071	160168
2007	东北	15	0	2846402	1404520	4100	109500	1764627	1832579	511650
2007	东北	16	0	81518	100109	18741	61036	200354	113098	27969
2007	东北	17	0	56441	197072	78035	144513	155274	144329	375984
2007	京津	01	4596	0	280707	70736	11562	31697	4576	8240
2007	京津	02	113	0	672	486	89	3785	23	1121
2007	京津	03	240508	0	2514504	387251	182106	639530	166308	110841
2007	京津	04	68672	0	34122	6761	47600	76150	48568	48345
2007	京津	05	991	0	21805	4594	2189	4422	3815	6681
2007	京津	06	7770	0	2560	1741	2967	8258	1855	5111
2007	京津	07	91478	0	522421	194662	257821	243201	102829	66430
2007	京津	08	3950	0	12441	13041	9351	14734	5784	15282
2007	京津	09	53976	0	80348	81614	6014	54387	48245	67840

续表

年份	地区	部门	东北	京津	北部沿海	东部沿海	南部沿海	中部	西北	西南
2007	京津	10	713296	0	1219612	26929	33112	400967	205130	124425
2007	京津	11	41360	0	798994	91436	782505	1319402	99404	124724
2007	京津	12	625418	0	405396	42530	844448	539668	293101	85244
2007	京津	13	145578	0	195008	67099	251898	83783	128990	12435
2007	京津	14	16131	0	114088	40338	15809	58602	1708	4736
2007	京津	15	481096	0	826499	904	11054	308027	343763	35007
2007	京津	16	46853	0	2656056	191116	295171	1556985	551930	119881
2007	京津	17	2924893	0	26661849	3042413	2036990	7842820	2533476	5138433
2007	北部沿海	01	87154	440015	0	1538947	684971	2813387	368798	448953
2007	北部沿海	02	280	353	0	1593	614	36519	1829	10061
2007	北部沿海	03	318920	606563	0	693520	725078	3937916	506329	443005
2007	北部沿海	04	215067	300714	0	28803	439431	1382026	289578	431513
2007	北部沿海	05	23425	161248	0	117744	127125	386197	304063	247534
2007	北部沿海	06	19539	14647	0	5423	21792	108503	9366	35324
2007	北部沿海	07	57285	71768	0	65861	426209	612923	149741	92148
2007	北部沿海	08	15830	14702	0	65342	113320	180674	53513	191630
2007	北部沿海	09	91497	52784	0	178104	24763	742708	264555	362082
2007	北部沿海	10	611333	390336	0	31151	74545	2991541	384690	363711
2007	北部沿海	11	3441	45526	0	11168	193577	1039601	20787	31625
2007	北部沿海	12	118137	212158	0	11532	557807	514523	113693	85433
2007	北部沿海	13	45334	96919	0	25330	165931	76632	62581	10521

续表

年份	地区	部门	东北	京津	北部沿海	东部沿海	南部沿海	中部	西北	西南
2007	北部沿海	14	1660	2212	0	6156	26	26989	682	1167
2007	北部沿海	15	0	0	0	0	0	0	0	0
2007	北部沿海	16	33408	481743	0	108851	509430	2110042	444012	167091
2007	北部沿海	17	600990	1146934	0	817105	1217912	6787434	1544620	2954902
2007	东部沿海	01	135	754	7646	0	1597	23450	2974	791
2007	东部沿海	02	0	0	1	0	6	147	1187	2858
2007	东部沿海	03	20804	8862	367519	0	362439	547761	48489	77663
2007	东部沿海	04	105098	28588	37684	0	1155898	832145	192402	529323
2007	东部沿海	05	548	1927	6217	0	11871	46062	15379	11459
2007	东部沿海	06	3926	733	1157	0	21355	52326	3618	24330
2007	东部沿海	07	44676	14325	524629	0	1384300	999338	279711	217337
2007	东部沿海	08	53	25	435	0	2406	9880	845	3531
2007	东部沿海	09	22783	3047	27157	0	58507	371436	122974	225033
2007	东部沿海	10	856810	280041	1339772	0	1039537	5870383	1022958	1394245
2007	东部沿海	11	4514	16672	149062	0	1391159	1959703	76598	277635
2007	东部沿海	12	528564	201720	341146	0	6743122	3436465	1059912	558497
2007	东部沿海	13	47663	5496	42668	0	598512	418664	38874	17372
2007	东部沿海	14	710	312	6782	0	3354	61580	576	1783
2007	东部沿海	15	130558	188053	147567	0	26280	4127429	200605	39505
2007	东部沿海	16	4806	23585	197582	0	714375	1556773	110544	87950

续表

年份	地区	部门	东北	京津	北部沿海	东部沿海	南部沿海	中部	西北	西南
2007	东部沿海	17	100890	60857	1132972	0	1676905	2648382	656577	1635083
2007	南部沿海	01	641	1414	7806	65167	0	20797	8196	9861
2007	南部沿海	02	6	0	10	132	0	2547	250	9822
2007	南部沿海	03	18689	3361	82453	220220	0	477753	31869	105925
2007	南部沿海	04	1339897	238029	126246	472146	0	6475483	1541717	9290596
2007	南部沿海	05	15044	24285	171449	173825	0	215560	347592	621470
2007	南部沿海	06	45320	4569	7139	55317	0	578790	33136	413174
2007	南部沿海	07	14902	1775	43043	55734	0	394046	78266	179488
2007	南部沿海	08	134	26	285	4273	0	22188	1550	25354
2007	南部沿海	09	79844	5603	111364	493870	0	741450	452886	1144175
2007	南部沿海	10	2163392	297624	2067176	377821	0	6089685	2362922	8983533
2007	南部沿海	11	1917	4684	34821	83910	0	467141	33348	446594
2007	南部沿海	12	1764069	285342	613128	761008	0	6228971	2896817	4062502
2007	南部沿海	13	657158	77775	326907	788934	0	1560694	795230	812421
2007	南部沿海	14	1905	333	3776	24902	0	68804	1006	26363
2007	南部沿海	15	228435	103805	127978	3151	0	693263	250750	144769
2007	南部沿海	16	2666	29083	119983	98163	0	713356	179918	261361
2007	南部沿海	17	48640	14851	104327	312861	0	480428	245813	1242972
2007	中部	01	12340	26798	310509	4314925	989784	0	140118	182312
2007	中部	02	4646	1204	41617	90865	8682	0	9560	146963

续表

年份	地区	部门	东北	京津	北部沿海	东部沿海	南部沿海	中部	西北	西南
2007	中部	03	86541	47517	764848	3758841	997325	0	250135	304190
2007	中部	04	20739	6011	22314	90115	229380	0	37257	80622
2007	中部	05	1825	5091	42568	150240	67261	0	47037	44380
2007	中部	06	3073	707	2051	15566	16663	0	2864	15089
2007	中部	07	20045	8503	91757	434776	620106	0	109269	113300
2007	中部	08	1387	574	6480	58093	28166	0	12124	48181
2007	中部	09	16172	2958	134468	300798	14257	0	118739	138845
2007	中部	10	393666	113189	1311012	579481	222452	0	426556	606829
2007	中部	11	4667	15551	86892	537786	895368	0	54604	178051
2007	中部	12	167835	85878	114466	627750	1982320	0	212467	196117
2007	中部	13	46709	10030	22896	153849	224627	0	31761	12034
2007	中部	14	30934	7203	170148	400745	15639	0	13675	22866
2007	中部	15	620169	771932	2596607	7738	140745	0	1144128	762533
2007	中部	16	5228	250374	648393	3521661	933018	0	803129	330832
2007	中部	17	66669	37914	267664	2503598	649554	0	293745	1492524
2007	西北	01	63404	87106	1443319	2767926	891980	1557052	0	1118973
2007	西北	02	2605	645	5006	15941	5388	140039	0	104229
2007	西北	03	350832	165017	1678448	1144771	1028750	2608302	0	1072446
2007	西北	04	19947	4039	17327	8703	45318	92570	0	152080
2007	西北	05	991	3163	9722	4385	3738	10917	0	11180
2007	西北	06	1617	263	285	1157	3523	7679	0	15991
2007	西北	07	23544	7440	61292	242190	449768	284495	0	242142

续表

年份	地区	部门	东北	京津	北部沿海	东部沿海	南部沿海	中部	西北	西南
2007	西北	08	1206	472	1856	9583	13101	12199	0	47492
2007	西北	09	2652	186	2090	7400	1172	5448	0	42046
2007	西北	10	63982	13790	125394	14758	25803	401946	0	364907
2007	西北	11	1428	5629	40180	40264	347963	833187	0	85204
2007	西北	12	37631	14164	24943	14320	368272	226317	0	145899
2007	西北	13	6780	1627	2362	4546	21236	6645	0	3848
2007	西北	14	70244	28827	179072	300233	282006	657691	0	140241
2007	西北	15	1492157	1770330	3999547	17932	195343	6586446	0	934207
2007	西北	16	17973	218750	904724	406948	723937	3903008	0	469751
2007	西北	17	141817	56871	1023489	1071361	988647	2688447	0	5813196
2007	西南	01	14378	16290	209689	689588	1435449	462092	180819	0
2007	西南	02	83	6	114	617	907	20322	1324	0
2007	西南	03	172610	31099	628508	732668	3567620	3133405	328874	0
2007	西南	04	1488	193	254	462	39191	5466	2539	0
2007	西南	05	1322	2028	12961	13917	117633	15722	26935	0
2007	西南	06	623	54	72	544	13164	4489	483	0
2007	西南	07	3530	416	7470	10302	264669	48980	26270	0
2007	西南	08	129	23	177	2004	12616	6905	985	0
2007	西南	09	4432	264	4723	15812	6989	21839	63752	0
2007	西南	10	105813	13797	91893	11895	62640	199390	214270	0
2007	西南	11	4900	8988	56824	74838	1672705	817115	162840	0
2007	西南	12	13997	2725	4274	3489	289830	35789	25885	0

续表

年份	地区	部门	东北	京津	北部沿海	东部沿海	南部沿海	中部	西北	西南
2007	西南	13	21014	1930	4521	10007	252434	18950	28388	0
2007	西南	14	39121	4967	77783	271286	7550	1208189	15208	0
2007	西南	15	2231281	979730	1417803	8690	217650	6298926	5683176	0
2007	西南	16	2971	74454	255233	293161	466140	1664910	864227	0
2007	西南	17	43953	10590	105691	115702	370045	280575	311175	0
2010	东北	01	0	202557	1221404	991182	419510	614393	185231	463471
2010	东北	02	0	1285	3899	8897	3531	91094	6559	60952
2010	东北	03	0	251563	1038109	404580	465680	884292	373052	435706
2010	东北	04	0	398	367	62	409	619	790	636
2010	东北	05	0	36845	38569	27563	27754	32509	71961	95290
2010	东北	06	0	1364	416	749	2807	4857	1986	8951
2010	东北	07	0	91046	172898	405328	536092	351606	334996	263011
2010	东北	08	0	2702	4071	7777	12122	17615	12241	30197
2010	东北	09	0	18631	50791	66734	11890	78867	211123	208207
2010	东北	10	0	140005	167599	9328	36870	228077	275200	223317
2010	东北	11	0	435014	519981	179733	2003401	3065381	565226	932139
2010	东北	12	0	33241	10761	2409	116963	32375	43635	24813
2010	东北	13	0	3226	3216	2266	28238	4446	6575	1097
2010	东北	14	0	146972	599274	316305	95803	1329779	101955	133458
2010	东北	15	0	3841886	1032414	2940	91566	1578462	2851754	520545
2010	东北	16	0	78280	55429	8318	27738	91983	98253	14351
2010	东北	17	0	164660	357174	103525	172464	198702	322735	582713

续表

年份	地区	部门	东北	京津	北部沿海	东部沿海	南部沿海	中部	西北	西南
2010	京津	01	7154	0	361950	65647	9683	28684	7690	7947
2010	京津	02	189	0	934	489	79	3704	43	1454
2010	京津	03	322788	0	2854319	315518	133171	507154	240123	95744
2010	京津	04	100809	0	42318	6044	38413	66089	77020	45645
2010	京津	05	1750	0	17992	3639	1602	3616	5865	5627
2010	京津	06	10652	0	2974	1487	2223	6705	2749	4530
2010	京津	07	136442	0	640424	177456	207273	209390	161306	63648
2010	京津	08	6299	0	16998	13074	8267	13897	9971	16301
2010	京津	09	110819	0	75882	71150	5387	55218	87720	73050
2010	京津	10	1848442	0	1085247	24309	35079	474135	408194	170320
2010	京津	11	104752	0	1282474	120964	957756	1969026	251035	207406
2010	京津	12	1919717	0	761280	63573	1223691	895080	811095	146007
2010	京津	13	274964	0	205954	56467	207427	78926	198929	11976
2010	京津	14	19206	0	116139	28623	10385	40984	2195	3906
2010	京津	15	1554783	0	980731	1040	14861	449944	866593	57971
2010	京津	16	37939	0	1733692	91781	132263	739896	482416	62915
2010	京津	17	3452428	0	27624446	2296888	1375625	5721619	3269930	4306853
2010	北部沿海	01	125939	953950	0	1342879	536391	2368330	597722	404416
2010	北部沿海	02	549	1067	0	1888	642	41922	4422	15706
2010	北部沿海	03	708732	2160970	0	940195	879816	5178859	1211930	636878
2010	北部沿海	04	376585	844305	0	30922	424492	1434885	548095	492065

续表

年份	地区	部门	东北	京津	北部沿海	东部沿海	南部沿海	中部	西北	西南
2010	北部沿海	05	51800	315450	0	112958	112910	392574	583498	263760
2010	北部沿海	06	30324	36537	0	5292	18651	100236	15821	36223
2010	北部沿海	07	98997	188351	0	67423	385184	593387	264031	102126
2010	北部沿海	08	28171	42113	0	73296	111895	190620	103316	234290
2010	北部沿海	09	167940	83607	0	126857	18687	662485	406883	337645
2010	北部沿海	10	1863858	764836	0	33061	92872	4161513	900232	586953
2010	北部沿海	11	8907	126269	0	14023	228039	1549876	52406	52953
2010	北部沿海	12	357660	525427	0	14470	674489	775916	288964	132484
2010	北部沿海	13	126003	316547	0	31896	193104	103406	142601	14871
2010	北部沿海	14	2289	4893	0	5185	20	21994	1025	1190
2010	北部沿海	15	0	0	0	0	0	0	0	0
2010	北部沿海	16	40212	829377	0	77361	346806	1494602	576248	135151
2010	北部沿海	17	1132393	3137205	0	1011741	1347773	8099564	3195919	4190699
2010	东部沿海	01	366	2598	16213	0	2257	35146	9483	1349
2010	东部沿海	02	0	0	1	0	5	146	2548	4361
2010	东部沿海	03	52004	35504	776200	0	495032	810585	130613	126241
2010	东部沿海	04	264614	115246	80393	0	1602642	1239694	522110	864177
2010	东部沿海	05	1847	4761	7986	0	15207	72933	41936	18006
2010	东部沿海	06	7372	2203	1847	0	21836	58256	7337	29634
2010	东部沿海	07	89728	42211	806243	0	1403066	1084657	552230	268533

续表

年份	地区	部门	东北	京津	北部沿海	东部沿海	南部沿海	中部	西北	西南
2010	东部沿海	08	100	76	696	0	2518	10991	1702	4540
2010	东部沿海	09	61077	6398	27548	0	64885	451757	267364	306433
2010	东部沿海	10	2575237	540650	1379643	0	1276716	8050438	2356895	2217986
2010	东部沿海	11	18469	62843	300222	0	2433272	4244102	284724	692347
2010	东部沿海	12	1425665	421946	423816	0	7450009	4459084	2234746	777351
2010	东部沿海	13	166992	18119	63590	0	818708	677476	100236	29708
2010	东部沿海	14	1277	900	10533	0	3338	65562	1155	2521
2010	东部沿海	15	619764	574084	241306	0	51005	8942549	735620	99195
2010	东部沿海	16	5276	33593	163319	0	447862	982746	125168	63549
2010	东部沿海	17	247647	225695	2687724	0	2507667	4252604	1831735	3147654
2010	南部沿海	01	2123	5921	20072	125008	0	39157	31423	21267
2010	南部沿海	02	12	0	16	150	0	2846	602	16777
2010	南部沿海	03	75648	21825	281946	548534	0	1146826	139437	281976
2010	南部沿海	04	2135406	608746	172397	469091	0	6129871	2669500	9667654
2010	南部沿海	05	40441	48167	175674	181686	0	256556	751876	784810
2010	南部沿海	06	82266	13319	11079	63097	0	627595	65364	499023
2010	南部沿海	07	44259	7122	89764	86405	0	579845	209903	310793
2010	南部沿海	08	266	83	478	5225	0	25833	3291	39591
2010	南部沿海	09	228311	11578	114950	508406	0	956756	1026002	1690782
2010	南部沿海	10	3671672	324426	1202507	223160	0	4714597	3077562	8081642

续表

年份	地区	部门	东北	京津	北部沿海	东部沿海	南部沿海	中部	西北	西南
2010	南部沿海	11	12179	20797	85605	197865	0	1388083	169485	1549086
2010	南部沿海	12	6546958	807927	995624	1116648	0	10778459	8267416	8031022
2010	南部沿海	13	1278323	156352	308095	619748	0	1363252	1161908	790114
2010	南部沿海	14	3241	901	5504	25317	0	69129	1889	31843
2010	南部沿海	15	976547	288491	191296	4726	0	1337478	829656	325233
2010	南部沿海	16	3574	41498	100958	69351	0	541718	255520	226554
2010	南部沿海	17	131008	64137	274381	603797	0	880194	781611	2856573
2010	中部	01	26842	80042	555346	5521449	1161706	0	360972	254417
2010	中部	02	10279	4079	76232	120220	10250	0	24380	238724
2010	中部	03	220754	194494	1654535	5881259	1397238	0	689298	510322
2010	中部	04	59781	27825	54978	160548	366207	0	116294	154961
2010	中部	05	5820	11552	49900	183975	82220	0	120350	68803
2010	中部	06	6177	2282	3512	19631	18472	0	6254	20495
2010	中部	07	42821	26811	152688	529803	673504	0	231788	150781
2010	中部	08	2731	1819	10855	72006	30745	0	25788	68691
2010	中部	09	42422	6140	134730	294269	15456	0	253869	188377
2010	中部	10	1578279	291438	1801042	808516	364357	0	1313368	1288512
2010	中部	11	18421	57207	168980	955372	1529092	0	199248	438752
2010	中部	12	656410	248029	184660	953169	3019811	0	664064	393794
2010	中部	13	167993	36177	41277	211310	307637	0	84782	21412
2010	中部	14	55696	20792	263639	440435	15519	0	26843	31368

续表

年份	地区	部门	东北	京津	北部沿海	东部沿海	南部沿海	中部	西北	西南
2010	中部	15	3154242	2538914	4561885	13746	293378	0	4500822	2049910
2010	中部	16	5800	381566	534208	2228861	573506	0	938787	229657
2010	中部	17	184926	163890	702077	5017245	1114888	0	932240	3478121
2010	西北	01	104215	213142	1973743	2751823	790840	1487157	0	1141954
2010	西北	02	3882	1482	6227	14340	4294	122133	0	119723
2010	西北	03	652961	492346	2651008	1303984	1046591	2875083	0	1296173
2010	西北	04	39075	12668	28726	10336	49054	107153	0	196562
2010	西北	05	2467	5956	9392	4349	3577	12127	0	13050
2010	西北	06	2504	654	378	1126	3006	7077	0	16500
2010	西北	07	45621	21223	91991	270529	442043	299949	0	291595
2010	西北	08	2144	1350	2837	10735	12919	12870	0	60044
2010	西北	09	7677	416	2259	7884	1375	7264	0	63343
2010	西北	10	243949	33733	163603	19569	40176	699045	0	737829
2010	西北	11	5310	22390	86074	72517	587997	1767766	0	199835
2010	西北	12	133481	37404	36744	19701	512556	387269	0	261029
2010	西北	13	17252	4447	3303	4783	21343	7736	0	4792
2010	西北	14	90453	59153	197881	233536	200676	499954	0	131397
2010	西北	15	5857788	4568523	5532581	24834	316700	11651234	0	1780701
2010	西北	16	17051	296931	661681	226079	383178	2128864	0	292478
2010	西北	17	274023	162818	1799839	1376004	1131297	3324669	0	8666685
2010	西南	01	33436	51620	397682	959925	1777914	617352	495865	0
2010	西南	02	181	20	209	823	1062	26053	3604	0

续表

年份	地区	部门	东北	京津	北部沿海	东部沿海	南部沿海	中部	西北	西南
2010	西南	03	369789	106900	1144906	965110	4191740	3980273	761533	0
2010	西南	04	5122	1067	743	976	74570	11157	9464	0
2010	西南	05	3820	4443	14593	16019	129348	20315	63068	0
2010	西南	06	1243	173	124	684	14517	5358	1051	0
2010	西南	07	8871	1427	13395	13796	312425	61808	60335	0
2010	西南	08	269	77	316	2622	14583	8509	2221	0
2010	西南	09	10919	485	4265	14138	6870	24318	125748	0
2010	西南	10	404904	33880	120365	15832	97889	348045	631447	0
2010	西南	11	19353	32127	109878	129125	2773541	1715402	586827	0
2010	西南	12	66671	8892	7633	6069	536672	79240	94500	0
2010	西南	13	63387	6179	7284	12458	297761	26137	65298	0
2010	西南	14	68408	13955	117491	293326	7328	1252445	29396	0
2010	西南	15	7945857	2301904	1794705	10948	320879	9981198	15710349	0
2010	西南	16	3221	112036	209804	181953	278660	1020107	975881	0
2010	西南	17	120930	44935	279763	221826	640068	519033	989641	0

表 26-6 **地区间最终产品进口** 单位：万元

年份	地区	部门	东北	京津	北部沿海	东部沿海	南部沿海	中部	西北	西南
1997	东北	01	0	16392	249532	80582	58885	158586	71954	28285
1997	东北	02	0	215	18358	162	234	17648	8121	696
1997	东北	03	0	92988	554629	276307	196989	493776	90119	105634
1997	东北	04	0	23494	197495	217718	154532	109310	15024	8527
1997	东北	05	0	2973	12884	16981	12581	12352	3086	5864
1997	东北	06	0	1344	10389	6536	6014	5588	606	980
1997	东北	07	0	14518	62277	63020	7492	21973	3990	3548
1997	东北	08	0	344	4803	1464	1272	4723	299	419
1997	东北	09	0	671	3119	1960	1091	1339	268	173
1997	东北	10	0	7979	96152	74925	7004	55844	7657	5840
1997	东北	11	0	15439	21870	49130	14394	25109	2698	4976
1997	东北	12	0	57196	64305	165103	125130	32081	14891	12466
1997	东北	13	0	2900	17385	14065	14780	12725	1089	1575
1997	东北	14	0	0	52700	0	0	0	9999	0
1997	东北	15	0	0	0	0	0	0	0	0
1997	东北	16	0	31557	153231	116029	74527	112857	29093	19288
1997	东北	17	0	0	0	0	0	0	0	0
1997	京津	01	26577	0	109452	20584	14582	58679	46857	9131
1997	京津	02	1746	0	6277	107	221	3770	2382	266
1997	京津	03	38227	0	217063	43377	27573	119286	47443	21082
1997	京津	04	11152	0	96450	39123	32014	26780	7432	2142
1997	京津	05	13127	0	18167	6168	5244	9584	4273	2733

续表

年份	地区	部门	东北	京津	北部沿海	东部沿海	南部沿海	中部	西北	西南
1997	京津	06	664	0	7335	1835	1490	2521	482	343
1997	京津	07	3246	0	19318	8749	1612	6870	2551	928
1997	京津	08	4040	0	21325	2735	2336	13027	2827	941
1997	京津	09	571	0	3108	788	370	1124	470	102
1997	京津	10	12217	0	57054	18019	1520	22404	5737	1902
1997	京津	11	11186	0	24308	19763	5583	16365	3504	3070
1997	京津	12	11347	0	61284	41052	24521	17332	7657	3425
1997	京津	13	1731	0	27768	6941	6070	13607	1933	1290
1997	京津	14	0	0	139411	0	0	72414	0	0
1997	京津	15	0	0	0	0	0	0	0	0
1997	京津	16	9531	0	47467	14078	8122	24682	11848	3068
1997	京津	17	0	0	0	0	0	0	0	0
1997	北部沿海	01	57625	28457	0	92225	61846	206703	54583	28376
1997	北部沿海	02	524	78	0	962	251	6421	901	336
1997	北部沿海	03	73249	93419	0	408279	113867	457874	60951	70001
1997	北部沿海	04	12484	17730	0	191571	72753	65078	5990	4288
1997	北部沿海	05	18742	11178	0	61766	18009	43054	6133	10259
1997	北部沿海	06	1138	2166	0	13601	5438	8723	691	1040
1997	北部沿海	07	9773	16411	0	53565	7556	42403	6376	4833
1997	北部沿海	08	4584	3424	0	9369	5250	32799	1819	2270
1997	北部沿海	09	2212	2916	0	9260	1950	8071	1556	771

续表

年份	地区	部门	东北	京津	北部沿海	东部沿海	南部沿海	中部	西北	西南
1997	北部沿海	10	7302	3912	0	50095	1934	27314	2542	1972
1997	北部沿海	11	61261	128554	0	470986	68777	183297	17933	32446
1997	北部沿海	12	19222	89870	0	359949	113830	49602	22825	14409
1997	北部沿海	13	4661	13892	0	81464	35586	75908	4107	6293
1997	北部沿海	14	4658	6485	0	32422	0	24226	3939	0
1997	北部沿海	15	0	0	0	0	0	0	0	0
1997	北部沿海	16	21456	29613	0	148736	39325	111759	18159	12224
1997	北部沿海	17	0	0	0	0	0	0	0	0
1997	东部沿海	01	39389	10742	234136	0	146147	282087	42966	47097
1997	东部沿海	02	48	2	1186	0	69	1193	85	86
1997	东部沿海	03	67969	50148	586131	0	402082	929822	67842	167953
1997	东部沿海	04	8987	7411	110639	0	174452	111725	5689	7880
1997	东部沿海	05	3494	1139	10699	0	17176	23543	784	6381
1997	东部沿海	06	249	274	3946	0	4298	3925	212	612
1997	东部沿海	07	10126	14621	74573	0	36062	78036	10224	10778
1997	东部沿海	08	5390	1555	38846	0	21912	66781	2583	6196
1997	东部沿海	09	3875	3857	34116	0	21303	25044	1853	2789
1997	东部沿海	10	69217	20635	530635	0	67159	471920	30285	45257
1997	东部沿海	11	20641	28002	74317	0	89819	162391	9384	32704
1997	东部沿海	12	9768	26214	69627	0	201895	58054	20502	15918

续表

年份	地区	部门	东北	京津	北部沿海	东部沿海	南部沿海	中部	西北	西南
1997	东部沿海	13	2654	4525	56583	0	75742	93538	3103	9170
1997	东部沿海	14	0	0	37350	0	35679	49582	0	0
1997	东部沿海	15	0	0	0	0	0	0	0	0
1997	东部沿海	16	16158	12846	117967	0	108860	156767	16538	24039
1997	东部沿海	17	0	0	0	0	0	0	0	0
1997	南部沿海	01	35705	27256	271384	364411	0	828592	104731	228474
1997	南部沿海	02	220	13	3864	103	0	12537	349	3224
1997	南部沿海	03	28505	32188	217738	241954	0	602458	31443	283382
1997	南部沿海	04	5901	8030	68633	184868	0	107255	4097	22717
1997	南部沿海	05	6152	2810	26417	98649	0	104341	2841	59228
1997	南部沿海	06	856	1466	12621	19601	0	21287	822	9482
1997	南部沿海	07	6471	14309	42942	158448	0	79675	8926	33787
1997	南部沿海	08	2154	650	16905	12944	0	43934	1514	12275
1997	南部沿海	09	1258	2109	10368	14946	0	12305	660	3298
1997	南部沿海	10	5715	2565	36964	65730	0	56005	2805	13641
1997	南部沿海	11	5155	11892	17551	98506	0	64968	2587	27342
1997	南部沿海	12	15409	32223	115368	449957	0	161402	29861	60307
1997	南部沿海	13	2233	6177	53813	79115	0	161782	3200	39378
1997	南部沿海	14	0	0	0	7043	0	8825	0	3607
1997	南部沿海	15	0	0	0	0	0	0	0	0

续表

年份	地区	部门	东北	京津	北部沿海	东部沿海	南部沿海	中部	西北	西南
1997	南部沿海	16	8761	10650	58993	104430	0	131578	10126	53762
1997	南部沿海	17	0	0	0	0	0	0	0	0
1997	中部	01	32052	9524	258029	138060	106713	0	85896	84674
1997	中部	02	1739	211	24880	943	1675	0	6620	4431
1997	中部	03	65145	51343	707166	459745	288690	0	136827	297514
1997	中部	04	23151	21384	409516	594177	437772	0	27328	42854
1997	中部	05	2990	2073	21983	32351	22047	0	1809	15052
1997	中部	06	1051	1271	22412	18968	14971	0	1878	4956
1997	中部	07	21501	21940	199410	308327	54282	0	32031	37031
1997	中部	08	2434	1060	26422	10967	9815	0	2265	4240
1997	中部	09	2138	2229	25091	19977	9825	0	2413	3115
1997	中部	10	61127	22249	620787	603706	50802	0	60634	87416
1997	中部	11	39758	49446	172256	441732	127107	0	35869	130104
1997	中部	12	29607	91592	281768	814296	543806	0	140194	107369
1997	中部	13	1368	1771	20315	25132	23918	0	2245	4724
1997	中部	14	0	0	25619	25251	14793	0	5806	7789
1997	中部	15	0	0	0	0	0	0	0	0
1997	中部	16	19717	17488	190889	187303	106489	0	43298	58095
1997	中部	17	0	0	0	0	0	0	0	0
1997	西北	01	14265	3343	72779	23442	22656	125313	0	29636
1997	西北	02	1380	36	5649	185	801	9953	0	2028
1997	西北	03	57616	34383	248210	117956	90527	397762	0	172209

续表

年份	地区	部门	东北	京津	北部沿海	东部沿海	南部沿海	中部	西北	西南
1997	西北	04	38171	27483	283687	277692	265541	255810	0	46035
1997	西北	05	9211	2247	13146	12524	13785	23306	0	12036
1997	西北	06	1521	1395	13272	7520	8076	12742	0	4084
1997	西北	07	20704	46369	78779	61226	11768	55597	0	26116
1997	西北	08	3715	641	13788	3970	5721	30486	0	5683
1997	西北	09	4278	3602	21392	11709	8190	16006	0	4330
1997	西北	10	47854	13025	182614	132681	14357	199820	0	49321
1997	西北	11	41711	40064	72357	111036	49429	140938	0	77684
1997	西北	12	15223	27253	61150	106544	94560	53184	0	41508
1997	西北	13	5324	6203	49538	32367	38378	63442	0	16550
1997	西北	14	2564	0	0	0	0	13230	0	4730
1997	西北	15	0	0	0	0	0	0	0	0
1997	西北	16	32630	21764	128194	86428	64777	168656	0	60297
1997	西北	17	0	0	0	0	0	0	0	0
1997	西南	01	19077	4957	87581	45726	91598	250034	123641	0
1997	西南	02	614	89	5256	51	1283	9090	5373	0
1997	西南	03	30027	18527	201988	142668	228499	530752	84087	0
1997	西南	04	17228	14052	215125	313711	658787	313378	32402	0
1997	西南	05	868	282	2436	4792	4923	5213	543	0
1997	西南	06	390	377	5435	4852	10605	8401	983	0
1997	西南	07	4993	6270	31094	78818	40727	70828	24717	0
1997	西南	08	1588	516	14573	5032	14032	31228	3295	0

续表

年份	地区	部门	东北	京津	北部沿海	东部沿海	南部沿海	中部	西北	西南
1997	西南	09	1515	1371	12261	10647	15104	14051	2490	0
1997	西南	10	35627	10523	223052	254307	54368	362091	51548	0
1997	西南	11	9553	9318	25034	78092	56429	88080	9801	0
1997	西南	12	9300	19326	59995	180374	320660	86721	55726	0
1997	西南	13	1221	1284	13548	16494	40942	29686	3296	0
1997	西南	14	0	0	0	0	14427	17563	4319	0
1997	西南	15	0	0	0	0	0	0	0	0
1997	西南	16	9823	6858	61329	65189	99149	125065	30749	0
1997	西南	17	0	0	0	0	0	0	0	0
2002	东北	01	0	13789	125464	2267	66640	205097	270430	169051
2002	东北	02	0	170	0	26	87	24228	21177	12562
2002	东北	03	0	9493	98574	7659	72163	79321	51310	224117
2002	东北	04	0	18624	170535	271730	101181	105028	16425	63573
2002	东北	05	0	615	237	1493	7126	9283	816	11317
2002	东北	06	0	1996	12664	3328	22397	2963	1935	7019
2002	东北	07	0	7054	23974	8648	17533	19063	13333	15463
2002	东北	08	0	3016	31501	774	9094	28552	8888	29072
2002	东北	09	0	638	20	1364	5141	1290	275	639
2002	东北	10	0	17860	42493	29560	25601	17933	2515	7212
2002	东北	11	0	10560	6448	19683	63691	23421	3397	6878
2002	东北	12	0	136069	19605	84436	226402	31075	7365	13999
2002	东北	13	0	10829	2174	22313	28001	9239	1397	4865

续表

年份	地区	部门	东北	京津	北部沿海	东部沿海	南部沿海	中部	西北	西南
2002	东北	14	0	2393	12262	529	470	37397	7781	74958
2002	东北	15	0	43978	3794	74537	477	0	98249	73381
2002	东北	16	0	29444	4237	6669	20467	11864	10505	9172
2002	东北	17	0	264715	38785	88691	24518	44364	44060	47491
2002	京津	01	112853	0	323030	1543	21953	126866	152702	36799
2002	京津	02	5310	0	4815	125	4610	7801	5177	1807
2002	京津	03	185044	0	1103916	40225	202344	405360	192514	304476
2002	京津	04	16330	0	498945	213223	41902	151529	17280	18873
2002	京津	05	43689	0	18403	25122	59398	133838	15544	78897
2002	京津	06	9257	0	109646	12128	62508	12695	5923	8312
2002	京津	07	119289	0	180022	33643	69491	87001	26468	19321
2002	京津	08	8783	0	95236	365	1918	14686	4910	4688
2002	京津	09	87612	0	9448	15052	80375	50919	4246	6375
2002	京津	10	233045	0	1097474	193358	75525	165169	13061	23704
2002	京津	11	183558	0	43101	38554	151487	47161	6145	3043
2002	京津	12	50586	0	164233	226905	317855	105576	12418	14693
2002	京津	13	16968	0	51698	35560	60173	48674	5267	9995
2002	京津	14	4570	0	154454	2556	2542	126128	37164	93676
2002	京津	15	53213	0	126429	678245	1509	0	386645	135861
2002	京津	16	342144	0	140730	31458	75650	94083	58029	16778
2002	京津	17	534990	0	408267	322253	33538	132408	95541	42559
2002	北部沿海	01	60354	23994	0	3711	47003	277556	172469	114798

续表

年份	地区	部门	东北	京津	北部沿海	东部沿海	南部沿海	中部	西北	西南
2002	北部沿海	02	11941	1161	0	285	65	123843	24876	8186
2002	北部沿海	03	132670	114968	0	124992	391261	766852	207970	590061
2002	北部沿海	04	4918	19978	0	216583	33968	146220	10840	14978
2002	北部沿海	05	28327	32749	0	62009	130030	227404	21192	151737
2002	北部沿海	06	774	2815	0	4815	16713	4278	1321	2081
2002	北部沿海	07	156687	97940	0	122670	119864	213555	47993	32222
2002	北部沿海	08	0	0	0	0	0	0	0	0
2002	北部沿海	09	21414	14754	0	43650	57446	39676	2419	3228
2002	北部沿海	10	321767	650954	0	1427603	403878	754458	40396	91047
2002	北部沿海	11	226432	74299	0	139770	154349	95331	15786	7513
2002	北部沿海	12	37251	815695	0	459830	463612	82382	25235	24479
2002	北部沿海	13	7756	92213	0	168787	154910	77125	10787	12785
2002	北部沿海	14	191	11052	0	205	6923	784	0	675
2002	北部沿海	15	8504	282437	0	497458	763	0	182928	73961
2002	北部沿海	16	60432	110159	0	32642	30137	74742	31610	11455
2002	北部沿海	17	634731	4146909	0	1820929	125901	415034	331754	190572
2002	东部沿海	01	59442	7521	153112	0	253705	1645044	224384	237298
2002	东部沿海	02	2528	80	0	0	10443	30826	7519	6461
2002	东部沿海	03	23805	6151	239535	0	364055	700096	80763	364391
2002	东部沿海	04	816	650	14795	0	23378	73453	3538	6093

续表

年份	地区	部门	东北	京津	北部沿海	东部沿海	南部沿海	中部	西北	西南
2002	东部沿海	05	426	129	95	0	14371	48720	600	9290
2002	东部沿海	06	235	282	5215	0	20887	11253	1051	2023
2002	东部沿海	07	35185	5495	38630	0	90258	115272	26094	21494
2002	东部沿海	08	2900	612	13785	0	12241	69207	5557	20865
2002	东部沿海	09	4615	978	2166	0	56784	50570	12893	4298
2002	东部沿海	10	9743	6606	61125	0	89773	257301	3075	8754
2002	东部沿海	11	8244	746	1144	0	19825	118022	1124	863
2002	东部沿海	12	7373	99488	27899	0	477201	137182	18315	16211
2002	东部沿海	13	951	605	735	0	15834	25353	784	2729
2002	东部沿海	14	531	6172	11959	0	20870	73481	5407	73912
2002	东部沿海	15	3286	29566	8000	0	661	0	188062	51423
2002	东部沿海	16	56442	57705	19156	0	297491	299900	54537	57193
2002	东部沿海	17	19936	35778	22731	0	16475	338683	27637	16668
2002	南部沿海	01	15465	688	20231	1689	0	294575	50339	153407
2002	南部沿海	02	1145	1	0	1	0	1578	7518	2865
2002	南部沿海	03	14418	1312	39051	18415	0	251503	33996	369875
2002	南部沿海	04	772	327	7427	72706	0	24557	2602	12458
2002	南部沿海	05	538	99	81	2512	0	28522	567	34486
2002	南部沿海	06	1822	910	11785	17167	0	16411	5392	37690
2002	南部沿海	07	7872	900	4778	10227	0	28614	5612	20507

续表

年份	地区	部门	东北	京津	北部沿海	东部沿海	南部沿海	中部	西北	西南
2002	南部沿海	08	2135	206	8336	745	0	35442	3268	30742
2002	南部沿海	09	10276	849	1881	11535	0	22158	5846	9384
2002	南部沿海	10	208156	56996	463576	2404853	0	702256	50621	442501
2002	南部沿海	11	176210	6609	9759	179798	0	190954	16442	35177
2002	南部沿海	12	16439	167024	31587	509768	0	155654	36755	103921
2002	南部沿海	13	365	120	134	3324	0	10926	229	2030
2002	南部沿海	14	120	517	1686	431	0	18237	1677	40142
2002	南部沿海	15	542	2052	373	18225	0	0	21763	31510
2002	南部沿海	16	52609	24110	14999	75209	0	99110	45072	162014
2002	南部沿海	17	151958	111743	42666	567339	0	209488	125677	298963
2002	中部	01	91957	10593	211423	83763	193239	0	298041	290623
2002	中部	02	7537	246	0	659	1621	0	20145	14343
2002	中部	03	77247	19156	422510	738969	647068	0	232492	762015
2002	中部	04	4386	5018	153520	623471	142506	0	26242	44417
2002	中部	05	2857	801	1559	14967	20995	0	5254	29855
2002	中部	06	638	678	13555	35821	66343	0	2959	6532
2002	中部	07	54042	13764	87650	246779	184305	0	54249	45294
2002	中部	08	957	166	6528	2118	7669	0	1727	10072
2002	中部	09	9162	2110	1175	60406	75637	0	1866	4685
2002	中部	10	64184	46581	467361	1133428	320091	0	22051	54355
2002	中部	11	276320	17321	44347	508055	357135	0	45056	15337

续表

年份	地区	部门	东北	京津	北部沿海	东部沿海	南部沿海	中部	西北	西南
2002	中部	12	24393	241650	114755	728846	1524863	0	69275	59730
2002	中部	13	4391	15436	7540	263054	132692	0	13248	16637
2002	中部	14	145	4746	2225	5754	15676	0	1180	18452
2002	中部	15	0	2459	0	0	0	0	0	10785
2002	中部	16	106134	75476	92694	335076	269435	0	95664	58861
2002	中部	17	72940	152224	73277	851370	49281	0	95178	53604
2002	西北	01	343941	24281	333379	6458	196765	552519	0	500120
2002	西北	02	3850	5	0	7	721	5250	0	14871
2002	西北	03	69470	16457	186087	33501	265207	322011	0	990545
2002	西北	04	11035	10157	117964	289443	104605	184877	0	104309
2002	西北	05	4757	572	588	7154	32607	33351	0	98529
2002	西北	06	1420	1149	8153	5702	48959	4848	0	15552
2002	西北	07	38570	7130	23947	28476	85392	73359	0	66411
2002	西北	08	3210	474	15177	467	4446	22710	0	35320
2002	西北	09	13881	1893	2593	13064	57560	17636	0	10463
2002	西北	10	117245	35324	199178	384919	344356	198591	0	164960
2002	西北	11	181888	7372	10977	91172	147979	74358	0	21434
2002	西北	12	21885	132354	27187	281642	882371	62757	0	110836
2002	西北	13	7272	9850	41688	128398	161405	138461	0	66662
2002	西北	14	123	2131	2945	532	5604	19665	0	70133
2002	西北	15	8419	29557	6701	302820	1528	0	0	190518
2002	西北	16	181347	64309	76199	91206	196893	161203	0	90101

续表

年份	地区	部门	东北	京津	北部沿海	东部沿海	南部沿海	中部	西北	西南
2002	西北	17	321807	366704	107581	700800	130884	217323	0	165742
2002	西南	01	15807	689	18286	1135	75063	160075	55206	0
2002	西南	02	3139	10	0	9	339	7118	6318	0
2002	西南	03	8479	840	19761	5894	192102	81815	29397	0
2002	西南	04	5977	1688	29547	120022	215711	125679	20588	0
2002	西南	05	162	11	15	326	4937	3027	141	0
2002	西南	06	229	84	1049	1128	38410	870	745	0
2002	西南	07	29660	1545	6641	17380	178417	28996	13485	0
2002	西南	08	410	30	1060	53	3138	4616	665	0
2002	西南	09	5918	391	136	5704	89493	9852	1754	0
2002	西南	10	20386	5352	37020	89789	146444	39949	9083	0
2002	西南	11	137024	3707	4875	58782	501400	61181	18172	0
2002	西南	12	10546	67823	13361	168261	1762276	47192	55785	0
2002	西南	13	1334	987	175	15727	81069	7868	2883	0
2002	西南	14	96	1909	271	275	32661	2625	442	0
2002	西南	15	8119	23066	6293	277038	5251	0	406229	0
2002	西南	16	72272	22694	11152	55336	595808	81142	54152	0
2002	西南	17	638969	494424	176493	1595074	832590	644371	533955	0
2007	东北	01	0	4596	87154	135	641	12340	63404	14378
2007	东北	02	0	113	280	0	6	4646	2605	83
2007	东北	03	0	240508	318920	20804	18689	86541	350832	172610
2007	东北	04	0	68672	215067	105098	1339897	20739	19947	1488

续表

年份	地区	部门	东北	京津	北部沿海	东部沿海	南部沿海	中部	西北	西南
2007	东北	05	0	991	23425	548	15044	1825	991	1322
2007	东北	06	0	7770	19539	3926	45320	3073	1617	623
2007	东北	07	0	91478	57285	44676	14902	20045	23544	3530
2007	东北	08	0	3950	15830	53	134	1387	1206	129
2007	东北	09	0	53976	91497	22783	79844	16172	2652	4432
2007	东北	10	0	713296	611333	856810	2163392	393666	63982	105813
2007	东北	11	0	41360	3441	4514	1917	4667	1428	4900
2007	东北	12	0	625418	118137	528564	1764069	167835	37631	13997
2007	东北	13	0	145578	45334	47663	657158	46709	6780	21014
2007	东北	14	0	16131	1660	710	1905	30934	70244	39121
2007	东北	15	0	481096	0	130558	228435	620169	1492157	2231281
2007	东北	16	0	46853	33408	4806	2666	5228	17973	2971
2007	东北	17	0	2924893	600990	100890	48640	66669	141817	43953
2007	京津	01	109633	0	440015	754	1414	26798	87106	16290
2007	京津	02	623	0	353	0	0	1204	645	6
2007	京津	03	140716	0	606563	8862	3361	47517	165017	31099
2007	京津	04	139	0	300714	28588	238029	6011	4039	193
2007	京津	05	29706	0	161248	1927	24285	5091	3163	2028
2007	京津	06	996	0	14647	733	4569	707	263	54
2007	京津	07	43157	0	71768	14325	1775	8503	7440	416
2007	京津	08	1150	0	14702	25	26	574	472	23
2007	京津	09	12911	0	52784	3047	5603	2958	186	264

续表

年份	地区	部门	东北	京津	北部沿海	东部沿海	南部沿海	中部	西北	西南
2007	京津	10	122832	0	390336	280041	297624	113189	13790	13797
2007	京津	11	164276	0	45526	16672	4684	15551	5629	8988
2007	京津	12	18258	0	212158	201720	285342	85878	14164	2725
2007	京津	13	2001	0	96919	5496	77775	10030	1627	1930
2007	京津	14	77434	0	2212	312	333	7203	28827	4967
2007	京津	15	2846402	0	0	188053	103805	771932	1770330	979730
2007	京津	16	81518	0	481743	23585	29083	250374	218750	74454
2007	京津	17	56441	0	1146934	60857	14851	37914	56871	10590
2007	北部沿海	01	1200373	280707	0	7646	7806	310509	1443319	209689
2007	北部沿海	02	3490	672	0	1	10	41617	5006	114
2007	北部沿海	03	1102292	2514504	0	367519	82453	764848	1678448	628508
2007	北部沿海	04	244	34122	0	37684	126246	22314	17327	254
2007	北部沿海	05	61885	21805	0	6217	171449	42568	9722	12961
2007	北部沿海	06	574	2560	0	1157	7139	2051	285	72
2007	北部沿海	07	156786	522421	0	524629	43043	91757	61292	7470
2007	北部沿海	08	3289	12441	0	435	285	6480	1856	177
2007	北部沿海	09	73934	80348	0	27157	111364	134468	2090	4723
2007	北部沿海	10	275320	1219612	0	1339772	2067176	1311012	125394	91893
2007	北部沿海	11	363280	798994	0	149062	34821	86892	40180	56824
2007	北部沿海	12	10468	405396	0	341146	613128	114466	24943	4274
2007	北部沿海	13	4438	195008	0	42668	326907	22896	2362	4521

续表

年份	地区	部门	东北	京津	北部沿海	东部沿海	南部沿海	中部	西北	西南
2007	北部沿海	14	590489	114088	0	6782	3776	170148	179072	77783
2007	北部沿海	15	1404520	826499	0	147567	127978	2596607	3999547	1417803
2007	北部沿海	16	100109	2656056	0	197582	119983	648393	904724	255233
2007	北部沿海	17	197072	26661849	0	1132972	104327	267664	1023489	105691
2007	东部沿海	01	1346196	70736	1538947	0	65167	4314925	2767926	689588
2007	东部沿海	02	11002	486	1593	0	132	90865	15941	617
2007	东部沿海	03	601432	387251	693520	0	220220	3758841	1144771	732668
2007	东部沿海	04	58	6761	28803	0	472146	90115	8703	462
2007	东部沿海	05	43957	4594	117744	0	173825	150240	4385	13917
2007	东部沿海	06	1405	1741	5423	0	55317	15566	1157	544
2007	东部沿海	07	491340	194662	65861	0	55734	434776	242190	10302
2007	东部沿海	08	8531	13041	65342	0	4273	58093	9583	2004
2007	东部沿海	09	100156	81614	178104	0	493870	300798	7400	15812
2007	东部沿海	10	15109	26929	31151	0	377821	579481	14758	11895
2007	东部沿海	11	145708	91436	11168	0	83910	537786	40264	74838
2007	东部沿海	12	2565	42530	11532	0	761008	627750	14320	3489
2007	东部沿海	13	3438	67099	25330	0	788934	153849	4546	10007
2007	东部沿海	14	437767	40338	6156	0	24902	400745	300233	271286
2007	东部沿海	15	4100	904	0	0	3151	7738	17932	8690
2007	东部沿海	16	18741	191116	108851	0	98163	3521661	406948	293161

续表

年份	地区	部门	东北	京津	北部沿海	东部沿海	南部沿海	中部	西北	西南
2007	东部沿海	17	78035	3042413	817105	0	312861	2503598	1071361	115702
2007	南部沿海	01	636528	11562	684971	1597	0	989784	891980	1435449
2007	南部沿海	02	4931	89	614	6	0	8682	5388	907
2007	南部沿海	03	767761	182106	725078	362439	0	997325	1028750	3567620
2007	南部沿海	04	414	47600	439431	1155898	0	229380	45318	39191
2007	南部沿海	05	47668	2189	127125	11871	0	67261	3738	117633
2007	南部沿海	06	6006	2967	21792	21355	0	16663	3523	13164
2007	南部沿海	07	737641	257821	426209	1384300	0	620106	449768	264669
2007	南部沿海	08	15004	9351	113320	2406	0	28166	13101	12616
2007	南部沿海	09	16623	6014	24763	58507	0	14257	1172	6989
2007	南部沿海	10	50891	33112	74545	1039537	0	222452	25803	62640
2007	南部沿海	11	1712655	782505	193577	1391159	0	895368	347963	1672705
2007	南部沿海	12	126086	844448	557807	6743122	0	1982320	368272	289830
2007	南部沿海	13	40467	251898	165931	598512	0	224627	21236	252434
2007	南部沿海	14	148202	15809	26	3354	0	15639	282006	7550
2007	南部沿海	15	109500	11054	0	26280	0	140745	195343	217650
2007	南部沿海	16	61036	295171	509430	714375	0	933018	723937	466140
2007	南部沿海	17	144513	2036990	1217912	1676905	0	649554	988647	370045
2007	中部	01	862809	31697	2813387	23450	20797	0	1557052	462092
2007	中部	02	116245	3785	36519	147	2547	0	140039	20322

续表

年份	地区	部门	东北	京津	北部沿海	东部沿海	南部沿海	中部	西北	西南
2007	中部	03	1341956	639530	3937916	547761	477753	0	2608302	3133405
2007	中部	04	587	76150	1382026	832145	6475483	0	92570	5466
2007	中部	05	48788	4422	386197	46062	215560	0	10917	15722
2007	中部	06	9603	8258	108503	52326	578790	0	7679	4489
2007	中部	07	451541	243201	612923	999338	394046	0	284495	48980
2007	中部	08	20536	14734	180674	9880	22188	0	12199	6905
2007	中部	09	97004	54387	742708	371436	741450	0	5448	21839
2007	中部	10	282100	400967	2991541	5870383	6089685	0	401946	199390
2007	中部	11	2097384	1319402	1039601	1959703	467141	0	833187	817115
2007	中部	12	28629	539668	514523	3436465	6228971	0	226317	35789
2007	中部	13	5596	83783	76632	418664	1560694	0	6645	18950
2007	中部	14	1899114	58602	26989	61580	68804	0	657691	1208189
2007	中部	15	1764627	308027	0	4127429	693263	0	6586446	6298926
2007	中部	16	200354	1556985	2110042	1556773	713356	0	3903008	1664910
2007	中部	17	155274	7842820	6787434	2648382	480428	0	2688447	280575
2007	西北	01	140844	4576	368798	2974	8196	140118	0	180819
2007	西北	02	4011	23	1829	1187	250	9560	0	1324
2007	西北	03	311297	166308	506329	48489	31869	250135	0	328874
2007	西北	04	412	48568	289578	192402	1541717	37257	0	2539
2007	西北	05	60072	3815	304063	15379	347592	47037	0	26935
2007	西北	06	2148	1855	9366	3618	33136	2864	0	483

续表

年份	地区	部门	东北	京津	北部沿海	东部沿海	南部沿海	中部	西北	西南
2007	西北	07	235972	102829	149741	279711	78266	109269	0	26270
2007	西北	08	7820	5784	53513	845	1550	12124	0	985
2007	西北	09	146902	48245	264555	122974	452886	118739	0	63752
2007	西北	10	203149	205130	384690	1022958	2362922	426556	0	214270
2007	西北	11	232223	99404	20787	76598	33348	54604	0	162840
2007	西北	12	23097	293101	113693	1059912	2896817	212467	0	25885
2007	西北	13	5337	128990	62581	38874	795230	31761	0	28388
2007	西北	14	80071	1708	682	576	1006	13675	0	15208
2007	西北	15	1832579	343763	0	200605	250750	1144128	0	5683176
2007	西北	16	113098	551930	444012	110544	179918	803129	0	864227
2007	西北	17	144329	2533476	1544620	656577	245813	293745	0	311175
2007	西南	01	611023	8240	448953	791	9861	182312	1118973	0
2007	西南	02	62223	1121	10061	2858	9822	146963	104229	0
2007	西南	03	610361	110841	443005	77663	105925	304190	1072446	0
2007	西南	04	536	48345	431513	529323	9290596	80622	152080	0
2007	西南	05	137855	6681	247534	11459	621470	44380	11180	0
2007	西南	06	16182	5111	35324	24330	413174	15089	15991	0
2007	西南	07	307046	66430	92148	217337	179488	113300	242142	0
2007	西南	08	30395	15282	191630	3531	25354	48181	47492	0
2007	西南	09	238955	67840	362082	225033	1144175	138845	42046	0
2007	西南	10	238763	124425	363711	1394245	8983533	606829	364907	0
2007	西南	11	567495	124724	31625	277635	446594	178051	85204	0

续表

年份	地区	部门	东北	京津	北部沿海	东部沿海	南部沿海	中部	西北	西南
2007	西南	12	21594	85244	85433	558497	4062502	196117	145899	0
2007	西南	13	1365	12435	10521	17372	812421	12034	3848	0
2007	西南	14	160168	4736	1167	1783	26363	22866	140241	0
2007	西南	15	511650	35007	0	39505	144769	762533	934207	0
2007	西南	16	27969	119881	167091	87950	261361	330832	469751	0
2007	西南	17	375984	5138433	2954902	1635083	1242972	1492524	5813196	0
2010	东北	01	0	7154	125939	366	2123	26842	104215	33436
2010	东北	02	0	189	549	0	12	10279	3882	181
2010	东北	03	0	322788	708732	52004	75648	220754	652961	369789
2010	东北	04	0	100809	376585	264614	2135406	59781	39075	5122
2010	东北	05	0	1750	51800	1847	40441	5820	2467	3820
2010	东北	06	0	10652	30324	7372	82266	6177	2504	1243
2010	东北	07	0	136442	98997	89728	44259	42821	45621	8871
2010	东北	08	0	6299	28171	100	266	2731	2144	269
2010	东北	09	0	110819	167940	61077	228311	42422	7677	10919
2010	东北	10	0	1848442	1863858	2575237	3671672	1578279	243949	404904
2010	东北	11	0	104752	8907	18469	12179	18421	5310	19353
2010	东北	12	0	1919717	357660	1425665	6546958	656410	133481	66671
2010	东北	13	0	274964	126003	166992	1278323	167993	17252	63387
2010	东北	14	0	19206	2289	1277	3241	55696	90453	68408
2010	东北	15	0	1554783	0	619764	976547	3154242	5857788	7945857
2010	东北	16	0	37939	40212	5276	3574	5800	17051	3221

续表

年份	地区	部门	东北	京津	北部沿海	东部沿海	南部沿海	中部	西北	西南
2010	东北	17	0	3452428	1132393	247647	131008	184926	274023	120930
2010	京津	01	202557	0	953950	2598	5921	80042	213142	51620
2010	京津	02	1285	0	1067	0	0	4079	1482	20
2010	京津	03	251563	0	2160970	35504	21825	194494	492346	106900
2010	京津	04	398	0	844305	115246	608746	27825	12668	1067
2010	京津	05	36845	0	315450	4761	48167	11552	5956	4443
2010	京津	06	1364	0	36537	2203	13319	2282	654	173
2010	京津	07	91046	0	188351	42211	7122	26811	21223	1427
2010	京津	08	2702	0	42113	76	83	1819	1350	77
2010	京津	09	18631	0	83607	6398	11578	6140	416	485
2010	京津	10	140005	0	764836	540650	324426	291438	33733	33880
2010	京津	11	435014	0	126269	62843	20797	57207	22390	32127
2010	京津	12	33241	0	525427	421946	807927	248029	37404	8892
2010	京津	13	3226	0	316547	18119	156352	36177	4447	6179
2010	京津	14	146972	0	4893	900	901	20792	59153	13955
2010	京津	15	3841886	0	0	574084	288491	2538914	4568523	2301904
2010	京津	16	78280	0	829377	33593	41498	381566	296931	112036
2010	京津	17	164660	0	3137205	225695	64137	163890	162818	44935
2010	北部沿海	01	1221404	361950	0	16213	20072	555346	1973743	397682
2010	北部沿海	02	3899	934	0	1	16	76232	6227	209
2010	北部沿海	03	1038109	2854319	0	776200	281946	1654535	2651008	1144906
2010	北部沿海	04	367	42318	0	80393	172397	54978	28726	743

续表

年份	地区	部门	东北	京津	北部沿海	东部沿海	南部沿海	中部	西北	西南
2010	北部沿海	05	38569	17992	0	7986	175674	49900	9392	14593
2010	北部沿海	06	416	2974	0	1847	11079	3512	378	124
2010	北部沿海	07	172898	640424	0	806243	89764	152688	91991	13395
2010	北部沿海	08	4071	16998	0	696	478	10855	2837	316
2010	北部沿海	09	50791	75882	0	27548	114950	134730	2259	4265
2010	北部沿海	10	167599	1085247	0	1379643	1202507	1801042	163603	120365
2010	北部沿海	11	519981	1282474	0	300222	85605	168980	86074	109878
2010	北部沿海	12	10761	761280	0	423816	995624	184660	36744	7633
2010	北部沿海	13	3216	205954	0	63590	308095	41277	3303	7284
2010	北部沿海	14	599274	116139	0	10533	5504	263639	197881	117491
2010	北部沿海	15	1032414	980731	0	241306	191296	4561885	5532581	1794705
2010	北部沿海	16	55429	1733692	0	163319	100958	534208	661681	209804
2010	北部沿海	17	357174	27624446	0	2687724	274381	702077	1799839	279763
2010	东部沿海	01	991182	65647	1342879	0	125008	5521449	2751823	959925
2010	东部沿海	02	8897	489	1888	0	150	120220	14340	823
2010	东部沿海	03	404580	315518	940195	0	548534	5881259	1303984	965110
2010	东部沿海	04	62	6044	30922	0	469091	160548	10336	976
2010	东部沿海	05	27563	3639	112958	0	181686	183975	4349	16019
2010	东部沿海	06	749	1487	5292	0	63097	19631	1126	684
2010	东部沿海	07	405328	177456	67423	0	86405	529803	270529	13796

续表

年份	地区	部门	东北	京津	北部沿海	东部沿海	南部沿海	中部	西北	西南
2010	东部沿海	08	7777	13074	73296	0	5225	72006	10735	2622
2010	东部沿海	09	66734	71150	126857	0	508406	294269	7884	14138
2010	东部沿海	10	9328	24309	33061	0	223160	808516	19569	15832
2010	东部沿海	11	179733	120964	14023	0	197865	955372	72517	129125
2010	东部沿海	12	2409	63573	14470	0	1116648	953169	19701	6069
2010	东部沿海	13	2266	56467	31896	0	619748	211310	4783	12458
2010	东部沿海	14	316305	28623	5185	0	25317	440435	233536	293326
2010	东部沿海	15	2940	1040	0	0	4726	13746	24834	10948
2010	东部沿海	16	8318	91781	77361	0	69351	2228861	226079	181953
2010	东部沿海	17	103525	2296888	1011741	0	603797	5017245	1376004	221826
2010	南部沿海	01	419510	9683	536391	2257	0	1161706	790840	1777914
2010	南部沿海	02	3531	79	642	5	0	10250	4294	1062
2010	南部沿海	03	465680	133171	879816	495032	0	1397238	1046591	4191740
2010	南部沿海	04	409	38413	424492	1602642	0	366207	49054	74570
2010	南部沿海	05	27754	1602	112910	15207	0	82220	3577	129348
2010	南部沿海	06	2807	2223	18651	21836	0	18472	3006	14517
2010	南部沿海	07	536092	207273	385184	1403066	0	673504	442043	312425
2010	南部沿海	08	12122	8267	111895	2518	0	30745	12919	14583
2010	南部沿海	09	11890	5387	18687	64885	0	15456	1375	6870
2010	南部沿海	10	36870	35079	92872	1276716	0	364357	40176	97889

续表

年份	地区	部门	东北	京津	北部沿海	东部沿海	南部沿海	中部	西北	西南
2010	南部沿海	11	2003401	957756	228039	2433272	0	1529092	587997	2773541
2010	南部沿海	12	116963	1223691	674489	7450009	0	3019811	512556	536672
2010	南部沿海	13	28238	207427	193104	818708	0	307637	21343	297761
2010	南部沿海	14	95803	10385	20	3338	0	15519	200676	7328
2010	南部沿海	15	91566	14861	0	51005	0	293378	316700	320879
2010	南部沿海	16	27738	132263	346806	447862	0	573506	383178	278660
2010	南部沿海	17	172464	1375625	1347773	2507667	0	1114888	1131297	640068
2010	中部	01	614393	28684	2368330	35146	39157	0	1487157	617352
2010	中部	02	91094	3704	41922	146	2846	0	122133	26053
2010	中部	03	884292	507154	5178859	810585	1146826	0	2875083	3980273
2010	中部	04	619	66089	1434885	1239694	6129871	0	107153	11157
2010	中部	05	32509	3616	392574	72933	256556	0	12127	20315
2010	中部	06	4857	6705	100236	58256	627595	0	7077	5358
2010	中部	07	351606	209390	593387	1084657	579845	0	299949	61808
2010	中部	08	17615	13897	190620	10991	25833	0	12870	8509
2010	中部	09	78867	55218	662485	451757	956756	0	7264	24318
2010	中部	10	228077	474135	4161513	8050438	4714597	0	699045	348045
2010	中部	11	3065381	1969026	1549876	4244102	1388083	0	1767766	1715402
2010	中部	12	32375	895080	775916	4459084	10778459	0	387269	79240
2010	中部	13	4446	78926	103406	677476	1363252	0	7736	26137
2010	中部	14	1329779	40984	21994	65562	69129	0	499954	1252445

续表

年份	地区	部门	东北	京津	北部沿海	东部沿海	南部沿海	中部	西北	西南
2010	中部	15	1578462	449944	0	8942549	1337478	0	11651234	9981198
2010	中部	16	91983	739896	1494602	982746	541718	0	2128864	1020107
2010	中部	17	198702	5721619	8099564	4252604	880194	0	3324669	519033
2010	西北	01	185231	7690	597722	9483	31423	360972	0	495865
2010	西北	02	6559	43	4422	2548	602	24380	0	3604
2010	西北	03	373052	240123	1211930	130613	139437	689298	0	761533
2010	西北	04	790	77020	548095	522110	2669500	116294	0	9464
2010	西北	05	71961	5865	583498	41936	751876	120350	0	63068
2010	西北	06	1986	2749	15821	7337	65364	6254	0	1051
2010	西北	07	334996	161306	264031	552230	209903	231788	0	60335
2010	西北	08	12241	9971	103316	1702	3291	25788	0	2221
2010	西北	09	211123	87720	406883	267364	1026002	253869	0	125748
2010	西北	10	275200	408194	900232	2356895	3077562	1313368	0	631447
2010	西北	11	565226	251035	52406	284724	169485	199248	0	586827
2010	西北	12	43635	811095	288964	2234746	8267416	664064	0	94500
2010	西北	13	6575	198929	142601	100236	1161908	84782	0	65298
2010	西北	14	101955	2195	1025	1155	1889	26843	0	29396
2010	西北	15	2851754	866593	0	735620	829656	4500822	0	15710349
2010	西北	16	98253	482416	576248	125168	255520	938787	0	975881
2010	西北	17	322735	3269930	3195919	1831735	781611	932240	0	989641
2010	西南	01	463471	7947	404416	1349	21267	254417	1141954	0
2010	西南	02	60952	1454	15706	4361	16777	238724	119723	0

续表

年份	地区	部门	东北	京津	北部沿海	东部沿海	南部沿海	中部	西北	西南
2010	西南	03	435706	95744	636878	126241	281976	510322	1296173	0
2010	西南	04	636	45645	492065	864177	9667654	154961	196562	0
2010	西南	05	95290	5627	263760	18006	784810	68803	13050	0
2010	西南	06	8951	4530	36223	29634	499023	20495	16500	0
2010	西南	07	263011	63648	102126	268533	310793	150781	291595	0
2010	西南	08	30197	16301	234290	4540	39591	68691	60044	0
2010	西南	09	208207	73050	337645	306433	1690782	188377	63343	0
2010	西南	10	223317	170320	586953	2217986	8081642	1288512	737829	0
2010	西南	11	932139	207406	52953	692347	1549086	438752	199835	0
2010	西南	12	24813	146007	132484	777351	8031022	393794	261029	0
2010	西南	13	1097	11976	14871	29708	790114	21412	4792	0
2010	西南	14	133458	3906	1190	2521	31843	31368	131397	0
2010	西南	15	520545	57971	0	99195	325233	2049910	1780701	0
2010	西南	16	14351	62915	135151	63549	226554	229657	292478	0
2010	西南	17	582713	4306853	4190699	3147654	2856573	3478121	8666685	0

核 算 点 评

现今，我国 GDP 总量跃居世界第二，人均收入水平超过 7000 美元，是世界上最大的贸易国，也是全球超过 120 个国家最大的贸易伙伴。虽然我国贸易总量居全球第一，但贸易结构仍存在较多“不合理”。具体而言，从贸易方式看，低附加值的加工贸易仍占我国贸易总额的 1/3 以上，是我国贸易顺差最主要的来源；从贸易主体看，我国出口的“外资”色彩较重。其中，“外商独资企业”、“外商合资企业”、“外商合作企业”出口额约占我国出口总额的 80%；从出口产品的类型看，东部、中部主要省份出口产品结构变化显著，西部地区出口产品发展缓慢。

具体而言，东部地区由 20 世纪 90 年代初主要以纺织品出口为主，转变为现今的以出口数据处理设备、集成电路等高新科技产品出口为主。例如，广东排名前三的出口产品分别为数据处理设备、手持或车载无线电话和集成电路、微电子件等技术密集型产品；江苏主要出口产品为机电及自动数据处理设备、集成电等。中部各省也由 20 世纪 90 年代初期以矿产品、纺织品等初级产品出口为主，转变为现阶段以出口机电、机械设备制造业等工业制成品为主。其中，产业转型升级较为显著的中部省份包括安徽、河南、黑龙江、山西、吉林等。这些省份已由 20 世纪 90 年代以纺织品、钢材等初级产品出口为主升级为机械、电器设备制造业出口为主。然而，江西、湖南产业转型升级相对中部其他各省相对缓慢。2013 年出口数据显示，江西、湖南主要出口产品为纺织制品与钢材。西部地区中，陕西产业升级成效显著。2013 年，电气设备及其零部件已成为陕西最主要的出口商品。其他省份，如新疆、青海产业升级相对缓慢，仍以初级产品出口为主。

综合而言，我国出口商品结构变化显著，产业呈现不同程度的转型升级趋势，然而地区差异仍然显著。

第一，我国不同地区初级产品出口占比变化。

图 26 - 1 报告了我国各省 1990 年、2000 年及 2013 年初级产品出口占比变化情况。可以看出，改革开放以来，我国大部分省份初级产品出口占比呈现持续下降趋势。其中，安徽初级产品出口占总出口比重从 1990 年的 96.8% 下降至 2000 年的 8.9%，2013 年进一步下降至 3% 以下；广东从 1990 年的 19.1% 下降至 2000 年的 2.4% 和 2013 年的 2.1%；广西从 39.4% 下降至现今的 7.9%；

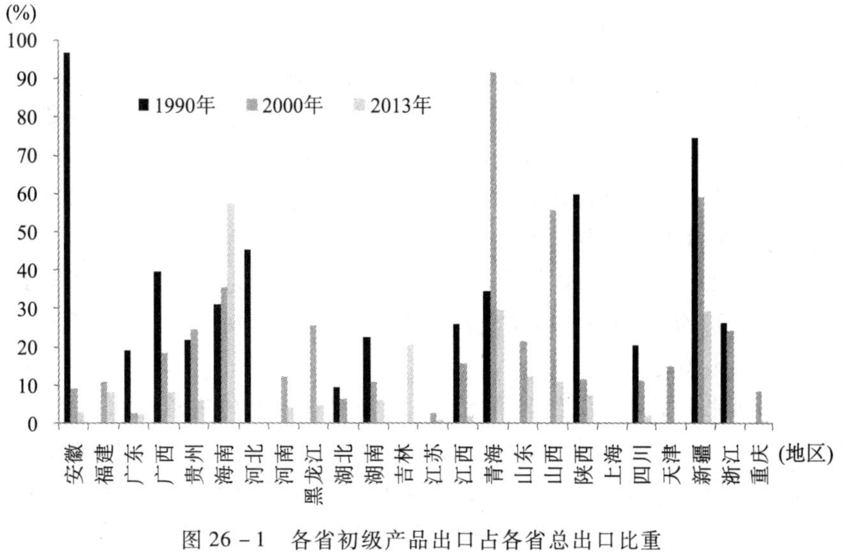

图 26 - 1　各省初级产品出口占各省总出口比重

数据说明：河北、黑龙江、湖北、湖南、吉林、山西等省份 2013 年数据缺失，上图中这些省份出口数据为 2012 年统计值。
数据来源：各省统计年鉴。

湖南从22%以上下降至6%左右；江西从25%以上下降至2%以下。总体而言，从初级产品出口占比下降为主要表现的我国不同地区产品出口结构变化看，沿海与中部地区相对于西部地区初级产品出口占比降幅显著。即，相对而言，沿海、中部主要省份出口产品呈现较快的结构升级趋势。

第二，我国不同地区出口商品结构变化①。

一方面，从第一部分分析看，相对于西部地区，中部与东部沿海地区出口产品呈现较快的产业转型，由原来以初级产品出口为主，升级为以出口工业制成品为主。另一方面，工业制成品也可根据不同要素投入情况具体区分为劳动力密集型产品、资本密集型产品与技术密集型产品。以下就我国主要出口省份各类工业制成品出口的结构变化情况进行具体分析。

安徽：1990年安徽省出口排名前两位的产品为棉布与钢材，分别占安徽出口总额的18%和12%；2013年安徽省出口排名前两位的产品分别为机械及运输设备制造业和轻纺、橡胶制品，分别安徽出口总额的10.9%和10.8%。

广东：广东省1990年出口排名前三位的产品为服装、水产品与彩色电视机，分别占广东出口总额的16.99%、6.18%和5.63%；到了2013年，广东排名前三的出口产品分别为数据处理设备、手持或车载无线电话和集成电路、微电子件等技术密集型产品，分别占广东2013年出口总额的12.85%、10.53%和10.01%。

广西：广西出口商品已由1990年主要以出口化学品及其相关产品为主，升级为2013年的，以出口机电产品为主。其中，机电产品出口占广西出口总额的36%以上。

贵州：20世纪90年代初，贵州主要以出口轻纺产品、矿产品为主，其出口总额占比高达50%以上。2013年，贵州出口产品结构已呈现以出口化学工业及其相关工业产品及橡胶、塑料制品为主。这两项占贵州出口商品总额的23%左右。

海南：海南出口结构呈现一定的升级趋势，但时至今日，海南仍以出口黑色金属、有色金属等矿产品为主。2013年，矿产品出口仍占海南出口总额的36%以上。但是，机器、机械器具及电气设备已成为海南第二大出口产品。出口总额占比上升至约18%，显示海南呈现一定的产业升级趋势。

河北：河北的产业结构调整主要体现在加工贸易占比的下降。从贸易方式看，河北加工贸易呈现先升后降的变化趋势。加工贸易占河北贸易总额已从2000年的18.4%，下降至2013年的14.3%。

河南：河南出口产品结构自20世纪90年代末以来发生了显著的变化。根据《河南统计年鉴》数据，1998年河南前三位出口商品分别为纺织原料及纺织制品、贱金属及其制品、化学工业及其相关工业产品，分别占河南出口总额的28.3%、13.1%和10.5%。2013年，纺织原料和纺织制品出口占比已由15年前的28.3%下降至不足6%，机器、机械、电气设备及其零件取代纺织业成为河南第一大出口商品，出口额占河南出口总额的62.7%。河南出口结构变化显著，已由早先的劳动力密集型产业向资本密集型产业转型。

黑龙江：与河南相似，20世纪90年代黑龙江出口产品主要为纺织原材料及纺织制品，占其出口总额的23%以上。2012年，纺织业占黑龙江总出口额不足10%，机电产品取代纺织业成为黑龙江第一大出口商品，占比超过25%。

湖北：一方面，湖北主要以加工出口为主。加工贸易占湖北贸易总额的比重从2001年的12%上升至2012年的35.7%；另一方面，湖北贸易结构调整及产业升级具体体现在的加工贸易方式上。以往，湖北加工贸易中来料加工占比显著，2001年，来料加工装配贸易占湖北加工贸易的比重接近46%。2012年，来料加工贸易占湖北加工贸易的比重不足6%。与进料加工贸易不同，来

① 辽宁、内蒙古、宁夏、北京、福建由于数据单位及横向数据的时序可比性问题没有在此进行报告。

料加工贸易国内附加值较低，属于产业链的最底端。从湖北加工贸易具体形式结构变化看，湖北出口结构呈现一定的升级趋势，但仍为加工贸易为主的产业链较低端形态。

湖南：1990 年，纺织品是湖南主要的出口产品，占湖南出口总额的 14% 以上。2012 年，湖南第一大出口产品为钢材，出口总额超过 13 亿美元，占湖南出口总额的 1/4 以上。从出口产品的变化看，湖南产业升级较为缓慢。

吉林：吉林产业呈现较好的转型升级。1999 年，吉林出口产品主要为农产品及服装制品。2012 年吉林排名前三的出口商品分别为服装制品、胶合板及多层板、汽车及其零部件。其中，胶合板和汽车及其零部件分别占吉林出口总额的接近 20%。

江苏：江苏产业结构升级显著。1997 年，江苏以纺织品、服装出口为主，出口额占江苏出口总额的约 1/3。2013 年，江苏主要出口产品已变为机电及自动数据处理设备、集成电等。这些产品占江苏出口总额的一半左右。江苏主要出口商品的结构变化反映出江苏出口产业已由原来以纺织品为主的劳动力密集型产业转型升级为以机电产品为主的高新技术产业。江苏出口产品的科技含量不断提高，国内附加值份额也显著增长。

江西：1990 年，服装制品是江西的主要出口商品。2013 年，江苏主要出口商品升级为机器、机械器具、电器设备及其零部件。这类产品占江西出口总额的 10% 以上。然而，江西出口产业转型升级不如江苏显著。纺织原料及纺织制品仍是江西第二大出口商品，占江西出口总额的 8.4%。

青海：青海出口产品结构变化较小，产业升级缓慢。1990 年至今，青海出口商品仍主要以有色金属及矿产品为主，但占比呈现一定程度的下降。具体而言，1990 年，有色金属及矿产品出口占青海出口比重高达 42.9%，2013 年这一比重下降至 29.5%，纺织纱线、织物及制品占比上升至 19.4%。从青海出口产品结构看，其初级产品出口为主的基本结构并未显著改变，青海产业升级缓慢。

山东：山东出口产品结构变化显著，产业呈现一定的转型升级趋势。具体而言，1998 年，纺织原材料及纺织制品是山东主要出口商品，占山东出口总额的比重高达 25% 以上，2013 年，纺织原材料及纺织制品出口占比下降至 15.3%。取而代之，机械、电气设备、电视机及音响设备等产品成为山东主要出口商品，其占山东出口总额的比重从 1990 年的 8.7% 上升到 2013 年的 23.5%。

山西：山西出口产品结构变化较大，产业转型升级成效显著。具体表现为 1994 年，矿产品是山西的主要出口商品，出口额占山西出口总额的 35% 以上，第二、三位出口商品仍为初级产品的纺织原料和贱金属，占比分别为 14.8% 和 14.2%。2012 年，矿产品出口已由原来的第一位下降至第三位，出口占比也由 35% 以上下降至不足 10%。机器、机械器具、电气设备机器零件跃升为山西第一大出口商品，出口比重由 1994 年的不足 4% 上升至 2012 年的 37.4%。

陕西：与山西相似，陕西产业转型升级成效明显。1990 年陕西主要以工矿产品出口为主，出口额占陕西出口总额的 46% 以上。2013 年，工矿产品出口额占比已显著下降至 0.4%，而电机、电气设备及其零件已成为陕西最主要的出口商品，占比约为 32.1%。

上海：从贸易方式看，1990 年以来上海出口结构变化相对缓慢。其中，一般贸易为上海的主要贸易方式，占上海贸易总额的 50% 以上。加工贸易占比约 38%。其中，国内附加值含量相对较高的进料加工贸易占比常年维持在 90% 以上的较高水平。

四川：四川产业呈现升级趋势。根据四川统计年鉴数据，1990 年，四川主要以纺织纤维出口为主，其占四川出口总额的比重约 17.3%。2013 年，四川主要出口品由纺织纤维转变为机械及运输设备，后者出口占四川出口的比重高达 55.8%。

天津：1998 年，天津主要出口商品为纺织原料及其制品、矿产品等初级商品，2013 年，机电产品成为天津最主要的出口商品。

新疆：新疆出口产品也呈现一定程度的结构变化。1990 年，棉花、棉纱是新疆最主要的出口商品。2013 年，鞋类成为新疆最主要的出口产品。新疆已由原来简单的初级产品出口为主升级为以劳动力密集型产品出口为主。

浙江：与其他沿海省份出口结构变化趋势相似。浙江出口商品已由于 1990 年以轻纺产品、橡胶制品等初级劳动力密集型产品出口为主，转变为以机电产品出口为主。1990 年，轻纺产品、橡胶制品占浙江出口总额的 31%，2013 年，机电产品出口占浙江出口总额的 40%。

重庆：1997 年重庆升格为直辖市后，其产业升级显著。从出口产品看，1997 年，服装及衣着附件是重庆最主要的出口品，占重庆出口总额的 38.6%。2013 年重庆服装出口已由第一位降至第九位，占比额从原来的 38.6% 下降至不足 1%。取而代之，机电产品成为重庆现今最重要的出口商品。2013 年，重庆机电产品出口额超过 350 亿美元，占重庆出口总额的 24.1%。

第三，我国不同类型产品在地区间的转移趋势。

从以上分析可见，随着要素成本的不断上涨，越来越多的劳动力密集型产品及资本密集型产品从我国东部、南部沿海地区转移至中部地区。其中，纺织品、机电产品及运输设备是中西部省份最主要的出口产品。而南部沿海地区（主要为广东）也从原先的以出口纺织品等劳动力密集型产品为主，转型升级至主要以出口数据处理设备等高新科技产品为主。然而，除广东以外的其他东南沿海地区的产业结构转型升级变化相对缓慢。

第四，我国不同地区间中间投入品使用情况。

以上两部分具体分析了我国不同地区出口产品的结构变化。然而，对有关不同地区出口产品产业升级程度的分析还需要分解我国不同地区最终消费品的具体生产/投入情况。

根据我国各省 1997、2002、2007、2010 年投入产出表数据，利用 KWW（2008）[①] 贸易增加值方法对我国不同地区最终产品出口中，中间投入品的进口情况进行分析，可从一个侧面反映我国最终产品生产情况。若我国出口的最终消费品中，主要中间投入品来自国内生产，则说明最终产品出口中国内增加值部分不断增加，产业呈现升级趋势；若我国出口的最终消费品中，主要中间投入品仍来自国外进口，则说明出口的最终产品仍主要以国外增加值为主，国内增加值份额并没有呈现显著的变化趋势，产业升级较为缓慢。图 26－2 分别报告了我国东部沿海（EC）、南部沿海（SC）、北部沿海（NC）、西南（SW）、中部（CM）、北京天津（JJ）、东北（NE）、西北（NW）等地区在出口最终消费品时，中间投入品的从国内进口情况。

从图 26－2 可以看出，相对于东部与南部沿海地区，我国其他地区在生产最终出口消费品时，国内中间产品的使用份额不断提升。说明大部分地区出口产品呈现产业升级趋势。东部沿海与南部沿海国内中间使用品份额在 2007 年后略微下降。主要原因是，这些地区以生产电子产品、精密仪器、各类数据处理设备等产品为主，这类产品的技术含量较高，现阶段我国该类出口产品仍属加工贸易，关键的中间投入品仍需进口。

① Koopman R.，Z. Wang and S. J. Wei，2008，"How much of Chinese exports is really made in China? Assessing domestic value－added when processing trade is pervasive". NBER working paper #14109.

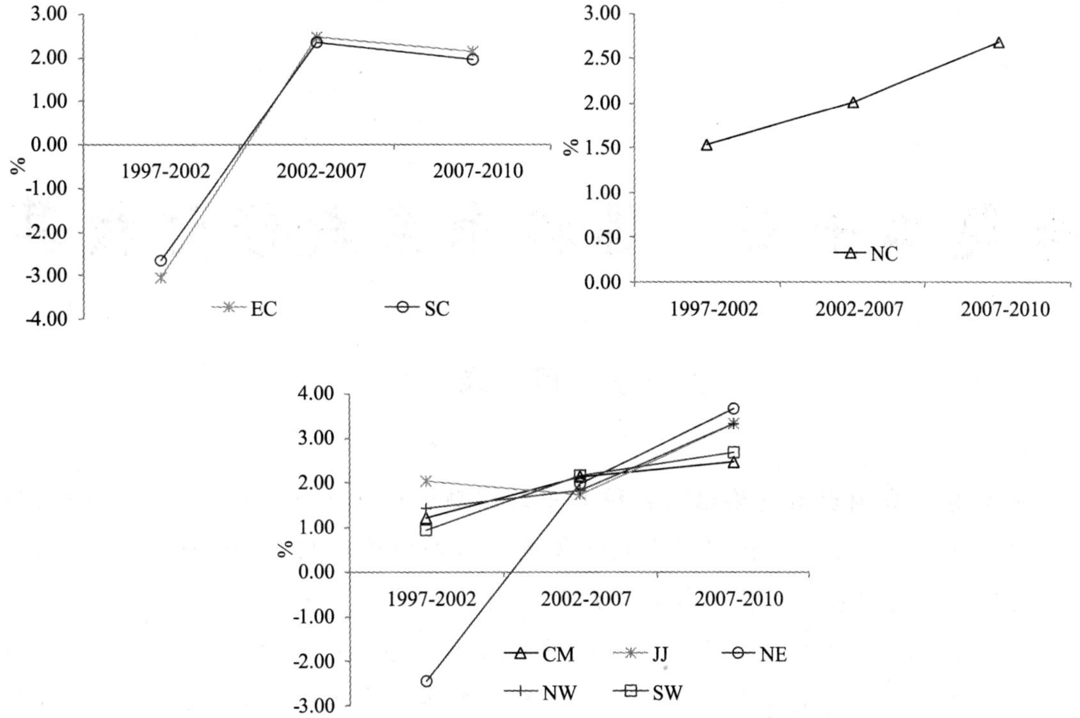

图 26－2　地区间中间投入品使用占各地区中间投入品使用比重

数据说明：CM 代表中部地区；JJ 代表北京天津；NE 代表东北地区；NW 代表西北地区；SW 代表西南地区；NC 代表北部沿海；EC 代表东部沿海；SC 代表南部沿海。具体省份划分详见 excel 文件。

数据来源：作者整理。

专题二十七　恩格尔系数修订核算

子目录

第一部分　我国现有恩格尔系数核算中的问题……………………………………（310）
表 27－1　我国城镇居民实际人均可支配收入与消费结构 ……………………（310）
表 27－2　我国农村居民实际人均纯收入与消费结构 …………………………（311）
表 27－3　2012 年各省份人均可支配收入排名与恩格尔系数排名……………（314）
图 27－1　我国城镇居民实际可支配收入与恩格尔系数关系走势图 …………（312）
图 27－2　我国农村居民实际纯收入与恩格尔系数关系走势图 ………………（312）
图 27－3　我国城乡恩格尔系数差距与城乡人均实际支配收入差距 …………（313）

第二部分　基于扣除法的恩格尔系数修正………………………………………（316）
表 27－4　我国城镇扣除法修正恩格尔系数测算结果 …………………………（316）
表 27－5　我国农村扣除法修正恩格尔系数测算结果 …………………………（317）
图 27－4　城镇实际人均可支配收入与城镇扣除法恩格尔系数修正结果 …（317）
图 27－5　农村实际人均纯收入与农村扣除法恩格尔系数修正结果 …………（318）

第三部分　基于添加法的恩格尔系数修正………………………………………（319）
表 27－6　基于虚拟折旧成本法的城镇人均自有住房虚拟服务支出 …………（319）
表 27－7　基于虚拟折旧成本法的农村人均自有住房虚拟服务支出 …………（320）
表 27－8　基于根据水电燃料费推算的市场法的城镇人均自有住房
虚拟服务支出 ………………………………………………………………（322）
表 27－9　基于使用者成本法的城镇人均自有住房虚拟服务支出 ……………（323）
表 27－10　基于根据住宅价格及面积推算的市场法城镇人均自有住房
虚拟服务支出 ……………………………………………………………（324）
表 27－11　我国城镇添加法恩格尔系数修正结果 ………………………………（326）
图 27－6　城镇实际人均可支配收入与添加法城镇恩格尔系数修正结果
…………………………………………………………………………………（326）

第四部分　恩格尔系数修正核算效果评价……………………………………（327）
表 27 - 12　各项城镇修正恩格尔系数 ……………………………………（327）
表 27 - 13　各项城镇恩格尔系数模型拟合结果 ……………………………（328）
表 27 - 14　各项农村修正恩格尔系数 ……………………………………（329）
表 27 - 15　各项农村恩格尔系数模型拟合结果 ……………………………（330）
表 27 - 16　各省份修正恩格尔系数 R1 - R3 修正结果 ……………………（331）
表 27 - 17　基于虚拟折旧成本法的 2010 年各省份城镇人均虚拟住房消费支出 ……………………………………………………………（331）
表 27 - 18　基于虚拟折旧成本法的 2003 年各省份城镇人均虚拟住房消费支出 ……………………………………………………………（332）
表 27 - 19　基于虚拟折旧成本法的修正恩格尔系数 R4 结果 ………………（332）
表 27 - 20　基于使用者成本法的 2010 年各省份城镇人均虚拟住房消费支出 ……………………………………………………………（333）
表 27 - 21　基于使用者成本法的 2003 年各省份城镇人均虚拟住房消费支出 ……………………………………………………………（333）
表 27 - 22　基于使用者成本法的修正恩格尔系数 R6 结果 …………………（334）
图 27 - 7　城镇修正恩格尔系数与城镇实际可支配收入关系 ………………（328）

一、主要统计指标解释

恩格尔系数：指食品支出在家庭消费支出中所占的比例。现有的计算公式为：恩格尔系数＝食品支出/现金消费支出×100%。

一体化住户调查：从2012年四季度起，国家统计局对分别进行的城乡住户调查实施了一体化改革，统一了城乡居民收入指标名称、分类和统计标准，建立了城乡统一的一体化住户调查《住户收支与生活状况调查》，并据此获得全国居民有关数据。

城镇居民家庭可支配收入：指家庭成员得到可用于最终消费支出和其他非义务性支出以及储蓄的总和，即居民家庭可以用来自有支配的收入。它是家庭总收入扣除交纳的个人所得税、个人交纳的社会保障支出以及记账补贴后的收入。计算公式为：城镇居民家庭可支配收入＝家庭总收入－交纳的个人所得税－个人交纳的社会保障支出－记账补贴。

农村居民家庭纯收入：指农村住户当年从各个来源得到的总收入相应的扣除所发生的费用后的收入总和。计算方法：农村居民家庭纯收入＝总收入－家庭经营费用支出－税费支出－生产性固定资产折旧－赠送农村内部亲友。纯收入主要用于再生产投入和当年生活消费支出，也可用于储蓄和各种非义务性支出。"农村人均纯收入"是按人口平均的纯收入水平，反映的是一个地区农村居民的平均收入水平。

居民消费支出：指居民用于满足家庭日常生活消费需要的全部支出，既包括现金消费支出，也包括实物消费支出。消费支出可划分为食品烟酒、衣着、居住、生活用品及服务、交通和通信、教育文化和娱乐、医疗保健以及其他用品及服务八大类。

自有住房虚拟消费支出：指住户租住自有住房所消费的居住服务的市场价值，将其视为住户自己的消费支出。SNA2008年建议家庭消费中的居住消费支出应包含市场房租支出、自有住房虚拟消费支出、水电燃料费支出及维修管理费，然而我国2012年之前还并不包括自有住房虚拟消费的支出。

二、主要核算解释：

恩格尔系数修正方法：对恩格尔系数的修正本文采用以下7种方法，其中，方法1—3即R_1—R_3为扣除法，方法4—6即R_4—R_6属于添加法：

（1）分母中剔除住房消费支出。原始恩格尔系数的分母为家庭消费总支出，可将住房消费首先从分母中剔除，以减少其变动性。计算公式为：

$$R_1 = \frac{S}{C - H_0} \times 100\%$$

其中，R_1代表修正的恩格尔系数，S代表人均食品消费支出，C代表人均总消费支出，H_0代表居民人均住房消费支出。

（2）分母中剔除住房消费支出和教育消费支出。在第一种方法之后，教育消费支出计算公式为：

$$R_2 = \frac{S}{C - H_0 - E \times 0.5} \times 100\%$$

其中，R_2代表修正的恩格尔系数，S代表人均食品消费支出，C代表人均总消费支出，H_0代表居民人均住房消费支出，E代表人均文教娱乐服务消费支出。在教育支出数据不易获取的情况下，采用教育与文娱消费支出乘以0.5以估计教育消费支出。

（3）分母中剔除住房、教育及医疗消费支出。

计算公式为：

$$R_3 = \frac{S}{C - H_0 - E \times 0.5 - He} \times 100\%$$

其中，R_3 代表修正的恩格尔系数，S 代表人均食品消费支出，C 代表人均总消费支出，H_0 代表居民人均住房消费支出，E 代表人均文教娱乐服务消费支出，He 代表人均医疗消费支出。在教育支出数据不易获取的情况下，采用教育与文娱消费支出乘以 0.5 以估计教育消费支出。

（4）以成本法估算自有住房虚拟消费支出调整分母。

计算公式为：

$$R_4 = \frac{S}{C + H_C}$$

其中，R_4 代表修正的恩格尔系数，S 代表人均食品消费支出，C 代表人均总消费支出，H_c 代表成本法测算的自有住房虚拟服务支出。

（5）以基于市场法（以水电费支出推算）估算自有住房虚拟消费支出调整分母。

计算公式为：

$$R_5 = \frac{S}{C + H_{M1}}$$

其中，R_5 代表修正的恩格尔系数，S 代表人均食品消费支出，C 代表人均总消费支出，H_{M1}代表成本法测算的自有住房虚拟服务支出。

（6）以基于市场法（以房价及面积增长推算）估算自有住房虚拟消费支出调整分母。

计算公式为：

$$R_6 = \frac{S}{C + H_{M2}}$$

其中，R_6 代表修正的恩格尔系数，S 代表人均食品消费支出，C 代表人均总消费支出，H_{M2}代表成本法测算的自有住房虚拟服务支出。

（7）生存型恩格尔系数。按照马斯洛层次需求理论可以将消费分为生存型消费、发展型消费以及娱乐型消费。其中，通常将吃、穿、住等方面的消费定义为生存型消费，将教育、交通通讯、医疗保健的定义为发展型消费，将娱乐文化服务、家庭设备用品、耐用消费品支出、其他商品和服务定义为享受型消费，用来大致反映消费层次的变化。由于单纯以食品消费支出作分子会造成不同地区消费结构不同而无法横向比较的情况，因此修正的恩格尔系数计算公式为：

$R_7 = 1 -$ 发展享受型恩格尔系数

R_7 代表修正的恩格尔系数。

城镇一体化调查口径变化：2013 年之前的恩格尔系数未将城镇自有住房产生的虚拟租金部分消费纳入住房消费支出中，而 2013 年采用一体化住户调查之后城镇居民消费支出内容中开始包括此部分内容。

表 27－1　　我国城镇居民实际人均可支配收入与消费结构

年份	城镇实际人均可支配收入	城镇人均消费	食品	衣着	家庭设备用品及服务	医疗保健	交通和通信	教育文化娱乐服务	居住	杂项商品与服务
	元	%	%	%	%	%	%	%	%	%
1992	3689	3043	52.9	14.1	8.4	2.5	2.6	8.8	6.0	4.7
1993	4091	3350	50.1	14.2	8.8	2.7	3.8	9.2	6.6	4.5
1994	4471	3647	49.9	13.7	8.8	2.9	4.7	8.8	6.8	4.5
1995	4678	3864	50.1	13.5	7.4	3.1	5.2	9.4	8.0	3.2
1996	4880	3953	48.6	13.5	7.6	3.7	5.1	9.6	7.7	4.3
1997	5062	4106	46.4	12.4	7.6	4.3	5.6	10.7	8.6	4.4
1998	5365	4284	44.5	11.1	8.2	4.7	5.9	11.5	9.4	4.5
1999	5871	4629	41.9	10.5	8.6	5.3	6.7	12.3	9.8	5.0
2000	6273	4993	39.4	10.0	7.5	6.4	8.5	13.4	11.3	3.4
2001	6805	5267	38.2	10.1	7.1	6.5	9.3	13.9	11.5	3.5
2002	7703	6030	37.7	9.8	6.4	7.1	10.4	15.0	10.4	3.2
2003	8372	6434	37.1	9.8	6.3	7.3	11.1	14.4	10.7	3.3
2004	8960	6831	37.7	9.6	5.7	7.4	11.7	14.4	10.2	3.3
2005	9803	7421	36.7	10.1	5.6	7.6	12.5	13.8	10.2	3.5
2006	10823	8005	35.8	10.4	5.7	7.1	13.2	13.8	10.4	3.6
2007	12108	8781	36.3	10.4	6.0	7.0	13.6	13.3	9.8	3.6
2008	13088	9324	37.9	10.4	6.2	7.0	12.6	12.1	10.2	3.7
2009	14344	10244	36.5	10.5	6.4	7.0	13.7	12.0	10.0	3.9
2010	15450	10891	35.7	10.7	6.7	6.5	14.7	12.1	9.9	3.7
2011	16730	11630	36.3	11.0	6.7	6.4	14.2	12.2	9.3	3.8
2012	18366	12466	36.2	10.9	6.7	6.4	14.7	12.2	8.9	3.9
2013	19286	13472	30.1	8.4	6.1	6.1	12.5	10.8	23.3	2.7
2014	20606	14265	30	8.1	6.2	6.5	13.2	10.7	22.5	2.7

注：数据来源均为国家统计局《中国统计年鉴》（1993—2014 年）；其中城镇实际人均可支配收入为根据 1992—2014 年城镇消费者价格指数进行缩减，以 2002 年为基期。

表 27－2 **我国农村居民实际人均纯收入与消费结构**

年份	农村实际居民纯收入	农村人均消费	食品	衣着	居住	家庭设备及服务	医疗保健	交通和通信	文教、娱乐用品及服务	其他商品及服务
	元	元	%	%	%	%	%	%	%	%
1992	1398. 1	1175. 2	57. 6	8. 0	15. 9	5. 6	3. 7	1. 9	6. 6	3. 7
1993	1445. 5	1207. 2	58. 0	7. 2	13. 9	5. 8	3. 5	2. 3	7. 6	3. 5
1994	1551. 9	1292. 3	58. 9	6. 9	14. 0	5. 5	3. 2	2. 4	7. 4	3. 2
1995	1706. 6	1417. 4	58. 6	6. 9	13. 9	5. 2	3. 2	2. 6	7. 8	3. 2
1996	1930. 9	1576. 0	56. 3	7. 2	13. 9	5. 4	3. 7	3. 0	8. 4	3. 7
1997	2044. 2	1581. 7	55. 1	6. 8	14. 4	5. 3	3. 9	3. 3	9. 2	3. 9
1998	2135. 9	1571. 1	53. 4	6. 2	15. 1	5. 1	4. 3	3. 8	10. 0	4. 3
1999	2216. 9	1582. 1	52. 6	5. 8	14. 8	5. 2	4. 4	4. 4	10. 7	4. 4
2000	2262. 3	1676. 7	49. 1	5. 7	15. 5	4. 5	5. 2	5. 6	11. 2	5. 2
2001	2356. 9	1734. 1	47. 7	5. 7	16. 0	4. 4	5. 5	6. 3	11. 1	5. 5
2002	2475. 6	1834. 3	46. 3	5. 7	16. 4	4. 4	5. 7	7. 0	11. 5	5. 7
2003	2632. 7	1951. 1	45. 6	5. 7	15. 9	4. 2	6. 0	8. 4	12. 1	6. 0
2004	2901. 8	2158. 9	47. 2	5. 5	14. 8	4. 1	6. 0	8. 8	11. 3	6. 0
2005	3069. 2	2409. 6	45. 5	5. 8	14. 5	4. 4	6. 6	9. 6	11. 6	6. 6
2006	3309. 5	2610. 2	43. 0	5. 9	16. 6	4. 5	6. 8	10. 2	10. 8	6. 8
2007	3763. 7	2930. 6	43. 1	6. 0	17. 8	4. 6	6. 5	10. 2	9. 5	6. 5
2008	4105. 7	3157. 1	43. 7	5. 8	18. 5	4. 8	6. 7	9. 8	8. 6	6. 7
2009	4173. 1	3233. 9	41. 0	5. 8	20. 2	5. 1	7. 2	10. 1	8. 5	7. 2
2010	4807. 6	3559. 1	41. 1	6. 0	19. 1	5. 3	7. 4	10. 5	8. 4	7. 4
2011	5470. 3	4093. 4	40. 4	6. 5	18. 4	5. 9	8. 4	10. 5	7. 6	8. 4
2012	5866. 5	4378. 0	39. 3	6. 7	18. 4	5. 8	8. 7	11. 0	7. 5	8. 7
2013	6431. 4	5411. 4	34. 1	6. 1	21. 1	6. 1	8. 9	11. 7	10. 1	1. 9
2014	6956. 7	5895. 2	33. 6	6. 1	21. 0	6. 0	9. 0	12. 1	10. 3	1. 9

注：数据来源均为国家统计局《中国统计年鉴》（1993—2014 年）；其中农村实际人均纯收入为根据 1992—2014 年农村消费者价格指数进行缩减，以 2002 年为基期。

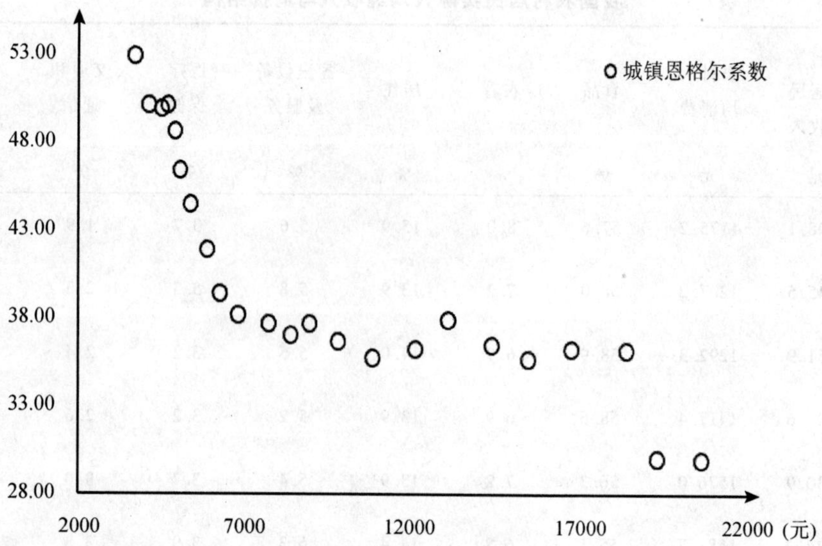

图 27－1　我国城镇居民实际可支配收入与恩格尔系数关系走势图

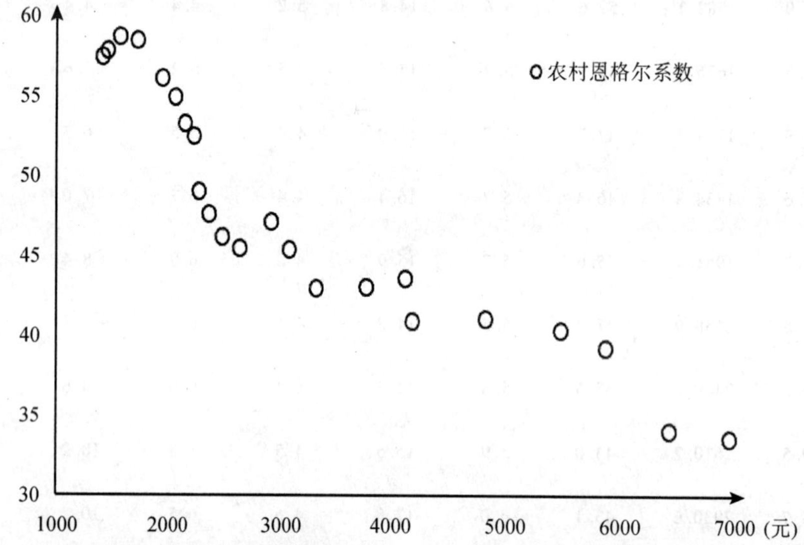

图 27－2　我国农村居民实际纯收入与恩格尔系数关系走势图

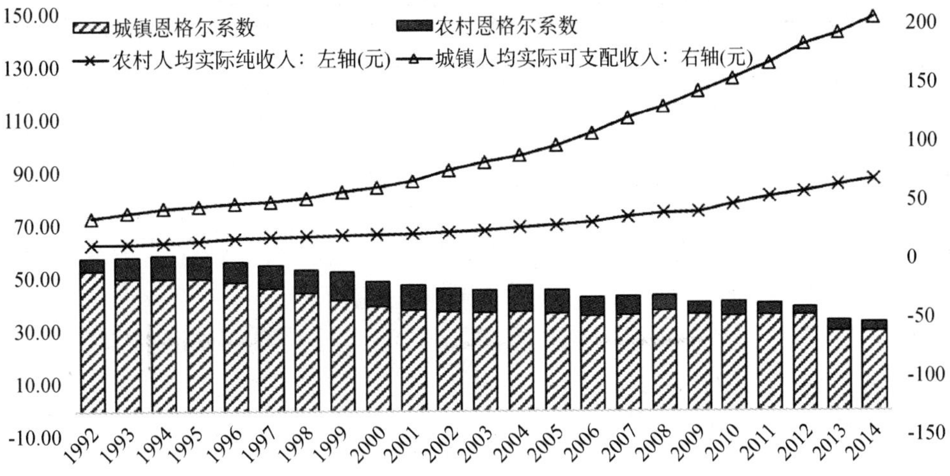

图 27－3　我国城乡恩格尔系数差距与城乡人均实际支配收入差距

核　算　点　评

恩格尔系数是我国全面建成小康社会进程中的重要监控指标。依据现有的恩格尔系数核算指标，随城乡人均可支配收入的增加，1992—2014 年我国城镇居民食品消费支出份额即恩格尔系数由 52.9% 下降至 30.0%，而农村居民恩格尔系数由 1992 年的 57.6% 下降到 2014 年的 33.6%。在上述下降过程中，城乡恩格尔系数与人均可支配收入的关系出现如下几点异常：

（1）随着城镇人均可支配收入与农村居民人均纯收入的增长，城乡居民恩格尔系数的下降速度在不断放缓，且城镇恩格尔系数的放缓速度更为明显。截至 2014 年，城镇人均可支配收入与农村居民人均纯收入之比仍然在 3∶1 左右，而城乡居民恩格尔系数已经非常接近。

（2）与农村居民人均纯收入和恩格尔系数之间的关系相对稳定不同，城镇人均可支配收入和恩格尔系数之间的关系缺乏规律性。1995—2000 年，城镇人均可支配收入增长 34.1%，恩格尔系数下降 10.7 个百分点；2003—2012 年，城镇人均可支配收入增长 119.37%，而恩格尔系数下降 0.9 个百分点。

这说明，我国恩格尔系数的变动出现了新情况、新问题，需要在恩格尔系数核算及时间序列分析中加以注意。

表 27－3　**2012 年各省份人均可支配收入排名与恩格尔系数排名**

省份	人均可支配收入（元）		恩格尔系数（%）	
	数值	排名	数值	排名
上海市	31697	1	36.8	17
北京市	29715	2	31.3	2
浙江省	26444	3	36.7	15
广东省	23459	4	36.9	19
天津市	22957	5	36.7	16
江苏省	22160	6	35.4	13
福建省	21604	7	39.4	24
山东省	19740	8	33.0	7
辽宁省	17557	9	35.0	12
内蒙古自治区	17101	10	30.8	1
重庆市	16664	11	41.5	27
安徽省	15618	12	38.7	22
湖南省	15439	13	37.2	20
广西壮族自治区	15393	14	39.0	23
海南省	15176	15	45.4	28
陕西省	15144	16	31.7	5
云南省	15144	17	45.4	29
河北省	15079	18	33.6	9
江西省	15068	19	39.7	26
吉林省	15045	20	31.7	6
湖北省	14958	21	33.6	10
山西省	14881	22	31.6	3
河南省	14697	23	33.6	8
四川省	14641	24	31.6	4
宁夏回族自治区	13974	25	33.9	11
贵州省	13783	26	39.7	25
西藏自治区	13653	27	49.3	31
黑龙江省	13022	28	36.1	14
新疆维吾尔自治区	12940	29	36.8	18
甘肃省	12334	30	45.4	30
青海省	11726	31	37.8	21

注：省份人均可支配收入排序采用正序，而省份恩格尔系数排序采用逆序。

核 算 点 评

在恩格尔系数的省份截面分析中，同样存在一些问题，同一地区的时间序列维度上的恩格尔系数体现的问题主要是恩格尔系数与人均收入之间的变动关系不符合恩格尔定律。而省份截面恩格尔系数的问题则更为复杂，因为不同地区之间存在不同的物价水平及物价结构、消费心理及消费习惯、城市化进程、供给水平以及不同的福利政策及各种补贴，从而造成了各地区的消费结构及消费水平截然不同。其问题主要体现在：

在不同省份的比较中，恩格尔定律作为一种衡量地区居民生活水平的指数存在着其局限性。省份之间的居民实际收入水平与恩格尔系数之间的关系缺乏稳定性，其具体表现在各省居民收入水平的人均可支配收入排名次序与以恩格尔系数进行排序得到的次序结果发生不一致的情况，即随着人均可支配收入的增加而恩格尔系数下降的趋势在各省之间表现并不明显，甚至时常出现背离。以 2012 年为例，上海市人均可支配收入在全国排名第一，然而其恩格尔系数为 36.8%，仅排名 17 位；广东省人均可支配收入排名在全国为第 4 位，而其恩格尔系数排名较落后，为 36.9%，排名第 19；四川省人均可支配收入排名在全国为第 24 位，而其恩格尔系数排名较落后，为 31.6%，排名第 4。部分高收入高发展水平的省份恩格尔系数偏高，与之同时低收入的低发展水平的省份恩格尔系数却往往偏低。这显然与实际情况明显不符。

表 27－4　　我国城镇扣除法修正恩格尔系数测算结果

年份	城镇人均可支配收入	R0	R1	R2	R3
	元	%	%	%	%
1992	3689	52.9	56.2	59.9	61.6
1993	4091	50.1	53.7	57.7	59.6
1994	4471	49.9	53.5	57.5	59.5
1995	4678	50.1	54.5	59.1	61.3
1996	4880	48.6	52.6	57.1	59.7
1997	5062	46.4	50.8	55.6	58.7
1998	5365	44.5	49.1	54.3	57.6
1999	5871	41.9	46.4	51.8	55.4
2000	6273	39.4	44.5	49.5	53.8
2001	6805	38.2	43.2	48.6	52.9
2002	7703	37.7	42.0	47.8	52.6
2003	8372	37.1	41.6	47.0	51.8
2004	8960	37.7	42.0	47.8	52.7
2005	9803	36.7	40.9	46.1	51.0
2006	10823	35.8	39.9	45.1	49.6
2007	12108	36.3	40.2	45.2	49.5
2008	13088	37.9	42.2	46.8	51.3
2009	14344	36.5	40.6	45.0	49.3
2010	15450	35.7	39.6	44.0	47.8
2011	16730	36.3	40	44.6	48.4
2012	18366	36.2	39.8	44.4	48.2
2013	19286	30.1	39.3		
2014	20606	30.0	38.8		

注：根据修正恩格尔系数计算公式计算得到，其中城镇居民的修正恩格尔系数 R2、R3 分母中剔除的 1992—2012 年城镇居民教育消费支出数据来源为 CEIC 数据库。

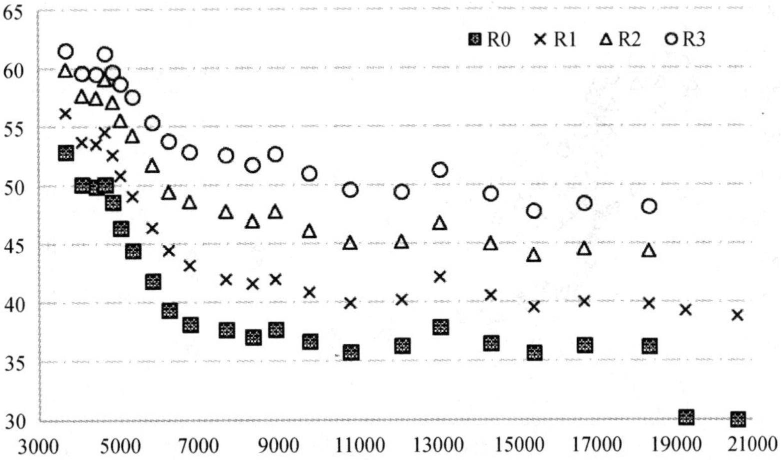

图 27－4　城镇实际人均可支配收入与城镇扣除法恩格尔系数修正结果

表 27－5　我国农村扣除法修正恩格尔系数测算结果

年份	农村人均纯收入 元	R0 %	R1 %	R2 %	R3 %
1992	784	57.6	68.5	71.3	74.7
1993	922	58.0	67.4	70.5	73.7
1994	1221	58.9	68.4	71.5	74.4
1995	1578	58.6	68.1	71.3	74.3
1996	1926	56.3	65.4	68.8	72.1
1997	2090	55.1	64.3	68.0	71.4
1998	2162	53.4	62.9	66.8	70.6
1999	2210	52.6	61.6	65.8	69.6
2000	2253	49.1	58.1	62.2	66.7
2001	2366	47.7	56.8	60.8	65.5
2002	2476	46.3	55.3	59.4	64.0
2003	2622	45.6	54.2	58.4	63.2
2004	2936	47.2	55.5	59.4	64.3
2005	3255	45.5	53.2	57.0	62.2
2006	3587	43.0	51.6	55.1	60.4
2007	4140	43.1	52.4	55.6	60.7
2008	4761	43.7	53.6	56.6	62.0
2009	5153	41.0	51.3	54.2	59.9
2010	5919	41.1	50.8	53.5	59.3
2011	6977	40.4	49.5	51.9	58.1
2012	7917	39.3	48.2	50.5	56.9
2013	8896	34.1	43.3	46.2	52.6
2014	9892	33.6	42.5	45.5	51.8

注：根据修正恩格尔系数计算公式计算得到。由于农村居民教育支出数据缺失，因此采用教育及文化娱乐消费支出数据乘以 0.5 的方法予以估计，并在 R2、R3 的分母中进行剔除。

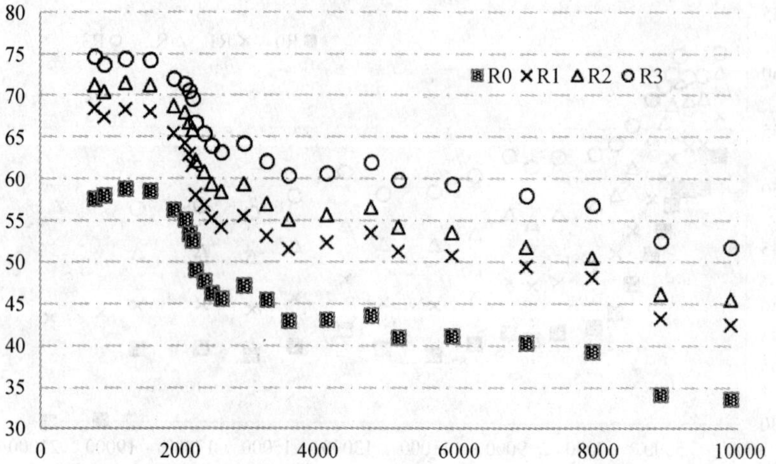

图 27-5 农村实际人均纯收入与农村扣除法恩格尔系数修正结果

核 算 点 评

恩格尔系数的适用条件是在家庭收入增长的同时其他环境因素不发生变化，然而我国在历史发展的进程中进行了一系列体制改革。R_1-R_3 属于添加法恩格尔系数修正方法，该修正的基本依据是：教育、医疗及住房体制改革导致教育、医疗、住房消费支出数据的波动性较大，这引起恩格尔系数在随收入增长的连续变化过程中产生某些突变现象，从而影响了恩格尔系数评价的稳定性。

（1）修正恩格尔系数 R_1 的修正方法是在总家庭消费支出中剔除住房消费的支出。其中，主要涉及的是我国的住房体制改革以及一体化调查中在 2013 年之后自有住房虚拟消费支出的加入。1992—2001 年城镇住房消费支出在总消费支出中所占份额由 6% 持续上升到 11.4%，而 2001—2012 年住房消费基本稳定在 10% 左右，2013 年采用住户一体化调查，开始在住房消费中增加自有住房虚拟支出，因此住房消费份额由 2012 年的 8.9% 突增至 2013 年的 23.3%。因此，考虑从恩格尔系数计算公式的分母中剔除住房消费支出。

（2）修正恩格尔系数 R_2 除了剔除住房消费支出，还对教育消费支出予以剔除。由于我国的教育体制改革，我国城镇居民教育与娱乐消费支出由 1992—2002 年逐渐增加，而 2002 年之后逐渐下降。杭斌、沈春兰（2005）① 认为教育、医疗保健等“生产性消费”挤占居民的食品消费，从而导致恩格尔系数的被动下降。在人均教育消费支出缺失的情况下，可以采用教育及文化娱乐消费支出的 50% 作为教育消费支出的估计。

（3）修正恩格尔系数 R_3 在 R_1、R_2 的基础上再在分母中剔除医疗保健消费支出。近年来，我国持续推进医疗体制改革，医疗消费支出的变动性也较大，因此也被纳入影响因素之一。我国城镇居民的医疗保健消费支出份额由 1992 年的 2.5% 增长到 2005 年的 7.6%，之后又逐渐下降到 6.3% 左右；农村医疗保健消费支出份额由 3.5% 左右逐年上升到 2014 年的 9.0%，并一直保持较为稳定的增长。

① 杭斌、申春兰：“恩格尔系数为什么降的这么快”［J］，《统计研究》，2005 年第 1 期，第 33—37 页。

表 27－6　　基于虚拟折旧成本法的城镇人均自有住房虚拟服务支出

年份	住宅房屋建筑竣工面积 万平方米	竣工房屋价值 亿元	城镇住房单位建造成本 元/平方米	城镇人均居住面积 平方米	折旧率 %	城镇人均自有住房虚拟消费支出 元
1998	47616.9	3358.8	705.4	18.7	2.0	263.8
1999	55868.9	4012.2	718.1	19.4	2.0	278.6
2000	54859.9	4122.1	751.4	20.3	2.0	305.1
2001	57476.5	4463.7	776.6	20.8	2.0	323.1
2002	59793.6	4920.0	822.8	19.9	2.0	327.5
2003	54971.5	5883.7	1070.3	19.2	2.0	411.0
2004	56897.3	6144.1	1079.9	18.8	2.0	406.0
2005	66141.9	7682.8	1161.6	18.5	2.0	429.8
2006	63046.9	8196.2	1300.0	18.4	2.0	478.4
2007	68820.8	9622.2	1398.2	18.4	2.0	514.5
2008	75969.1	11371.6	1496.9	18.4	2.0	550.9
2009	82101.5	14081.3	1715.1	18.7	2.0	641.4
2010	86879.8	16270.8	1872.8	18.9	2.0	707.9
2011	102513.2	20829.2	2031.9	19.3	2.0	784.3
2012	107327.0	23442.1	2184.2	19.6	2.0	856.2

注：数据均来自 CEIC 数据库；城镇住房单位建筑成本＝竣工房屋价值/住宅房屋建筑竣工面积；基于建筑成本法的城镇人均自有住房虚拟消费支出＝城镇住房单位建造成本×城镇人均建筑面积×2%折旧；城镇人均居住面积数据来自李昕、徐滇庆（2014）①，计算方法为：当年城镇人均住房面积＝（上年城镇住房总面积＋商品房销售面积－折旧拆除面积）/当年城镇人口。

① 李昕、徐滇庆："房地产供求与演变趋势：澄清一种统计口径"，《改革》，2014 年第 1 期，第 33—42 页。

表 27－7　　基于虚拟折旧成本法的农村人均自有住房虚拟服务支出

年份	农村住房单位建造成本	农村人均居住面积	折旧率	农村人均自有住房虚拟消费支出
	元/平方米	平方米	%	元
1998	248.0	23.3	4.0	231.2
1999	234.4	24.2	4.0	227.2
2000	244.6	24.8	4.0	242.8
2001	258.0	25.7	4.0	265.5
2002	266.0	26.5	4.0	282.3
2003	276.3	27.2	4.0	301.1
2004	310.3	27.9	3.0	259.7
2005	334.4	29.7	3.0	297.8
2006	385.7	30.7	3.0	354.7
2007	415.8	31.6	3.0	394.6
2008	451.4	32.4	3.0	439.0
2009	496.3	33.6	3.0	499.9
2010	560.8	34.1	3.0	573.3
2011	593.6	36.2	3.0	645.4
2012	689.4	37.1	3.0	767.1

注：数据均来自 CEIC 数据库；基于建筑成本法的农村自有住房虚拟消费支出＝农村住房单位建造成本×100%×农村人均建筑面积×折旧率（2004 年之前为 4%，2004 年之后为 3%）。

核 算 点 评

在测算自有住房虚拟服务支出时采用成本法的依据在于：以自有住房的资产现值的每年折旧额来替代自有住房的消费。康志远（2014）① 以官方方法估算了 2004—2012 年基于建筑成本虚拟折旧估算的城乡居民自有住房虚拟折旧租金。孙文凯（2011）② 给出了三种成本法测算城镇居民虚拟租金的方法。刘洪玉、郑思齐、许宪春（2003）同样给出了成本法的测算结果。

基于虚拟折旧成本法的城镇人均自有住房虚拟服务支出的测算。2013 年之前，城镇居民住房消费中不含自有住房虚拟租金消费，而农村居民住房始终未含有自有住房虚拟租金的消费。官方没有公布虚拟租金数据，因此需自行估计。

以虚拟折旧成本法测算自有住房虚拟服务支出是最接近国家统计局官方测算方法的方法，但是该方法明显存在低估的情况。其测算结果显示的我国城镇居民人均自有住房虚拟消费支出由 1998 年的 263.8 元增长到 2012 年的 856.2 元，而农村居民人均自有住房虚拟消费支出由 1998 年的 231.2 元增长到 2012 年的 767.1 元。城镇自有住房虚拟服务支出的增长幅度不大，并且城镇与农村自有住房虚拟消费支出数额基本一致，这两种情况均与现实状况不符。

① 康远志："中国居民自有住房虚拟租金的一个估算"，《统计与信息论坛》，2014 年第 5 期，第 15—19 页。

② 孙文凯、罗圣杰："基于几种自有住房处理方法的中国城镇 CPI 重新估计"，《世界经济》，2011 年第 8 期，第 87—111 页。

表 27－8　基于根据水电燃料费推算的市场法的城镇人均自有住房虚拟服务支出

年份	城镇居民居住人均消费支出	城镇居民住房人均消费支出	人均水电燃料及其他消费支出	重估城镇人均房屋消费支出	城镇人均自有住房虚拟消费支出
	元	元	元	元	元
1998	408.4	173.0	235.4	1177.1	768.7
1999	454.0	195.9	258.1	1290.5	836.5
2000	565.3	238.2	298.9	1494.5	957.4
2001	610.7	249.5	331.0	1655.0	1074.5
2002	624.4	242.6	357.0	1785.0	1185.4
2003	699.4	256.5	412.7	2063.7	1394.5
2004	733.5	247.9	451.5	2257.5	1558.1
2005	808.7	249.3	516.3	2581.6	1816.0
2006	904.2	285.1	569.4	2846.8	1992.4
2007	982.3	302.2	620.8	3104.2	2181.2
2008	1145.4	345.1	724.3	3621.4	2552.1
2009	1228.9	397.0	746.6	3733.1	2589.5
2010	1332.1	421.2	807.9	4039.3	2810.3
2011	1405.0	451.3	841.7	4208.5	2915.6
2012	1484.3	463.6	900.6	4503.1	3138.8

注：数据均来自 CEIC 数据库；根据赵奉军（2014）① 的方法测算的城镇虚拟租金结果，根据该方法选择以水电燃料费用支出的 5 倍作为重估的城镇租金支出值。其计算公式为：基于水点燃料费支出的城镇人均自有住房虚拟服务支出＝城镇人均水电燃料消费支出×5－城镇人均水电燃料消费支出－城镇居民住房人均消费支出。

核算点评

基于水电燃料消费支出推算的自有住房虚拟服务支出方法来自赵奉军（2014）对城镇虚拟租金的估算方法。该方法认为居住总消费与水电燃料费支出有相对固定的比例关系，并且我国城镇的比例应在 4—5 之间。但其缺点是由于农村水电燃料费用没有统一的消费标准，甚至有水免费的情况，官方目前没有该数据公布，因此无法测算农村自有住房虚拟消费支出。

该方法测算的城镇人均自有住房虚拟服务支出由 1998 年的 768.7 元增长到 2012 年的 3138.8 元，无论是实际值还是增长率均高于基于虚拟折旧成本法测算的数据。

① 赵奉军、高波："重估中国住房消费"，《现代经济探讨》，2014 年第 7 期，第 19—23 页。

表 27－9　　基于使用者成本法的城镇人均自有住房虚拟服务支出

年份	虚拟租金 元/平方米	住房市场价格 元/平方米	按揭贷款利率 %	折旧率 %	通货膨胀率 %	城镇人均住房面积 平方米	城镇人口 万人	人均自有住房虚拟消费支出 元
1998	256.4	1854.0	10.5	2.0	－1.3	18.7	41608	4794.83
1999	162.7	1857.0	7.6	2.0	0.8	19.4	43748	3155.86
2000	146.3	1948.0	6.2	2.0	0.7	20.3	45906	2969.78
2001	185.8	2017.0	6.2	2.0	－1.0	20.8	48064	3863.93
2002	143.5	2092.0	5.8	2.0	0.9	19.9	50212	2855.87
2003	98.0	2197.0	5.8	2.0	3.3	19.2	52376	1881.34
2004	170.0	2608.0	6.1	2.0	1.6	18.8	54283	3196.78
2005	194.4	2937.0	6.1	2.0	1.5	18.5	56212	3596.94
2006	112.9	3119.3	6.1	2.0	4.5	18.4	58288	2077.70
2007	127.9	3645.2	7.1	2.0	5.6	18.4	60633	2354.22
2008	383.7	3576.0	7.8	2.0	－0.9	18.4	62403	7060.17
2009	211.4	4459.0	5.9	2.0	3.2	18.7	64512	3952.37
2010	124.7	4725.0	5.9	2.0	5.3	18.9	66978	2357.59
2011	294.6	4993.2	6.6	2.0	2.7	19.3	69079	5685.76
2012	350.2	5429.9	7.1	2.0	2.6	19.6	71182	6864.48

注：数据均来自 CEIC 数据库；人均自有住房虚拟消费支出计算公式为：人均自有住房虚拟消费支出＝住房市场价格×（按揭贷款利率＋折旧率－通货膨胀率）×城镇人均住房面积，其中城镇人均居住面积数据来自李昕、徐滇庆（2014）。

表 27-10　　基于根据住宅价格及面积推算的市场法城镇人均自有住房虚拟服务支出

年份	基于使用者成本法的虚拟住房消费 元	城镇住宅造价 元	人均住房面积 元/平方米	人均住宅价值 元	增长率 %	城镇自有住房虚拟服务支出 元
1998	4794.83	1854.00	18.7	34595.60	4.20%	4794.83
1999	3155.86	1857.00	19.4	36062.90	9.40%	4996.21
2000	2969.78	1948.00	20.3	39447.00	6.40%	5465.86
2001	3863.93	2017.00	20.8	41953.60	-0.90%	5815.67
2002	2855.87	2092.00	19.9	41589.00	1.20%	5763.33
2003	1881.34	2197.00	19.2	42072.60	16.20%	5832.49
2004	3196.78	2608.00	18.8	48900.00	11.40%	6777.35
2005	3596.94	2937.00	18.5	54452.00	5.30%	7549.97
2006	2077.70	3119.30	18.4	57332.70	16.90%	7950.12
2007	2354.22	3645.20	18.4	67035.20	-2.00%	9293.69
2008	7060.17	3576.00	18.4	65691.10	26.70%	9107.82
2009	3952.37	4459.00	18.7	83204.90	7.40%	11539.60
2010	2357.59	4725.00	18.9	89397.00	7.70%	12393.54
2011	5685.76	4993.20	19.3	96268.90	10.70%	13347.84
2012	6864.48	5429.90	19.6	106588.90	—	14776.06

注：数据均来自 CEIC 数据库。

核 算 点 评

1998 年我国深化了城镇住房制度改革，于 1998 年下半年开始停止住房实物分配，逐步实行住房分配货币化。因此，该市场化方法是在 1998 年成本法自有住房虚拟消费支出的基础上，以住房市场价格的增长率估计每年的市场法自有住房虚拟消费支出。

以 1998 年成本法测算的虚拟租金支出作为当年市场法虚拟租金值，并按照每年住宅销售价格和城镇人均居住面积的乘积的增长率递推。其具体做法是：1998 年成本法测算的城镇居民自有住房虚拟消费支出为当年的市场法自有住房虚拟消费支出，按照每年住宅销售价格与城镇人均居住面积的乘积得到城镇人均住宅价值，并求出其增长率，在 1998 年自有住房虚拟消费支出的基础上，按照该增长率递推逐年市场法自有住房消费支出。

基于住宅价格及面积增长率推算的市场法测算的城镇人均自有住房虚拟服务支出 1998 年为使用者成本法测算值，其值为 4794. 83 元，并且按照城镇住宅造价和人均住房面积的增长率推算得到 2012 年的自有住房虚拟服务支出为 14776. 06 元，远远高于前两种方法的测算结果。

表 27－11　　　　　　　　　　　　　**我国城镇添加法恩格尔系数修正结果**

年份	城镇人均可支配收入 元	R0 %	R4 %	R5 %	R6 %
1992	3689	52.9			
1993	4091	50.1			
1994	4471	49.9			
1995	4678	50.1			
1996	4880	48.6			
1997	5062	46.4			
1998	5365	44.5	41.9	37.8	21.1
1999	5871	41.9	39.5	35.4	20.1
2000	6273	39.4	37.2	33.1	18.8
2001	6805	38.2	36.0	31.8	18.2
2002	7703	37.7	35.7	31.5	19.3
2003	8372	37.1	34.9	30.6	19.6
2004	8960	37.7	35.7	31	19.4
2005	9803	36.7	34.8	29.9	18.8
2006	10823	35.8	33.9	29.1	18.7
2007	12108	36.3	34.5	29.8	18.8
2008	13088	37.9	36.1	30.9	20.9
2009	14344	36.5	34.7	30.2	18.8
2010	15450	35.7	33.9	29.5	18.6
2011	16730	36.3	34.5	30.5	19.3
2012	18366	36.2	34.5	30.5	19.2

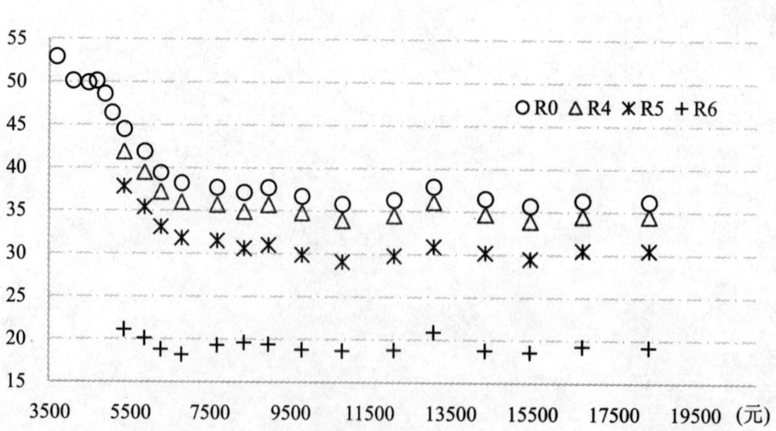

图 27－6　城镇实际人均可支配收入与添加法城镇恩格尔系数修正结果

第四部分　恩格尔系数修正核算效果评价

表 27－12　各项城镇修正恩格尔系数

年份	城镇人均可支配收入	R0	R1	R2	R3	R4	R5	R6
	元	%	%	%	%	%	%	%
1992	3689	52.9	56.2	59.9	61.6			
1993	4091	50.1	53.7	57.7	59.6			
1994	4471	49.9	53.5	57.5	59.5			
1995	4678	50.1	54.5	59.1	61.3			
1996	4880	48.6	52.6	57.1	59.7			
1997	5062	46.4	50.8	55.6	58.7			
1998	5365	44.5	49.1	54.3	57.6	41.9	37.8	21.1
1999	5871	41.9	46.4	51.8	55.4	39.5	35.4	20.1
2000	6273	39.4	44.5	49.5	53.8	37.2	33.1	18.8
2001	6805	38.2	43.2	48.6	52.9	36.0	31.8	18.2
2002	7703	37.7	42.0	47.8	52.6	35.7	31.5	19.3
2003	8372	37.1	41.6	47.0	51.8	34.9	30.6	19.6
2004	8960	37.7	42	47.8	52.7	35.7	31.0	19.4
2005	9803	36.7	40.9	46.1	51.0	34.8	29.9	18.8
2006	10823	35.8	39.9	45.1	49.6	33.9	29.1	18.7
2007	12108	36.3	40.2	45.2	49.5	34.5	29.8	18.8
2008	13088	37.9	42.2	46.8	51.3	36.1	30.9	20.9
2009	14344	36.5	40.6	45.0	49.3	34.7	30.2	18.8
2010	15450	35.7	39.6	44.0	47.8	33.9	29.5	18.6
2011	16730	36.3	40.0	44.6	48.4	34.5	30.5	19.3
2012	18366	36.2	39.8	44.4	48.2	34.5	30.5	19.2
2013	19286	30.1	39.3					
2014	20606	30.0	38.8					

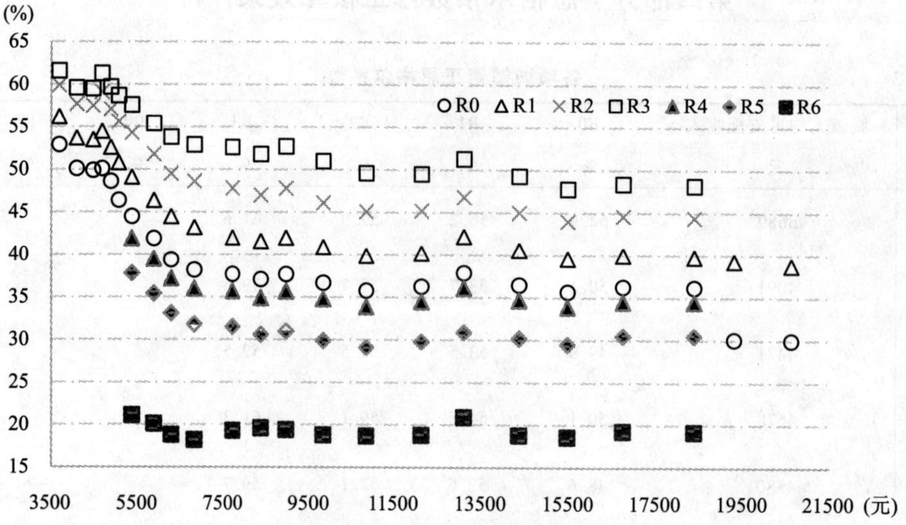

图 27－7　城镇修正恩格尔系数与城镇实际可支配收入关系

表 27－13　　各项城镇恩格尔系数模型拟合结果

恩格尔系数	拟合模型	F 检验	调整 R2	AIC
R_0	$\ln(R_0) = 6.089 - 0.265\ln(y)$	0.000	0.830	－2.536
R_1	$\ln(R_1) = 5.602 - 0.203\ln(y)$	0.000	0.762	－2.646
R_2	$\ln(R_2) = 5.719 - 0.202\ln(y)$	0.000	0.873	－3.585
R_3	$\ln(R_3) = 5.448 - 0.163\ln(y)$	0.000	0.914	－4.445
R_4	$\ln(R_4) = 4.615 - 0.113\ln(y)$	0.000	0.548	－3.500
R_5	$\ln(R_5) = 4.678 - 0.134\ln(y)$	0.001	0.528	－3.084
R_6	$\ln(R_6) = 3.208 - 0.027\ln(y)$	0.357	0.065	－3.368

注：根据表 27－12 数据建立模型。

表 27-14 各项农村修正恩格尔系数

年份	农村人均纯收入 元	R0 %	R1 %	R2 %	R3 %	R4 %
1992	1398.1	57.6	68.5	71.3	74.7	
1993	1445.5	58.0	67.4	70.5	73.7	
1994	1551.9	58.9	68.4	71.5	74.4	
1995	1706.6	58.6	68.1	71.3	74.3	
1996	1930.9	56.3	65.4	68.8	72.1	
1997	2044.2	55.1	64.3	68.0	71.4	
1998	2135.9	53.4	62.9	66.8	70.6	45.8
1999	2216.9	52.6	61.6	65.8	69.6	45.1
2000	2262.3	49.1	58.1	62.2	66.7	42.1
2001	2356.9	47.7	56.8	60.8	65.5	40.6
2002	2475.6	46.3	55.3	59.4	64.0	39.2
2003	2632.7	45.6	54.2	58.4	63.2	38.2
2004	2901.8	47.2	55.5	59.4	64.3	40.8
2005	3069.2	45.5	53.2	57.0	62.2	39.2
2006	3309.5	43.0	51.6	55.1	60.4	36.7
2007	3763.7	43.1	52.4	55.6	60.7	37.0
2008	4105.7	43.7	53.6	56.6	62.0	37.5
2009	4173.1	41.0	51.3	54.2	59.9	34.8
2010	4807.6	41.1	50.8	53.5	59.3	34.7
2011	5470.3	40.4	49.5	51.9	58.1	34.1
2012	5866.5	39.3	48.2	50.5	56.9	33.0
2013	6431.4	34.1	43.3	46.2	52.6	
2014	6956.7	33.6	42.5	45.5	51.8	

表 27-15　　各项农村恩格尔系数模型拟合结果

恩格尔系数	拟合模型	F 检验	调整 R2	AIC
R_0	ln（R_0）=6.480-0.330ln（Y）	0.000	0.932	-3.361
R_1	ln（R_1）=6.248-0.278ln（Y）	0.000	0.921	-3.537
R_2	ln（R_3）=6.267-0.274ln（Y）	0.000	0.943	-3.931
R_3	ln（Y_4）=5.889-0.216ln（Y）	0.000	0.937	-4.283
R_4	ln（R_4）=5.800-0.266ln（Y）	0.000	0.835	-3.490

注：根据表 27-14 计算得到。

核 算 点 评

对于恩格尔系数指标的评价之前的学术文献在这方面的研究较少，因此评判恩格尔系数的修正效果并无现成方法可以借鉴。本文采用两种方法对恩格尔系数的适用性进行检验和评价。对于独立区域的时间序列评价，这里采用评价思路是：恩格尔系数随着人均家庭收入的增长而呈现逐渐下降的趋势，其相对变化应该是平缓连续的，而不应出现非陡然下降或陡然上升的现象。因此以恩格尔曲线应符合 $R=ay^b$ 所体现的下降形式，转换为对数线性模型即为 $\ln(R)=\ln a+b\ln(y)$，且回归系数 b 代表了弹性系数，应该为负。则修正的恩格尔系数是否满足恩格尔定律，可以通过其对恩格尔模型的拟合程度 R^2 进行判断，即人均家庭收入 y 的增加对恩格尔系数下降的解释程度。

对各项修正的恩格尔系数与城镇实际可支配收入建立计量模型，R_1-R_3 的拟合结果较好，R_4 对恩格尔模型的拟合效果较差。由弹性系数可知，各项恩格尔系数关于农村人均纯收入均呈现下降趋势，符合恩格尔定律。对于恩格尔系数的独立区域的时间序列分析评估而言，纵向比较中，修正恩格尔系数 R_3 的修正效果最好。

根据恩格尔系数 R_3 的修正结果 1992—2012 年期间我国城镇居民恩格尔系数水平相对原始恩格尔系数 R_0 产生一定的变化：1992—2000 年期间的修正恩格尔系数下降速度较原始恩格尔系数变慢，修正了制度改革带来的一些变动性；另外在 2005 年之后，修正恩格尔系数的下降速度虽然较 2000 年之前变缓，但是比原始恩格尔系数的下降速度要快，依旧呈现出逐年下降的趋势，其下降并未停滞。我国农村居民原始恩格尔系数下降趋势较为稳定，农村居民修正恩格尔系数水平在 2000 年之前的不规律波动程度降低，2005 年之后的下降趋势更加明显。这说明，一方面，1992 年以来，尽管我国在不断推进和完善住房、教育、医疗体制改革，但是我国城乡居民的实际恩格尔系数水平在不断平缓下降，说明我国城乡居民的生活水平在不断提高，且 2005 年之后的恩格尔系数下降速度较 2000 年之前稍低，即随着居民家庭收入的增加城乡居民的生活水平提高幅度稍有下降；另一方面，根据城乡居民恩格尔系数的差距来看，用修正恩格尔系数进行重新估计后城乡恩格尔系数水平的差距比原始恩格尔系数测算城乡居民生活水平差距有所扩大，原始恩格尔系数 2012 年城乡差距已缩小到 3.1 个百分点，而修正恩格尔系数计算的城乡差距在 8.7 个百分点，且以修正恩格尔系数计算的城乡居民生活水平差距的变化较为平稳。

表 27－16　　各省份修正恩格尔系数 R1－R3 修正结果

2002 年 省份	城镇人均可支配收入 元	恩格尔系数 R0 %	修正恩格尔系数 R1 %	修正恩格尔系数 R2 %	修正恩格尔系数 R3 %
上海	13249.8	39.4	44.4	48.8	53.5
北京	12463.9	33.8	37.1	41.1	46.3
浙江	11715.6	36.2	41.6	45.9	51.5
广东	11137.2	38.5	43.2	47.3	50.8
山东	7614.4	34.4	37.5	41.3	45.2
辽宁	6524.5	38.8	43.0	46.3	51.7
山西	6234.4	32.5	36.7	40.5	44.8
内蒙古	6051.0	31.5	36.6	39.8	43.7
Spearman 相关系数		0.5952	0.6429	0.6429	0.6905

表 27－17　　基于虚拟折旧成本法的 2010 年各省份城镇人均虚拟住房消费支出

2010 年 省份	城镇住宅销售价格 元/平方米	城镇人均居住面积 平方米	折旧率 %	城镇人均自有住房虚拟消费支出 元
北京	17151	32.86	2	11271.70
上海	14290	33.07	2	9451.41
广东	7004	26.46	2	3706.52
山西	3338	24.79	2	1654.98
内蒙古	2983	22.96	2	1369.79
辽宁	4303	21.96	2	1889.88
浙江	9332	34.80	2	6495.07
山东	3809	26.47	2	2016.48

注：各省（市）城镇住宅建筑成本数据缺失，因而以城镇住宅销售价格数据代替。

表 27－18　　基于虚拟折旧成本法的 2003 年各省份城镇人均虚拟住房消费支出

2003 年	城镇住宅销售价格	城镇人均居住面积	折旧率	城镇人均自有住房虚拟消费支出
	元/平方米	平方米	%	元
北京	4456	24.77	2	2207.50
上海	4989	29.35	2	2928.54
广东	2994	24.93	2	1492.81
山西	1263	23.00	2	580.98
内蒙古	1077	20.05	2	431.88
辽宁	2131	20.24	2	862.63
浙江	2451	31.02	2	1520.60
山东	1624	24.48	2	795.11

注：各省（市区）城镇住宅建筑成本数据缺失，因而以城镇住宅销售价格数据代替。

表 27－19　　基于虚拟折旧成本法的修正恩格尔系数 R4 结果

	2010 年			2003 年		
	人均可支配收入	虚拟住房消费	恩格尔系数 R4	人均可支配收入	虚拟住房消费	恩格尔系数 R4
	元	元	%	元	元	%
北京	25875.7	11271.7	20.5	13854.9	2207.5	26.4
上海	27184.5	9451.4	23.8	14852.6	2928.5	29.4
广东	19587.6	3706.5	30.4	12102.1	1492.8	32.2
山西	12615.2	1655.0	26.7	6894.7	581.0	30.1
内蒙古	14596.5	1369.8	27.4	6909.3	431.9	29.1
辽宁	14889.5	1889.9	30.7	7154.7	862.6	34.5
浙江	23080.8	6495.1	25.1	13113.9	1520.6	31.7
山东	16922.6	2016.5	27.8	8341.5	795.1	29.9
Spearman 相关系数		－0.57143			－0.2619	

表 27－20　　基于使用者成本法的 2010 年各省份城镇人均虚拟住房消费支出

2010 年	住房市场价格	按揭贷款利率	折旧率	通货膨胀率	虚拟租金	人均居住面积	城镇人均自有住房虚拟消费支出
	元/平方米	%	%	%	元/平方米	平方米/人	元
北京	17151	5.94	3.3	4.0	898.7	32.9	29531.9
上海	14290	5.94	3.3	4.0	748.8	33.1	24762.7
广东	7004	5.94	3.3	5.6	254.9	26.5	6745.9
山西	3338	5.94	3.3	3.7	184.9	24.8	4584.3
内蒙古	2983	5.94	3.3	3.3	177.2	23.0	4068.3
辽宁	4303	5.94	3.3	2.8	277.1	22.0	6085.4
浙江	9332	5.94	3.3	5.3	367.7	34.8	12795.3
山东	3809	5.94	3.3	2.7	249.1	26.5	6593.9

注：以市场法计算城镇人均自有住房虚拟消费支出数据有缺失，因此以使用者成本法估算结果替代。

表 27－21　　基于使用者成本法的 2003 年各省份城镇人均虚拟住房消费支出

2003 年	住房市场价格	按揭贷款利率	折旧率	通货膨胀率	虚拟租金	人均居住面积	城镇人均自有住房虚拟消费支出
	元/平方米	%	%	%	元/平方米	平方米/人	元
北京	4456	5.76	3.3	0.8	368.1	24.8	9117.0
上海	4989	5.76	3.3	2.1	347.2	29.4	10191.3
广东	2994	5.76	3.3	1.9	214.4	24.9	5344.3
山西	1263	5.76	3.3	3.7	67.7	23.0	1557.0
内蒙古	1077	5.76	3.3	3.3	62.0	20.1	1243.8
辽宁	2131	5.76	3.3	2.8	133.4	20.2	2700.0
浙江	2451	5.76	3.3	2.3	165.7	31.0	5139.6
山东	1624	5.76	3.3	2.1	113.0	24.5	2767.0

注：以市场法计算城镇人均自有住房虚拟消费支出数据有缺失，因此以使用者成本法估算结果替代。

表 27-22　　基于使用者成本法的修正恩格尔系数 R6 结果

	2010 年			2003 年		
	人均可支配收入	虚拟住房消费	恩格尔系数 R6	人均可支配收入	虚拟住房消费	恩格尔系数 R6
	元	元	%	元	元	%
北京	25875.7	29531.9	12.9	13854.9	9117.0	17.4
上海	27184.5	24762.7	16.2	14852.6	10191.3	19.3
广东	19587.6	6745.9	26.7	12102.1	5344.3	23.9
山西	12615.2	4584.3	21.2	6894.7	1557.0	25.7
内蒙古	14596.5	4068.3	23.3	6909.3	1243.8	25.6
辽宁	14889.5	6085.4	24.1	7154.7	2700.0	27.3
浙江	23080.8	12795.3	20.0	13113.9	5139.6	24.0
山东	16922.6	6593.9	21.3	8341.5	2767.0	23.2
Spearman 相关系数		-0.57143			-0.8092	

核　算　点　评

在截面空间的恩格尔系数评价中，本文选用以 Spearman 等级相关系数衡量。恩格尔定律的原理是随着收入的增长，恩格尔系数随之下降，彭维湘（1987）提出以 Pearson 相关系数来衡量其定律是否满足，即相关系数是否为负。然而 Pearson 相关系数仅适用于对线性模型的评价，因此选用 Spearman 等级相关系数，当恩格尔定律符合恩格尔系数时则该系数为负值。

原始恩格尔系数 R_0 与修正恩格尔系数 R_1-R_3 对于横向比较不具有适用性，以 Spearman 等级相关系数考察实际人均可支配收入与恩格尔系数之间关系时其值均大于 0。修正恩格尔系数 R_4、R_6 与人均可支配收入之间的 Spearman 等级相关系数均为负值，可见其修正效果相对 R_1-R_3 较好。进一步看，在恩格尔系数的截面空间评价中，修正恩格尔系数 R_6 的修正效果要比 R_4 更好一些。

在各省份间，随着各省份人均可支配收入的增加，省份恩格尔系数基本呈现下降趋势。修正恩格尔系数 R_1-R_3 可以有效的解决省份恩格尔系数的横向比较的适用性问题，但对于单个省份的动态恩格尔系数，原始恩格尔系数 R_0 在单个省份中会经常表现出较大的起伏波动，而非平缓的变化，目前修正恩格尔系数 R_1-R_3 对该问题的修正效果较差。由于在核算省份时间序列数据时省份数据不充分，难以估计省份时间序列的 R_4-R_6 数据。该问题还有待进一步解决。

恩格尔系数的国际比较属于恩格尔系数横向比较的一部分，但由于国家差异相对省份差异更大，且各国的核算体系与方法均不尽相同，因此其存在的问题更为复杂。存在的两个问题是：（1）国家之间人均国民收入与恩格尔系数之间的关系缺乏规律性。荷兰人均国民总收入为 43260 国际元，排名第一且相对其他国家差距较大，其恩格尔系数 11.82% 排名为第四。在人均国民收入为 30000—35000 国际元的这些国家中（西班牙、韩国、意大利、日本），其恩格尔系数差距不大，基本持平，维持在 14% 左右。（2）不同国家对消费结构的核算方法存在较大差异。尤其是自有住房消费支出部分，目前美国、澳大利亚、芬兰、韩国等官方统计机构的居民可支配收入中包含自有住房虚拟服务产生的收入，而英国、加拿大、法国、挪威、日本的可支配收入中不包含此部分内容；另外，不同国家对于自有住房虚拟租金的核算采用不同方法，如美、日、韩采用等值租金法，法国、丹麦使用现有市场价值法，德国使用的资本化比率法，而中国采用成本法。因此需要进行统一界定。

在各国修正恩格尔系数的国际评价中，由于数据不足难以对各国自有住房虚拟服务支出进行测算。未来需要在厘清各国消费支出及自有住房消费核算方法的基础上，重估各国自有住房虚拟消费支出并对恩格尔系数进行进一步修正。